Mobile App Testing

Daniel Knott arbeitet als Senior Software Test Engineer im Bereich Mobile bei der XING AG in Hamburg. Er arbeitete bereits für unterschiedliche Firmen aus unterschiedlichen Branchen wie IBM, Accenture und AOE. In diversen agilen Softwareentwicklungsprojekten war er als Agile Tester verantwortlich für das Testmanagement, das manuelle Testen sowie für die Automatisierung von Web- und mobilen Anwendungen. In verschiedenen mobilen Projekten entwickelte er voll automatisierte Testumgebungen für die Bereiche Android und iOS. Seit 2011 schreibt Daniel Knott in seinem Blog *adventuresinqa.com* regelmäßig über das Testen von Software.

Übersetzer:

Nils Röttger hat an der Universität in Göttingen Informatik studiert. Bereits während des Master-Studiums lag sein Schwerpunkt im Themengebiet Softwaretest. Seit 2008 arbeitet er am Hauptsitz der imbus AG in Möhrendorf als Berater, Projektleiter und Speaker. Seit 2013 ist er bei imbus für den Bereich Mobile Testing verantwortlich.

Daniel Knott

Mobile App Testing

Praxisleitfaden für Softwaretester und Entwickler mobiler Anwendungen

Aus dem Englischen übersetzt von Nils Röttger

 dpunkt.verlag

Daniel Knott · daniel@adventuresinqa.com
XING: www.xing.com/profile/Daniel_Knott
Twitter: @dnlkntt (twitter.com/dnlkntt)
Blog: adventuresinqa.com

Übersetzung: Nils Röttger, Kunreuth
Lektorat: Christa Preisendanz
Copy-Editing: Ursula Zimpfer, Herrenberg
Satz: Birgit Bäuerlein
Herstellung: Susanne Bröckelmann
Umschlaggestaltung: Helmut Kraus, www.exclam.de
Druck und Bindung: M.P. Media-Print Informationstechnologie GmbH, 33100 Paderborn

Bibliografische Information der Deutschen Nationalbibliothek
Die Deutsche Nationalbibliothek verzeichnet diese Publikation in der Deutschen Nationalbibliografie;
detaillierte bibliografische Daten sind im Internet über http://dnb.d-nb.de abrufbar.

ISBN:
Print   978-3-86490-379-3
PDF   978-3-96088-056-1
ePub   978-3-96088-057-8
mobi   978-3-96088-058-5

1. Auflage 2016
Translation Copyright für die deutschsprachige Ausgabe © 2016 dpunkt.verlag GmbH
Wieblinger Weg 17
69123 Heidelberg

Copyright der amerikanischen Originalausgabe © 2015 Pearson Education, Inc.
Titel der Originalausgabe: Hands-On Mobile App Testing – A Guide for Mobile Testers and Anyone
Involved in the Mobile App Business
Pearson Education, Inc. · http://www.pearsoned.com · international@pearsoned.com
ISBN 978-0-13-419171-3
All rights reserved.

Für meine Frau Sarah.

Vielen Dank für Deine Unterstützung und Ermutigungen,
während ich dieses Buch geschrieben habe.

Vorwort

Mobiltelefone gibt es seit den 70er-Jahren. Natürlich haben sich die Geräte seitdem tiefgreifend verändert, aber die größte Veränderung erfolgte 2007, als Apple das erste iPhone vorgestellt hat. Von diesem Zeitpunkt an kannte der Mobilfunkmarkt nur eine Richtung – nach oben! Acht Jahre später sind Smartphones und Tablets überall präsent. In den Stores der größten Hersteller sind zwei Millionen Apps als Download erhältlich und die Zahl steigt[1]. Es gibt Apps für alle Lebenslagen, von Musik und Fotos bis hin zu Büroanwendungen und Spielen oder auch Fitness und Gesundheit. Aber was ist mit der Qualität dieser Apps? Sind sie zuverlässig, vertrauenswürdig, einfach zu benutzen, gut entwickelt und getestet?

Dieses Buch ist ein praktischer Leitfaden für das Testen von mobilen Anwendungen (kurz: Apps) für alle, die im Mobile Business arbeiten, ausgerichtet ist es aber insbesondere auf App-Tester.

Wieso ich dieses Buch geschrieben habe

Alles fing 2010 an, als ich die Möglichkeit hatte, an meinem ersten App-Projekt zu arbeiten. Das Team, in dem ich arbeitete, war verantwortlich für die Entwicklung einer Web-App, einer nativen Android-App und einer nativen iOS-App. Dies war das erste Projekt des Unternehmens im mobilen Bereich und zugleich eines mit einer komplett neuen Testumgebung in der Abteilung Qualitätssicherung. Ich hatte zusammen mit einem Kollegen Möglichkeit, eine Teststrategie für Apps von Grund auf neu zu erarbeiten. Wir haben einige Testautomatisierungstools evaluiert, um herauszufinden, welches am besten in unseren Softwareentwicklungs- und Lebenszyklus passt. Zu diesem Zeitpunkt gab es nur wenige Tools für Apps und sie waren in einem frühen Entwicklungsstadium. Wir haben dann einige Testansätze und Tools ausprobiert. Natürlich sind wir mit einigen gescheitert, aber am Ende waren das ganze Team, das Unternehmen und die Kunden zufrieden.

---

1. iOS Store numbers, *www.engadget.com/2014/06/02/apples-wwdc-2014-in-numbers-40-million-non-mavericks-and-more/*; Android Play Store numbers, *www.appbrain.com/stats/number-ofandroid-apps*. Die Zahlen sind von Juni 2014.

Ein anderer Grund, warum ich dieses Buch geschrieben habe, ist mein Blog *www.adventuresinqa.com*. Ich habe mit dem Blogging 2011 angefangen, nachdem ich einen Vortrag auf den Agile Testing Days in Potsdam gehalten habe. Dies war mein erster Vortrag auf einer bedeutenden Konferenz zum Thema Softwaretest und ich war der einzige Redner, der das Thema App-Test vortrug. Nach dem Vortrag war ich für den Rest der Konferenz sehr damit beschäftigt, die Fragen zum Thema App-Test, zu meinen Ansätzen, zu den Tools, die ich benutzte, usw. zu beantworten. Das große Interesse am App-Test und das Fehlen von Lösungsansätzen hatten mich überzeugt, ein Blog zu starten. Das Ziel war, mein Wissen im Testen von Apps weiterzugeben und Meinungen und Ideen mit anderen App-Testern auszutauschen. Außerdem wollte ich mein geschriebenes Englisch verbessern. Bis jetzt habe ich 90 Posts bezüglich des Themas Apps und App-Test geschrieben. Ich habe nicht erwartet, dass so viele Menschen aus der ganzen Welt so ein großes Interesse an meinem Blog zeigen. Das Feedback, das ich bisher bekommen habe, war großartig und hat mich überzeugt, den nächsten Schritt zu tun.

Dieser Schritt ist das, was Sie jetzt lesen: Ein Buch mit meinen praktischen Erfahrungen und meinem Wissen über den App-Test für alle, die im Mobile Business arbeiten. Ich hoffe, das Lesen macht Spaß und Sie lernen etwas Neues zum Thema App-Test.

Wer sollte dieses Buch lesen?

Dieses Buch ist für alle, die an Apps und ihrem Testen interessiert sind – vom Juniortester bis zum Seniortester, die bereits in einem Entwicklungsteam für Apps mitarbeiten.

Dieses Buch ist außerdem ideal für Softwaretestmanager, die App-Testteams managen oder eine App-Teststrategie erstellen müssen. Es eignet sich auch gut für Softwaretester, die sich neu mit dem Thema beschäftigen und in den Bereich App-Technologien wechseln wollen.

Softwareentwickler, die mehr über den App-Test wissen wollen und ihre eigenen Apps testen, kommen ebenfalls auf ihre Kosten.

Dieses Buch ist außerdem für Produktmanager, die weitere Einblicke darüber erhalten wollen, wie man einen App-Test gestaltet.

Themen des Buches

Dieses Buch enthält die folgenden Kapitel:

- Kapitel 1: »Was ist beim App-Test so besonders?«
  Das erste Kapitel hat den Fokus auf dem speziellen Charakter eines App-Tests. Es enthält eine Einführung zu den Erwartungen der mobilen Benutzer, zu mobilen Netzwerken, mobilen Geräten und warum App-Testen Softwaretesten ist.

- Kapitel 2: »Einführung in Mobilgeräte und Apps«
Kapitel 2 stellt mobile Datennetze vor und erklärt, was besonders wichtig an
ihnen ist. Das Kapitel beschreibt außerdem die Entwicklung vom »dummen«
Telefon hin zum heutigen Smartphone. Außerdem werden in diesem Kapitel
verschiedene Apps und unterschiedliche App-Businessmodelle vorgestellt.

- Kapitel 3: »Herausforderungen beim App-Testen«
Kapitel 3 beschreibt alle Herausforderungen beim App-Testen und wie man
mit ihnen umgeht. Zu den Herausforderungen gehören der Kunde, die Gerätefragmentierung, Sensoren und Schnittstellen, System-Apps und mobile
Browser. Jeder Abschnitt des Kapitels beschreibt Lösungen für diese Herausforderungen für die tägliche Arbeit eines App-Testers.

- Kapitel 4: »Wie testet man Apps?«
Kapitel 4 beschreibt das App-Testen. In diesem Kapitel werden die Unterschiede zwischen Emulatoren, Simulatoren und echten Geräten erläutert.
Außerdem wird erklärt, wo man Apps testen sollte und es werden einige
Ansätze für den funktionalen und den nicht funktionalen App-Test vorgestellt. Zusätzlich werden in diesem Kapitel App-Testing-Mindmaps, Merkhilfen und Checklisten aufgeführt, die den App-Test an sich verbessern können.

- Kapitel 5: »Automatisierung und Werkzeuge im App-Test«
Kapitel 5 behandelt das wichtige Thema Testautomatisierung für Apps. Es
bietet eine Einführung in die verschiedenen Typen und Ansätze von Testautomatisierungstools und gibt Ihnen Hilfsmittel an die Hand, um das richtige
Tool für Ihre Testumgebung auszuwählen. Außerdem erhalten Sie einen Überblick über den aktuellen Entwicklungsstand der Testautomatisierungstools
für iOS und Android.

- Kapitel 6: »Weitere Testmethoden für Apps«
Kapitel 6 liefert Informationen über weitere Testmethoden im App-Test, wie
z. B. Crowd- und Cloud-Testing. Beide Methoden werden mit ihren Vor- und
Nachteilen erklärt. Außerdem zeigt das Kapitel, wo es in Ihrem Testkonzept
sinnvoll ist, diese Methoden einzusetzen.

- Kapitel 7: »Test- und Veröffentlichungsstrategien für Apps«
Kapitel 7 behandelt die Themen App-Teststrategie und Veröffentlichungsstrategie. Für App-Entwickler ist es sehr wichtig, beide Strategien zu kennen, um
Apps in hoher Qualität zu entwickeln, zu testen und schließlich zu veröffentlichen. Dieses Kapitel enthält viele Ideen und Beispiele, wie Sie App-Teststra-
tegien und Veröffentlichungsstrategien etablieren.

- Kapitel 8: »Wichtige Qualifikationen für App-Tester«
Kapitel 8 beschreibt die notwendigen Fertigkeiten eines App-Testers. Außerdem enthält das Kapitel Ideen und Lösungen für die Verbesserung dieser Fertigkeiten.

▥ Kapitel 9: »Was kommt als Nächstes? – Schlussbemerkungen«
Kapitel 9 ist das letzte Kapitel in diesem Buch und behandelt mögliche
zukünftige Themen für Softwaretester. Das Kapitel enthält Themen wie Internet of Things, Smart Home, vernetzte Autos und Wearables. Am Ende werden fünf Schlüsselfaktoren für den Erfolg vorgestellt.

Jedes Kapitel beleuchtet hauptsächlich die praktische Seite des App-Testens.
Natürlich sind auch theoretische Abschnitte vorhanden, aber die meisten Inhalte
basieren auf echten Erfahrungen als App-Tester.

Wie dieses Buch benutzt werden sollte

Dieses Buch ist ein praktischer Leitfaden für den App-Test. Sie können es von
vorn bis hinten lesen und erhalten so einen Überblick über den App-Test. Oder
Sie lesen direkt das aus Ihrer Sicht interessanteste Kapitel. Hier noch ein Hinweis,
den Sie beim Lesen des Buches berücksichtigen sollten: Halten Sie stets ein Smartphone bereit, um die gelesenen Dinge auszuprobieren.

Wenn Sie mit den im Buch erwähnten Testautomatisierungstools beginnen
wollen, wäre jetzt ein guter Zeitpunkt, Ihren Computer zu holen.

Danksagungen

Ich möchte mich ganz herzlich bei Tobias Geyer, meinem kritischsten und engagiertesten Leser während der Schreibphase dieses Buches, bedanken. Ohne sein Engagement, seine ständige Hilfsbereitschaft, sein tolles Feedback und seine kritischen Fragen wäre dieses Buch nie zu dem geworden, was es jetzt ist. Vielen Dank Tobias!

Ein weiterer großer Dank geht an Dominik Dary. Mit seinem Feedback und Know-how zum Thema Testautomatisierung konnte ich dieses Kapitel in meinem Buch mit allen wichtigen Informationen befüllen.

Ein herzlicher Dank geht an Rudolf Grötz. Rudolf hat mir geholfen, die Kapitel zu Crowd- und Cloud-Tests zu gestalten, und mit seinem Feedback immer wieder neue Ideen geliefert. Außerdem hat er mit zündenden Ideen zur Gestaltung der Grafiken beigetragen.

Ein weiterer herzlicher Dank geht an Dagmar Mathes, die mir die Chance gegeben hat, in den Bereich Mobile Testing einzusteigen.

Des Weiteren möchte ich mich bei Sergej Mudruk und Christoph Wielgus für ihr ständiges Feedback bedanken.

Ganz besonders möchte ich mich bei Andrew Rennison für das tolle Copy Editing bedanken. Danke für deine Ideen zur Verbesserung der Texte.

Ein herzliches Dankeschön geht auch an Nils Röttger für die Übersetzung meines Buches.

Zum Schluss möchte ich mich noch bei allen Softwaretestern aus der Testing Community bedanken. Danke dafür, dass ihr eure Ideen und euer Wissen weitergebt, damit andere davon lernen und sich weiterentwickeln können.

Inhaltsübersicht

Inhaltsverzeichnis

1 Was ist beim App-Test so besonders?

Bevor ich damit beginne, die spezifischen Aspekte für den App-Test zu beschreiben, möchte ich Ihnen eine wahre Geschichte erzählen.

Was ist so besonders am App-Testen? Vor einigen Jahren hat mich jemand auf einer Testkonferenz genau das gefragt. Ich habe angefangen über mobile Technologien zu reden, über Apps und wie man diese testet und was am App-Test so besonders ist. Der Typ lächelte und sagte: »Aber es ist doch nur Software auf einem kleineren Bildschirm. Da ist überhaupt nichts Besonderes.« Er war wirklich etwas überheblich und hat die Herausforderungen im App-Test nicht gesehen. Egal, welche Argumente ich auch vorbrachte, um ihn zu überzeugen, er glaubte nicht an die Bedeutung von mobilen Technologien, Apps und dem Test.

Ich habe denselben Typen 2014 wiedergetroffen, als er auf einer Testkonferenz über das Thema App-Test sprach. Er hielt einen Vortrag über die Wichtigkeit von Apps und wie man diese testet.

Wie Sie sehen, ist es sehr einfach, neue Technologien zu unterschätzen. Um die eigenen Fähigkeiten zu verbessern, ist es für einen Softwaretester äußerst hilfreich, neugierig darauf zu sein, etwas Neues zu lernen und neue Technologien zu erforschen.

Kommen wir zurück zur Ausgangsfrage: Was ist am App-Test so besonders? Ich kann wohl davon ausgehen, dass Sie mindestens ein Mobilgerät besitzen, nämlich ein Smartphone. Oder vielleicht haben Sie auch ein Tablet oder gar beides. Wenn Sie auf das oder die Geräte schauen, was sehen Sie? Nur einen kleineren Computer mit leuchtenden Icons auf dem Bildschirm? Oder sehen Sie einen sehr persönlichen Computer mit zahlreichen Sensoren und Eingabemöglichkeiten, der noch dazu all Ihre privaten Daten gespeichert hat? Bitte denken Sie eine Minute darüber nach.

Mein Smartphone und mein Tablet sind sehr persönliche Computer, auf denen fast alle meine Daten gespeichert sind, seien es E-Mails, SMS, Fotos, Musik, Videos und Ähnliches. Ich kann auf meine Daten zugreifen, egal, wo ich gerade bin, und kann mein Smartphone als Navigations- und Informationssystem benutzen, um mehr über meine Umgebung herauszufinden. Aus diesem Grund müssen meine Apps zuverlässig, schnell und einfach zu benutzen sein.

In diesen drei Sätzen habe ich meine persönlichen Erwartungen an mobile Geräte und Apps beschrieben. Vielleicht haben Sie ganz andere Erwartungen, die sich wiederum von denen anderer Personen unterscheiden. Und das bringt mich zum ersten besonderen Merkmal oder zum ersten speziellen Aspekt im App-Test: die Nutzererwartungen.

1.1 Nutzererwartungen

Meiner Meinung nach steht der Nutzer einer App im Mittelpunkt und stellt die größte Herausforderung für App-Teams dar. Jeder Nutzer hat spezielle Erwartungen. Das ist ein Fakt und macht es schwierig, die »richtige« App zu entwickeln und an den Kunden auszuliefern. Wie verschiedene Umfrageergebnisse zeigen, haben Mobilnutzer eine viel höhere Erwartungshaltung an Apps als an andere Software, wie z.B. Browser-Applikationen[1]. In einem Großteil der Umfrageergebnisse wird angegeben, dass fast 80 % der Nutzer die App nach der ersten Benutzung wieder deinstallieren! Die vier Hauptgründe für das Löschen sind immer schlechtes Design, schlechte Benutzbarkeit, langsame Ladezeiten und Abstürze gleich nach der Installation. Fast 60 % der Nutzer würden eine App löschen, wenn eine Registrierung durchgeführt werden muss, und mehr als die Hälfte der Nutzer erwarten, dass die App in weniger als zwei Sekunden gestartet ist. Wenn die App länger braucht, wird sie gelöscht. Und nochmal, mehr als die Hälfte der Nutzer machen die Erfahrung, dass die App beim ersten Start abstürzt. Der durchschnittliche Nutzer überprüft ihr oder sein mobiles Gerät alle sechs Minuten und hat ungefähr 40 Apps installiert. Aus diesen Zahlen kann man ableiten, dass App-Nutzer wirklich hohe Erwartungen an Benutzbarkeit, Performanz und Zuverlässigkeit haben. Diese drei Eigenschaften werden mit Abstand am häufigsten genannt, wenn Nutzer nach ihren Erfahrungen mit Apps gefragt werden.

Im Moment sind mehr als zwei Millionen Apps in den App-Stores der größten Anbieter erhältlich. Viele der Apps erfüllen denselben Zweck, was bedeutet, dass es mindestens eine App von einem Mitbewerber gibt. Das macht es für den Kunden wiederum sehr einfach, mit nur einem Klick eine andere App herunterzuladen. An die folgenden Punkte sollten Sie denken, wenn Sie eine App entwickeln und testen:

- Sammeln Sie Informationen über die mögliche Kundenzielgruppe.
- Fragen Sie Ihre Kunden nach Ihren Wünschen.
- Ihre App sollte ein Problem für den Nutzer lösen.
- Benutzbarkeit ist wirklich sehr wichtig.
- Ihre App muss zuverlässig und robust sein.
- Die Performanz der App ist wirklich wichtig.
- Die App muss ansprechend sein.

---

1. *http://offers2.compuware.com/rs/compuware/images/Mobile_App_Survey_Report.pdf*

Es gibt natürlich eine Fülle von weiteren Dingen, die Sie berücksichtigen sollten, aber wenn Sie die oben genannten Punkte beachten, werden Ihre Nutzer glücklich sein.

Wahrscheinlich haben Sie schon einmal von dem KISS-Prinzip[2] gehört. KISS ist eine Abkürzung für »Keep It Simple, Stupid« (»Halte es einfach, Dummkopf!«) und ist immer ein nützlicher Hinweis – insbesondere für Softwareprojekte –, die Software nicht einfach mit einer weiteren Funktion oder Option aufzublähen. In den meisten Fällen macht etwas Kleines, Leichtes und Einfaches Ihre Nutzer glücklich. Von KISS inspiriert, bin ich auf mein eigenes Prinzip für Apps gekommen: KIFSU (siehe Abb. 1–1). Diese Abkürzung ist eine gute Gedächtnishilfe, um den Nutzen für den Kunden immer im Blick zu haben, und eine ständige Ermahnung, die App nicht mit nutzlosen Funktionen aufzublähen.

K	I	F	S	U
Keep	It	Fast	Simple	Usable

Abb. 1–1   *KIFSU*

1.2   Mobilität und Datennetzwerke

Im Gegensatz zu auf einem Computer laufender Software gibt es eine zusätzliche Herausforderung für Apps. Nutzer verwenden die Apps von unterwegs aus, was oft eine Internetverbindung nötig macht, um Daten vom Backend zu holen und den Nutzer mit Updates und Informationen zu versorgen.

Apps müssen im echten Leben, in echten Umgebungen, da wo sie von potenziellen Nutzern verwendet werden, getestet werden. Wenn Sie z. B. eine App für Snowboard- und Skifahrer testen, die auf Pisteninformationen zugreift, die die Geschwindigkeit der Abfahrt aufzeichnet und es dem Nutzer möglich macht, diese Informationen direkt mit den Freunden auszutauschen, müssen Sie diese Funktionalitäten auf der Piste testen. Ansonsten können Sie nicht garantieren, dass jedes Feature wie erwartet funktioniert. Natürlich gibt es Teile der App, die Sie im Labor testen können, wie beispielsweise die Verfügbarkeit von Pisteninformationen oder ob die App installiert werden kann oder nicht, aber wie nehmen Sie die Geschwindigkeit einer Person auf, was ist mit den Wetterbedingungen oder wie gut ist die Internetverbindung im Gebirge?

Insbesondere der Umgang mit den Wetterbedingungen im Gebirge kann sehr schwierig sein, denn diese können von Sonnenschein bis Schneesturm reichen. In solchen Szenarien werden Sie wahrscheinlich eine Menge Fehler in der Benutzbarkeit und im Design der App finden. Vielleicht finden Sie außerdem einige

---

2.   *http://people.apache.org/~fhanik/kiss.html*

funktionale Fehler bezüglich der Temperatur, was wiederum Einfluss auf die Hardware hat und somit auch auf Ihre App.

Wie ich bereits erwähnt habe, kann die Geschwindigkeit und die Verfügbarkeit von Internetverbindungen in solchen Gegenden stark variieren. Höchstwahrscheinlich werden Sie eine gute, schnelle Netzverbindung auf dem Berg und eine wirklich schlechte unten im Tal haben. Was passiert, wenn die Internetverbindung schlecht oder gar nicht vorhanden ist, während Sie die App benutzen? Wird sie abstürzen oder wird sie immer noch funktionieren? Was passiert, wenn das Mobilgerät den Netzanbieter wechselt, während die App benutzt wird? (Dies ist ein übliches Szenario, wenn Apps nahe einer Staatsgrenze benutzt werden, was beim Snowboardfahren in den Alpen der Fall sein kann.)

All diese Fragen sind sehr schwierig zu beantworten, wenn die App im Labor getestet wird. Sie als App-Tester müssen unterwegs und mit echten Datennetzen verbunden sein, wenn Sie Apps testen.

Wie Sie sehen, ist es wichtig, Ihre App im realen Betrieb zu testen und die Tests in Datennetzen mit unterschiedlichen Bandbreiten durchzuführen, da die Bandbreite einen großen Einfluss auf Ihre App haben kann; so kann z.B. geringe Bandbreite unerwartete Fehlermeldungen produzieren und der Wechsel zwischen hohen und niedrigen Bandbreiten kann Probleme mit der Performanz oder einen Stillstand der App verursachen.

Hier ist eine Aufgabe für Sie: Nehmen Sie eine App Ihrer Wahl und finden Sie drei Nutzungsszenarien, in denen die Umgebung und/oder die Netzverbindung Probleme verursachen kann.

1.3 Mobilgeräte

Bevor Sie weiterlesen, nehmen Sie Ihr Mobilgerät in Ihre Hand und sehen Sie sich jede Seite des Geräts an, ohne es anzuschalten. Was sehen Sie?

Sie werden höchstwahrscheinlich ein Gerät mit einem berührungsempfindlichen Bildschirm, mit mehreren echten Knöpfen, einer Lademöglichkeit, einer Kopfhörerbuchse und einer Kamera sehen. Wahrscheinlich ist es so, dass Sie nicht mehr als fünf echte Knöpfe an Ihrem Gerät haben (außer Smartphones mit einer physischen Tastatur).

In einer Ära, in der das Wort Mobiltelefon bzw. Handy ein Synonym für Smartphone ist, ist es wichtig, sich daran zu erinnern, dass auch noch andere Handys (im Englischen sogenannte »dump phones« – also »dumme« Telefone – oder auch »feature phones«) benutzt werden, die viel mehr Knöpfe zum Telefonieren oder zum Nachrichtenschreiben haben. Mit einem gewöhnlichen Handy sind Sie nur in der Lage, zu telefonieren, eine Nachricht zu schreiben oder eine Kontaktliste abzuspeichern; Sie sind normalerweise nicht mit dem Internet verbunden. Die weiterentwickelten Handys (»feature phones«) haben dann noch Spiele, einen Kalender oder einen sehr einfachen Webbrowser, um sich mit dem

Internet zu verbinden. Aber all diese Mobiltelefone bieten wirklich nur Basis-
funktionalitäten oder Erweiterungen, da Nutzer mit ihnen nicht in der Lage sind,
Apps zu installieren oder auch Software auf eine neuere Version zu aktualisieren.
Beide Typen sind nach wie vor erhältlich, vor allem in den Schwellenmärkten.
Aber 2013 wurden das erste Mal mehr Smartphones weltweit verkauft als Handys[3] und dieser Trend wird sich wahrscheinlich mit der Zeit fortsetzen. Tatsächlich werden die Handys in einigen Jahren der Vergangenheit angehören.

Die Mobiltelefone, die wir heutzutage benutzen, sind komplett unterschiedlich zu den »alten«. Heutige Smartphones sind Minicomputer mit sehr viel Funktionalität in Bezug auf Hard- und Software. Sie sind vollgepackt mit verschiedenen Sensoren, wie Helligkeitssensor, Näherungssensor, Beschleunigungssensor,
Neigungssensor und vielen mehr. Darüber hinaus haben alle modernen Smartphones eine nach vorne und eine nach hinten gerichtete Kamera, verschiedene
Kommunikationsschnittstellen, wie Bluetooth, »Near Field Communication«
(NFC) und das »Global Positioning System (GPS), sowie Wi-Fi und Mobilfunk-
verbindung, um sich mit dem Internet zu verbinden. Abhängig von der Mobilplattform und dem Mobilgerätehersteller gibt es eventuell weitere Hardwarefeatures.

Aus der Sicht der Software bieten Smartphones eine Menge an »application
programming interfaces« (API) für Hersteller, Entwickler und Nutzer an, um die
Nutzungsmöglichkeiten des Smartphones mit Apps zu erweitern.

Auch wenn Sie sich nur auf die wichtigen Mobilplattformen iOS und Android konzentrieren, müssen App-Tester mit sehr vielen Hard- und Softwarekombinationen umgehen. Die Tatsache, dass es so viele Kombinationen gibt, ist als
Fragmentierung bekannt. Mobilgerätefragmentierung ist ein großes Thema und
eine weitere Herausforderung im App-Test.

Sie können Ihre App nicht mit jeder möglichen Hard- und Softwarekombinationen testen. Dass Sie die App in einer realen Umgebung testen sollen, macht es
noch unmöglicher. App-Tester müssen sich eine Strategie überlegen, den Testaufwand auf verschiedenen Geräten zu reduzieren, und einen Weg finden, auf den
richtigen Geräten zu testen.

Aber wie kann das erreicht werden? Nur auf einer Plattform testen? Nur auf
dem neuesten Gerät testen? Nur auf der neuesten Softwareversion testen?

Bevor Sie sich eine Strategie überlegen, beachten Sie, dass jede App einzigar-
tig ist, spezifische Anforderungen hat, andere Probleme löst und eine typische
Nutzerbasis hat. Wenn Sie an diese Punkte denken, können Sie sich die folgenden
Fragen stellen, um das »richtige« Mobilgerät für den Test zu finden:

---

3. *www.gartner.com/newsroom/id/2665715*

▦ Wer ist meine Nutzerbasis?

▦ Wie alt ist der durchschnittliche Nutzer?

▦ Wie viele Frauen oder Männer sind in meiner Zielgruppe?

▦ Welche Plattform wird von meiner Nutzerbasis am häufigsten verwendet?

▦ Welches Gerät wird am häufigsten benutzt?

▦ Welche Softwareversion ist auf den meisten Geräten installiert?

▦ Welche Sensoren werden von meiner App genutzt?

▦ Wie kommuniziert die App nach außen?

▦ Was ist der Hauptanwendungsfall meiner App?

Natürlich gibt es viele weitere Fragen, die man sich stellen kann. Aber wenn Sie die meisten der vorgeschlagenen Fragen beantworten, ist die Liste der Geräte, die Sie für den Test benutzen, viel kürzer.

In späteren Kapiteln werde ich weitere Methoden beschreiben, die richtigen Geräte für den App-Test auszuwählen.

1.4 Releasezyklen von Mobilgeräten und Betriebssystemen

Nachdem Sie jetzt wissen, wie Sie die richtigen Geräte finden, um Ihre App zu testen, heißt das aber nicht, dass wir mit dem Auswahlprozess am Ende sind. Um ehrlich zu sein, er ist nie zu Ende!

Die wichtigen Hersteller von mobilen Geräten veröffentlichen jedes Jahr ein neues Topmodell mit noch mehr Features. Um den Zeitpunkt solcher Veröffentlichungen herum bringen sie weitere Mobiltelefone für verschiedene Nutzungsszenarien und Nutzergruppen heraus. Das ist insbesondere in der Android-Welt der Fall, in der jedes Smartphone mit einer neuen Betriebssystemversion mit neuen Features, Design oder APIs herauskommt. Es gibt viele Softwarereleases innerhalb eines Jahres, die von Fehlerbehebungsmaßnahmen bis hin zu neuen Features reichen. Als App-Tester müssen Sie sicher sein, dass Ihre App auf der neuesten Hard- und Software läuft.

Aber wie sollen Sie mit dieser Situation umgehen? Indem Sie alle Mobiltelefone kaufen, die es auf dem Markt gibt? Indem Sie immer auf die neueste Betriebssystemversion aktualisieren?

Noch einmal, die wichtigsten Faktoren sind Ihre Zielgruppe und die zu testende App. Wenn Sie wissen, dass Ihre Zielgruppe immer das neueste und schnellste Mobiltelefon auf dem Markt nutzt, müssen Sie diese Geräte so schnell wie möglich kaufen, nachdem sie erschienen sind. Aber ungeachtet dessen, ob Ihre Zielgruppe immer auf dem neusten Stand ist, sollten Sie den Markt für Mobiltelefone beobachten.

Sie müssen wissen, wann die großen Hersteller ein neues Topmodell auf den Markt bringen, das wahrscheinlich von vielen Leuten gekauft werden wird. Sie müssen außerdem wissen, wann die Betriebssysteme Patches, neue Features oder Designvorlagen erhalten.

Die Antwort auf die Frage, ob Sie immer jedes Telefon kaufen müssen und ob Sie auf jede neue Betriebssystemversion aktualisieren müssen, ist also Ja und Nein. Natürlich müssen Sie nicht jedes Mobiltelefon auf dem Markt kaufen, Sie müssen aber prüfen, ob Sie auf die neue Betriebssystemversion aktualisieren. Wenn Sie das machen, denken Sie daran, dass nicht jeder Nutzer dieses Update installiert. Viele Leute wissen nicht, wie das geht, oder Sie interessieren sich nicht für neue Versionen. Zumindest brauchen Sie einige Geräte, auf denen die älteren Versionen des Betriebssystems laufen, um zu sehen, wie die App in dieser Umgebung reagiert. Ältere Betriebssystemversionen werden außerdem benötigt, um bereits berichtete Probleme und Bugs nachzuvollziehen.

Am besten ist es, die vorhandenen Mobiltelefone mit dem jetzigen Betriebssystem zu behalten und neue Geräte mit neueren Betriebssystemversionen zu kaufen. Das führt natürlich zu einem weiteren Problem – es ist wirklich teuer! Nicht jeder Manager möchte so viel Geld für Mobilgeräte ausgeben, wenn sie nur für einige Monate gebraucht werden. Eine Lösung besteht darin, die Geräte zu leihen. Es gibt viele Anbieter und Open Device Labs, bei denen Sie ein Gerät für eine bestimmte Zeit leihen können (eine Liste ist in Kap. 3 zu finden). Ein anderer Weg, die Geräte zu leihen, ist die Mobilgeräte-Cloud. Es gibt etliche Anbieter, die App-Testern exklusiven Zugang auf die physischen Geräte, die sie in der Cloud erreichbar gemacht haben, gewähren. Benutzen Sie Ihre Suchmaschine und probieren Sie sie aus.

In den Mobilprojekten, in denen ich gearbeitet habe, hatten wir für die Entwicklung und den Test immer die von unserer Nutzerzielgruppe meistgenutzten zehn bis 15 Geräte in unterschiedlichen Ausführungen. Das war eine gute Zahl an Geräten, die fast 90 % unserer Kundenzielgruppe abgedeckt hat. Mit diesen zehn bis 15 Geräten waren wir in der Lage, die meisten kritischen Fehler zu finden; die verbleibenden 10 % der Geräte hatten keine großen Auswirkungen auf das Projekt oder die Nutzererwartungen.

Um das hohe Tempo der Releasezyklen zu behandeln, sollten Sie an die folgenden Dinge denken:

▥ Beobachten Sie den Mobilgeräte- und Softwaremarkt.
▥ Informieren Sie sich, wann neue Mobiltelefone vorgestellt werden.
▥ Finden Sie heraus, was die neuen Features der neuen Betriebssysteme sind.
▥ Beobachten Sie aufmerksam, ob neue Geräte in Ihren Store-Statistiken Ihrer Kundenzielgruppe auftauchen.
▥ Denken Sie genau nach, bevor Sie auf die neueste Betriebssystemversion aktualisieren.
▥ Kaufen Sie neue Telefone mit dem neuesten Betriebssystem.
▥ Wenn Kaufen keine Option ist, mieten Sie die Geräte.

Ihre Geräte zu aktualisieren, zu kaufen und zu warten ist eine herausfordernde Aufgabe und sollte nicht unterschätzt werden! Ab einem gewissen Punkt, abhängig von der Zahl der Testgeräte innerhalb eines Projektes, kann das ein Vollzeitjob sein.

1.5   App-Testen ist Softwaretesten

Lassen Sie uns zurückkommen auf die Geschichte, die ich am Anfang dieses Kapitels erzählt habe, als der Typ auf der Konferenz nicht an die Wichtigkeit von App-Tests geglaubt hat. Er hatte die Einstellung, dass App-Testen kein richtiges Softwaretesten ist. Nach seiner Meinung waren Apps nur kleinere Programme mit weniger Funktionalität und es gab keine Herausforderungen für den Softwaretest. Aber das ist definitiv nicht der Fall. Wenn Sie sich die Themen ansehen, die ich in diesem Kapitel beschrieben habe, sollten Sie einen ersten Eindruck von dem herausfordernden Job eines App-Testers bekommen haben. App-Tests sind grundverschieden von den Tests eines Softwareprogramms wie einer Web- oder einer Desktop-Applikation. Durch die Apps haben die physischen Geräte im Vergleich zu Webapplikationen viel mehr Einfluss auf die Software, die auf diesen Geräten läuft. Da so viele unterschiedliche Smartphones auf dem Markt erhältlich sind, müssen sich die App-Tester im Testprozess viel mehr auf die Hardware konzentrieren. Zusätzlich sind die Nutzer unterwegs und nutzen unterschiedliche Datennetze, wodurch die Tester dazu gezwungen sind, während des Testens ebenfalls unterwegs zu sein.

Neben der Hardware spielen die Nutzererwartungen für den App-Tester im Arbeitsalltag eine wichtige Rolle und müssen ernst genommen werden.

Es gibt weitere Themen und Probleme, die App-Tester kennen sollten, um dem ganzen Team dabei zu helfen, eine erfolgreiche App zu veröffentlichen. Die weiteren Kapitel in diesem Buch behandeln die folgenden Themen:

▨ Weitere Herausforderungen für App-Tester und Lösungen dazu
▨ Wie testet man systematisch Apps
▨ Wie wählt man das richtige Testautomatisierungstool für Apps aus
▨ Die unterschiedlichen Konzepte von Testautomatisierungstool für Apps
▨ Wie findet man die richtige mobile Teststrategie
▨ Zusätzliche App-Testmethoden
▨ Erforderliche Fertigkeiten für App-Tester

Behalten Sie die Themen dieses Kapitels als Ausgangspunkt im Kopf. Gestalten Sie Ihre App einfach und schnell (erinnern Sie sich an KIFSU). Testen Sie, während Sie unterwegs sind, und testen Sie auf verschiedenen Geräten, die zu Ihrer Kundenzielgruppe passen.

1.6   Zusammenfassung

Im ersten Kapitel des Buches wurden bereits einige wichtige Themen aus der Welt der App-Tests erwähnt. Wie Sie gesehen haben, unterscheidet sich App-Testen stark vom Testen auf anderen Technologien wie Laptops oder Desktop-PCs. Der größte Unterschied zwischen mobilen und anderen Technologien ist, dass der mobile Nutzer unterwegs ist, während sie oder er Ihr Produkt nutzt. Deswegen ist es besonders wichtig, den Unterschied zwischen den verschiedenen Datennetzwerken und den verschiedenen Mobilgeräten zu kennen.

Dieses Kapitel hat einen ersten Überblick über die hohen Erwartungen eines Mobilgerätenutzers gegeben. Es ist sehr wichtig, das Prinzip von KIFSU zu berücksichtigen, wenn eine App konzipiert, entwickelt und getestet wird. Es wird Ihnen helfen, sich auf die wichtigen Elemente zu konzentrieren und keine Zeit für unwichtige Features zu verschwenden, die Ihre Nutzer nicht verwenden werden.

Nicht zuletzt soll dieses Kapitel Sie daran erinnern, niemals eine neue Technologie zu unterschätzen. Bleiben Sie offen und neugierig und verbessern Sie dadurch Ihre tägliche Arbeit.

2 Einführung in Mobilgeräte und Apps

Bevor ich tiefer in die Testkapitel einsteige, möchte ich kurz auf die Geschichte von Mobilgeräten und Mobilfunknetzen eingehen. Das klingt vielleicht ein wenig langweilig, aber wie Sie am Ende des Kapitels sehen werden, ist es wirklich wichtig, den Hintergrund der mobilen Welt zu verstehen und ein gutes Grundverständnis von früheren mobilen Technologien zu haben. Später in diesem Kapitel werde ich die unterschiedlichen App-Typen und die Businessmodelle für Apps beschreiben und Ihnen eine kurze Übersicht geben über den Status quo von App-Stores für Mobilgeräte.

Lassen Sie uns mit dem Wort »mobil« beginnen. Es kommt von dem lateinischen Wort »mobilis«, das wiederum von dem lateinischem Wort »movere« abgeleitet wurde, »to move« – in der Lage sein, sich frei und einfach herumzubewegen, indem man läuft, fährt oder fliegt.

Diese Definition klingt wirklich einfach und verständlich und ich bin sicher, Sie haben etwas Ähnliches im Kopf gehabt. Wenn Sie das Wort »mobil« aus der technologischen Sicht betrachten, ist es nicht ganz so einfach – aufgrund der großen Veränderungen in den letzten Jahrzehnten, als die Menschen begonnen haben, die Mobiltechnologien zu nutzen.

Also lassen Sie uns einige Jahre zurückgehen.

2.1 Überblick über mobile Netzwerke

Damit wir mit irgendeinem Mobilgerät kommunizieren können, muss eine Kommunikationsinfrastruktur zur Verfügung stehen. Die mobile Infrastruktur befindet sich im Moment in ihrer vierten Generation, passend bekannt als 4G oder LTE (Long-Term Evolution).[1] Davor gab es die Generationen 0G, 1G, 2G und 3G und jede Generation war zum Einführungszeitpunkt ein Meilenstein.

Die Null-Generation – der erste Vorläufer – umfasste nur analoge Radiokommunikation und wurde hauptsächlich in den 1960er-Jahren genutzt. Sie ist auch bekannt als »Mobile Radio Telephone System«. In Deutschland gab es zu diesem

---

1.   *www.etsi.org/technologies-clusters/technologies/mobile/long-term-evolution*

Zeitpunkt das A-Netz. Die Kommunikation in dieser Zeit war halb duplex, was bedeutete, dass zum gleichen Zeitpunkt nur eine Person redete, während die andere zuhörte. Die Null-Generation bestand aus verschiedenen Mobiltechnologien wie »Mobile Telephone Service« (MTS), »Mobile Telephony System D« (MTD), »Advanced Mobile Telephone System« (AMTS) und »Offentlig Landmobil Telefoni« (OLT). Die Funktelefone waren richtig schwer und in Lkw, Zügen und anderen Fahrzeugen eingebaut. Die Telefone bestanden aus zwei Teilen, dem Sende-Empfangsgerät – **Transceiver** (Transmitter und Receiver) – und dem **Kopf**. Das Sende-Empfangsgerät war dafür zuständig, die Verbindung zu den lokalen Transmitterstationen aufzubauen, der Kopf war mit einem Kabel mit dem Sende-Empfangsgerät verbunden und bestand aus Wähltasten, einem Bildschirm und dem Hörer. Diese Generation hatte einige Probleme mit der Konnektivität und die Anzahl der Teilnehmer war limitiert.

Die erste Generation (1G) von Mobilfunknetzen war gegenüber der Null-Generation ein Fortschritt und wurde in den 1980er-Jahren eingeführt. 1G nutzte immer noch Radiosignale mit den Technologien »Advanced Mobile Phone Service« (AMPS) und »Nordic Mobile Telephone« (NMT), um die Information zu übermitteln. Die ersten Netzwerke wurden in Japan, gefolgt von Dänemark, Finnland, Norwegen, Schweden und den Vereinigten Staaten installiert. Einige Jahre später bauten andere Länder ebenfalls ihre 1G-Infrastruktur auf. Der größte Vorteil gegenüber der Null-Generation war, dass 1G bis zu zehn Mal mehr Nutzer einbinden konnte, indem das lokale Gebiet in kleinere Zellen eingeteilt wurde. Nachteile gab es im Bereich der Sicherheit, da Nutzer in der Lage waren, andere Gespräche mitzuhören und das System zu hacken, um Freigespräche zu führen.

Der größte Fortschritt in Mobilkommunikation wurde mit der zweiten Generation von Mobilfunknetzen gemacht. 2G wurde 1991 zuerst in Finnland eingeführt und nutzte den GSM-Standard (Global System for Mobile Communications).[2] Einige Jahre später wurde CDMA (Code Division Multiple Access) in den USA eingeführt.[3] Diese neuen Standards bilden die Basis der heutigen Mobilkommunikationsinfrastruktur und haben gegenüber ihren Vorgängern hauptsächlich die folgenden drei Vorteile:

- Zum allerersten Mal war die Kommunikation digital und verschlüsselt.
- 2G war effizienter und bot eine bessere globale Funktelefonabdeckung.
- Datenservices wurden eingeführt, der bekannteste war SMS.

Das 2G-Netz wurde hauptsächlich für Sprach- und Textkommunikation gebaut und hatte eine langsame Datenübertragungsrate. Nachdem das 2G-Netz etabliert war, stieg die Nutzung von Mobilservices und die Datenübertragung wurde zu langsam. Um höhere Datenübertragungsraten zu erreichen, wurde das 2G-Netz um die Standards GPRS (General Pocket Radio Service)[4] und den EDGE (Enhan-

---

2.   *www.etsi.org/technologies-clusters/technologies/mobile/gsm*
3.   *www.etsi.org/technologies-clusters/technologies/mobile/w-cdma*

ced Data rates for Global Evolution)[5] erweitert. GPRS wird auch 2.5G und EDGE 2.75G genannt. Beide Technologien haben höhere Datenübertragungsraten (GPRS zwischen 56 Kbit/s und 115 Kbit/s, EDGE bis 236 Kbit/s) als das normale 2G-Netz und sind die Vorgänger vom 3G-Netz.

Die dritte Generation von Mobilfunknetzen (3G) gibt es seit 2001, sie ist eine Weiterentwicklung von dem existierenden 2G-Netz. Die dritte Generation nutzt den Standard UMTS (Universal Mobile Telecommunications System)[6] und den CDMA2000-Standard. Das Hochgeschwindigkeitsnetz 3G bietet Datentransferraten mit bis zu 21Mbit/s abhängig von dem Standort des Nutzers. Diese hohen Datentransferraten ermöglichen den Nutzern von Smartphones, Tablets oder Computern, Videokonferenzen durchzuführen, mobiles Fernsehen zu sehen und von unterwegs aus im Internet zu surfen. Das 3G-Netz mit seinen super schnellen Datentransferraten hatte einen erheblichen Einfluss auf den Erfolg von Mobilgeräten und Apps.

Die vierte Generation von Mobilkommunikationsnetzen hat sich den hohen Datenmengen, die jetzt im Netz transferiert werden, angepasst, indem die Datentransferraten nochmals erhöht wurden. Das 4G-Netz ist grundsätzlich in zwei Standards aufgeteilt: WiMAX (Worldwide Interoperability for Microwave Access)[7] and LTE. WiMAX bietet eine Download-Transferrate von bis zu 128 Mbit/s und eine Uploadrate von bis zu 56 Mbit/s. Wenn beide Standards voll ausgebaut sind, kann die Downloadgeschwindigkeit bis 1 Gbit/s steigen.

Abhängig von Ihrem Netzanbieter und Land ist Ihr Smartphone entweder mit dem WiMAX- oder mit dem LTE-Netz verbunden. Wenn Ihr Mobiltelefon 4G-Netze unterstützt, sehen Sie ein kleines LTE oder 4G-Zeichen in der Statusbar des Telefons.

Die fünfte Generation ist im Moment in der Entwicklung. Mehrere Forschungsgruppen sind gebildet worden, um die nächste Generation der mobilen Kommunikation und Architektur zu beschreiben und zu entwickeln. Allerdings wird dieser Standard nicht vor 2020 verfügbar sein.[8]

Dies war ein grober Überblick über die Technologie hinter den Mobilnetzen. Aber genau dieser Überblick ist wichtig, wenn Sie damit beginnen, Ihre App in verschiedenen Netzen mit verschiedenen Standards zu testen. Es ist wichtig, zu wissen, welche Arten von Netzwerkstandards verfügbar sind und welche Netzgeschwindigkeiten zur Verfügung gestellt werden. Weitere Informationen über das Testen von unterschiedlichen Datennetzen werden in späteren Kapiteln besprochen. Ich empfehle Ihnen sehr, dieses Wissen in Ihren täglichen App-Tests zu nutzen.

---

4.   *www.etsi.org/index.php/technologies-clusters/technologies/mobile/gprs*
5.   *www.etsi.org/index.php/technologies-clusters/technologies/mobile/edge*
6.   *www.etsi.org/technologies-clusters/technologies/mobile/umts*
7.   *www.wimaxforum.org/index.htm*
8.   *http://europa.eu/rapid/press-release_IP-13-159_en.htm*

2.2   Mobilgeräte und das Jahr 2007

Vor 2007 waren die meisten Mobiltelefone sogenannte Feature Phones (wie in Kap. 1 beschrieben), deren Funktionalitäten nicht mit Software (Apps) erweitert werden konnten. Nicht alle der Geräte konnten sich mit dem Internet verbinden, auch wenn die mobilen Netze Datenübertragung unterstützten. Zu diesem Zeitpunkt wurde der Mobilgerätemarkt von Nokia, Motorola, BlackBerry (Research in Motion) und ein paar anderen Herstellern dominiert. Die meisten Geräte hatten einen kleinen Bildschirm und eine physische Tastatur. Sie waren gut geeignet, um damit zu telefonieren oder eine Textnachricht zu versenden. Das Surfen im Internet hat mit diesen Geräten allerdings keinen Spaß gemacht. Auch das Suchen nach Kontakten war auf diesen Geräten sehr mühselig.

Als Apple im Jahre 2007 sein erstes iPhone auf den Markt gebracht hat, begann die Smartphone-Revolution. Steve Jobs präsentierte die erste Generation vom iPhone mit dem folgenden Satz: «Heute wird Apple das Mobiltelefon neu erfinden.»

Und er hat Recht behalten. Der Mobilgerätemarkt hat sich seit 2007 dramatisch verändert. Nur ein Jahr später präsentierte Google das erste von HTC entwickelte Android-Smartphone, das HTC Dream (auch bekannt als das T-Mobile G1). In den folgenden Jahren haben viele weitere Hersteller ihre eigenen Android-Smartphones mit unterschiedlichen Android-Softwareversionen entwickelt.

Als Apple das iPhone angekündigt hat, war nur Google schnell genug, eine andere mobile Plattform zu adaptieren und zu entwickeln. Allerdings haben Microsoft und BlackBerry (Research in Motion) ihre mobilen Technologien ebenfalls verbessert, um die Lücke zwischen ihnen und Apple bzw. Google zu schließen. Das haben sie aber bis heute noch nicht geschafft.

Seit 2007 sind die Smartphones immer wieder mit neuer Hard- und Software verbessert worden. Manchmal ist es schwierig, einen Überblick über die ganzen Neuerungen im Markt zu behalten.

Zunächst müssen Sie wissen, was sich in einem Smartphone befindet, um einen Überblick über die physikalischen Teile und deren Funktion zu erhalten. Dieses Wissen wird Ihnen helfen, die Geräte, die Sie testen wollen, besser zu verstehen, was wiederum dazu führt, dass Sie effizienter testen.

Wenn Sie sich das Mobilgerät neben Ihnen anschauen, sehen Sie ein kleines, dünnes, flaches oder gebogenes Glas, etwas Plastik oder Metall. Die ganze Hardware, die benötigt wird, um das kleine Ding zum Laufen zu bringen, ist in diesen kleinen Kasten eingebaut und vor dem Nutzer verborgen. Aber was ist drin?

Ein typisches Smartphone besteht aus den folgenden Hardwarekomponenten:

- Mainboard oder Logik-Platine
- CPU (Central Processing Unit)
- GPU (Graphics Processing Unit)
- Speicher
- Verschiedene Antennen und Schnittstellen:
  - Mobiltelefonnetzwerkchips, um zu 2G, 3G oder 4G zu verbinden
  - Wi-Fi
  - NFC (Near Field Communication)
  - GPS (Global Positioning System)
  - Bluetooth
- Verschiedene Sensoren (die Liste ist nicht unbedingt vollständig)
  - Raumhelligkeitssensor
  - Näherungssensor
  - Beschleunigungssensor
  - Lagesensor
  - Magnetsensor
  - Luftdrucksensor
  - Temperatursensor
  - Feuchtigkeitssensor
- Batterie
- Vibrationsmotor
- Ein Steckplatz für eine zusätzliche Speicherkarte
- Ein Steckplatz für die SIM-Karte

Und hier sind die Teile aufgeführt, die Sie sehen können, wenn Sie Ihr Smartphone in der Hand halten:

- Smartphone-Gehäuse
- Touchscreen
- Hardwarebuttons
  (An- und Ausschalter, Lautstärkeregler, Navigationsknöpfe)
- Kopfhörerausgang
- Lautsprecher und Mikrofon
- Ladegeräte- bzw. USB-Anschluss
- Eine Kamera vorne und eine Kamera hinten
- Fotoblitz

Wenn Sie weitere detaillierte Informationen für ein bestimmtes Smartphone benötigen, durchsuchen Sie das Internet nach dem Begriff »teardowns« und dem Gerät oder besuchen Sie die Webseite des Herstellers. Die aufgeführte Hardwareliste gilt auch mit einigen Variationen für Tablets.

Für Sie als App-Tester ist es sehr wichtig, alle möglichen Komponenten eines Smartphones zu kennen. Dieses Wissen benötigen Sie, um Probleme und Fehler zu identifizieren und den Grund der Fehler besser zu verstehen, die im Zusammenhang mit Ihrer App oder der Gerätehardware stehen.

2.3   Die großen Zwei

Wie im vorherigen Kapitel erwähnt, haben andere mobile Plattformen, wie Windows Phone oder BlackBerry, im Vergleich zu Android und iOS keinen großen Marktanteil[9]. Im Juli 2016 waren die Marktanteile wie folgt verteilt: Android 64,53 %, iOS 25,32 %, Windows Phone 1,73 %, BlackBerry 0,75 %. Die fehlenden 7 % sind auf Geräte mit den Betriebssystemen Symbian, Series 40 oder andere nicht mehr aktuelle Betriebssysteme verteilt.

> **Wichtig:**
> Die Verkaufszahlen variieren natürlich in den verschiedenen Regionen bzw. Ländern, aber sie sind ein guter Indikator für das Gesamtbild.

Da BlackBerry und Windows nur einen sehr geringen Marktanteil haben, werde ich mich im Rest des Kapitels auf die großen Zwei konzentrieren: iOS und Android.

Was sind die Unterschiede zwischen diesen beiden Betriebssystemen? Was haben sie gemeinsam? Tabelle 2–1 vergleicht diese beiden Betriebssysteme anhand von bestimmten Kriterien.

---

9.   Die exakten Verkaufszahlen können hier gefunden werden: *http://gs.statcounter.com*.

Kriterium	Android	iOS
Unternehmen	Google	Apple
Betriebssystemfamilie	Linux	OS X, Linux
Programmiert mit	C, C++; Apps in Java	C, C++; Apps in Objective-C, Swift (seit iOS 8)
Quellcodemodell	Open Source	Closed Source
Open Source	Kernel, UI und einige Standard-Apps	Der iOS-Kernel ist keine Open Source, basiert aber auf dem Open-Source-Betriebssystem Darwin
Hersteller	LG, Samsung, HTC, Sony, ASUS, Motorola, Huawei, …	Apple
Anpassbarkeit	Fast alles kann angepasst werden	Sehr begrenzt
Widgets	Ja, sowohl auf dem Desktop als auch im Mitteilungscenter	Ja, im Mitteilungscenter
Schnittstellen	Touchscreen	Touchscreen
Sprachsteuerung	Google Now	Siri
Karten	Google Maps	Apple Maps
Videochat	Hangout	FaceTime
Erhältliche Sprachen	32 Sprachen	34 Sprachen
App-Store	Google Play, Amazon, Samsung, …	Apple App Store

Tab. 2–1   *Vergleich von Android und iOS*

Wie man sehen kann, haben beide Plattformen die gleichen Technologien, Funktionen und Apps wie Sprachsteuerung, Karten, Videochat, E-Mail, einen Kalender und vieles mehr. Aber wenn man sich das Quellcodemodell bzw. die Programmiersprachen anschaut, kann man die Hauptunterschiede erkennen. Teile des Open-Source-Betriebssystems Android sind in C und C++ geschrieben. Android-Apps werden in Java geschrieben. iOS ist genauso in C und C++ geschrieben und ist Closed Source. iOS-Apps werden in Objective-C oder Swift programmiert. iOS benutzt das Open-Source-Betriebssystem Darwin als Basis. Aber die endgültige iOS-Version, wie wir sie kennen, ist Closed Source.

Ein anderer offensichtlicher Unterschied zwischen den beiden sind die Hersteller. Apple produziert seine eigenen iOS-Geräte. Google dagegen gibt anderen Herstellern die Möglichkeit, eigene Geräte zu bauen, die auf dem Betriebssystem Android basieren. Die Hersteller können dann das ursprüngliche Android erweitern und für ihre Hardware anpassen.

App-Tester müssen möglichst viel über die angepasste Hardware der verschiedenen Hersteller wissen, da sich die Benutzeroberflächen auf Android stark unterscheiden und so das Verhalten der App beeinflussen können. Eine der größten Herausforderungen für App-Tester ist die Fragmentierung von Android-Geräten und Softwareversionen. Allerdings gibt es auch einige Geräte mit einem puren Android. Hier kooperiert Google mit einigen Hardwareherstellern, um die Google-eigenen Nexus-Geräte zu produzieren.

Zuletzt möchte ich auf die Unterschiede der verschiedenen Benutzeroberflächen hinweisen. Beide Plattformen stellen eine Touchoberfläche zur Verfügung und die meisten Gesten wie Swipen, Tappen, Pinch und Zoom funktionieren auf beiden gleich. Aber jede Plattform hat ihr eigenes UI und eigene Entwurfsmuster. Für eine komplette Anleitung schauen Sie bitte im Android Design Guide[10] und im iOS Design Guide[11] nach. Das sollten Sie bei jeder neuen Version des Betriebssystems machen, da Änderungen sehr wahrscheinlich sind. Wenn man eine App veröffentlichen möchte, muss man diese Entwurfsmuster einhalten. Wenn die App die Richtlinien nicht einhält, kann sie auch abgelehnt werden, was im Apple App Store wahrscheinlicher ist als im Android App Store. Für einen Überblick über die möglichen Ablehnungsgründe empfehle ich die »Common App Rejections«-Seite von Apple.[12]

Ein weiterer guter Grund, die Designprinzipien einzuhalten, sind die App-Nutzer. Diese freuen sich, wenn die plattformspezifischen Funktionen, wie Swipen von links nach rechts wechselt die Ansicht oder ein Wischen nach unten lädt die aktuelle Ansicht neu, auch in ihrer App funktionieren.

Wenn das Gerät neu gestartet wurde, wird dem Benutzer auf beiden Plattformen ein Homescreen angezeigt, der dem eines Desktops auf dem PC ähnelt. Während bei dem iOS-Homescreen nur Reihen mit den App-Symbolen verteilt über mehrere Homescreens enthalten sind, kann man den Homescreen bei Android mit Apps und Widgets anpassen.[13] Mit Widgets lassen sich auf dem Desktop weitere Informationen und Inhalte der E-Mail-App, von Twitter oder dem Wetter darstellen. Widgets können vom Nutzer in der Größe angepasst und beliebig platziert werden. Seit iOS 8 können Nutzer auch Widgets im iOS-Mitteilungscenter einbauen.

Beide Homescreens haben einen Dockbereich, der am unteren Rand des Screens zu finden ist und in dem man die wichtigsten Apps ablegen kann. Diese sind dann auf jedem Homescreen sichtbar. Ebenfalls haben beide Plattformen eine Statusbar am oberen Rand des Screens, in der geräterelevante Informationen, wie Batteriestatus, Netzwerkstärke, die aktuelle Uhrzeit und weitere Informationen von installierten Apps abgelesen werden können. Auch hier kann in der Android-Statusbar mehr angezeigt werden als auf iOS: erhaltene E-Mails, Mitteilungen, Telefonanrufe oder Erinnerungen von installierten Apps.

Wenn Sie nur mit einer Plattform vertraut sind, sollten Sie sich die andere Plattform ausleihen oder gar kaufen, um diese genauso gut kennenzulernen. Um

---

10. *https://developer.android.com/design/index.html*
11. *https://developer.apple.com/design/*
12. *https://developer.apple.com/app-store/review/rejections/*
13. *https://developer.android.com/guide/topics/appwidgets/index.html*

auf lange Sicht als App-Tester erfolgreich zu sein, müssen Sie so viel wie möglich über beide Plattformen wissen.

2.4   Welche Arten von Apps gibt es?

Wenn Sie Ihr Mobiltelefon entsperren, um auf den Homescreen zu gelangen, sehen Sie Ihre installierten Apps. Aber welche Typen von Apps haben Sie installiert? Sind es native, hybride oder webbasierte Anwendungen? Allein anhand des Symbols können Sie es wahrscheinlich nicht sagen. Vielleicht können Sie es herausfinden, indem Sie das Symbol anklicken, um die App zu öffnen.

Lassen Sie es uns versuchen. Nehmen Sie Ihr Mobilgerät, entsperren Sie es und öffnen Sie eine App Ihrer Wahl.

Was sehen Sie? Wird ein Browserfenster angezeigt oder ist die App im Vollbildmodus? Wenn Sie ein Browserfenster sehen, ist Ihre App eine webbasierte Applikation.

Aber können Sie auch den Unterschied zwischen einer hybriden und einer nativen App erkennen? Das hängt davon ab, wie gut die hybride App entwickelt und für Ihr Mobiltelefon optimiert worden ist.

Im folgenden Abschnitt werde ich den Unterschied von den App-Typen beschreiben und die Vor- und Nachteile aufzählen.

2.4.1   Native Apps

Native Apps werden mit einer speziellen Programmiersprache für die entsprechenden mobilen Plattformen entwickelt, beispielsweise werden Android-Apps in Java entwickelt, wohingegen iOS-Apps in Objective-C oder Swift geschrieben werden. Native Apps haben den vollen Zugriff auf alle plattformspezifischen Bibliotheken und APIs, um die Vorteile aller Features nutzen zu können, die ein modernes Smartphone zur Verfügung stellt. Angenommen der Nutzer hat die nötigen Rechte vergeben, dann hat die App direkten Zugriff auf die Kamera, GPS und alle anderen Sensoren. Entwickler sind in der Lage, Apps zu entwickeln, die Systemressourcen, wie GPU und CPU, nutzen, um leistungsfähige Apps zu bauen. Native Apps haben generell eine sehr gute Performanz und sind für die mobilen Plattformen optimiert. In den meisten Fällen sehen native Apps optisch gut aus, lassen sich gut benutzen und können jede mögliche Geste auf dem Touchscreen unterstützen.

Die App-Distribution ist ebenfalls sehr einfach, indem Sie Ihre native App in die App-Stores der verschiedenen Anbieter hochladen und den Verkauf starten. Manche App-Store-Anbieter haben einen Genehmigungsprozess, d.h., dass es einige Zeit dauern kann, bis Ihre App erhältlich ist. Der gleiche Prozess wird auch angewendet, wenn eine bereits veröffentlichte App aktualisiert wird, was ein Problem sein kann, insbesondere dann, wenn Sie einen wirklich wichtigen Fehler beheben wollen.

Vorteile:

- Native Apps haben vollen Zugriff auf alle plattformspezifischen Hard- und Softwarefeatures.
- Native Apps haben eine gute Performanz, da sie für die spezifische mobile Plattform optimiert sind.
- Native Apps haben ein gutes Look-and-Feel.
- Native Apps haben eine gute Benutzbarkeit, wenn die UI-Richtlinien der jeweiligen Plattform eingehalten wurden.
- Native Apps haben vollen Zugriff auf alle Touch-Gesten (sofern sie programmiert wurden).
- Native App-Distribution ist einfach. Nutzer können nach Ihrer App suchen.
- Native Apps können die Daten offline abspeichern.

Nachteile:

- Der Aufwand für die Entwicklungsarbeit wächst mit jeder unterstützten Plattform, da jede Plattform ihre eigene Codebasis hat.
- Der Genehmigungsprozess kann sehr lang sein.
- Die Aktualisierung einer bereits veröffentlichten App kann einige Zeit in Anspruch nehmen (was ärgerlich sein kann, wenn es um dringende Fehlerbehebungen geht).
- Entwicklungskosten können höher sein.
- Sie müssen 30 % Ihrer App-Einnahmen an den Plattformanbieter abgeben.

2.4.2 Hybride Apps

Wie der Name schon sagt, bestehen hybride Apps aus verschiedenen Webtechnologien wie HTML oder JavaScript. Nachdem der webbasierte Teil gebaut wurde, können die Entwickler diese Codebasis für die verschiedenen nativen Formate kompilieren: Android, iOS, Windows Phone oder BlackBerry. Um den Webcode in nativen mobilen Code zu übersetzen, müssen die Entwickler ein hybrides Entwicklungsframework wie PhoneGap[14] benutzen. Solche Frameworks stellen APIs für den Zugriff der gerätespezifischen Hardwarefeatures innerhalb des Webteils der App zur Verfügung.

Wie funktioniert ein solches Framework?

> **Wichtig:**
> Diese Beschreibung hier ist eine sehr vereinfachte Sicht auf hybride Mobilframeworks.

---

14. *http://phonegap.com/*

Die Frameworks bauen eine sogenannte Bridge zum Webcode mittels einer HTML-Rendering-Engine. Ein kleiner Teil der App läuft auf dem nativen Betriebssystem und kommuniziert mit dem Webcode in der Rendering-Engine mittels Bridge. Mithilfe der Bridge kann der Webcode auf einige der nativen Hardwarefeatures zugreifen.

Der HTML-Inhalt oder die HTML-Komponenten von hybriden Apps können auf dem Server gehostet werden. Dieser Ansatz macht es sehr einfach, kleinere Aktualisierungen durchzuführen, ohne die komplette App, inkl. der App-Store-Einreichung, zu aktualisieren. Die Informationen und Elemente auf dem Server zu speichern, hat einen großen Nachteil: Der Inhalt und die Elemente funktionieren nicht, wenn das Mobiltelefon offline ist. Diese Teile sind nur erreichbar, wenn das Gerät mit einem Datennetz verbunden ist. Allerdings können Sie für komplette Offline-Unterstützung den ganzen Inhalt und alle Elemente in die App packen, aber dann sind kleinere Online-Aktualisierungen nicht länger möglich. Denken Sie an diese Punkte, wenn Sie eine hybride App entwickeln.

Vorteile:

- Es gibt keine Codebasis für unterschiedliche mobile Plattformen.
- Frameworks bieten Zugang zu Hardwarefeatures.
- Kleinere Aktualisierungen können auf dem Server durchgeführt werden.
- App-Distribution ist einfach.
- Nutzer können nach Ihrer App suchen.

Nachteile:

- Die Performanz ist schlecht, wenn auf die Inhalte und die Komponenten auf dem Server zugegriffen wird.
- Die Designrichtlinien der unterschiedlichen mobilen Plattformen einzuhalten, ist nicht einfach.
- Plattformspezifische Features können nicht entwickelt werden, da sie vielleicht nicht auf anderen Plattformen zur Verfügung stehen.
- Der Genehmigungsprozess kann lang sein.

Einen guten Vergleich von verschiedenen mobilen Entwicklungsframeworks gibt es auf der Webseite »Mobile Frameworks Comparison Chart«.[15]

2.4.3   Web-Apps

Eine mobile Web-App ist eine Webseite, auf die vom Webbrowser des Geräts aus zugegriffen werden kann. Solche Webseiten sind für mobile Browsernutzung optimiert und unabhängig von der Mobilplattform. Web-Apps werden mit Web-

---

15.   *http://mobile-frameworks-comparison-chart.com/*

technologien wie HTML und JavaScript, vor allem HTML5[16], CSS3 und Java-
Script[17], entwickelt.

HTML5 eröffnet den Entwicklern die Möglichkeit, mobile Webseiten mit
animierten und interaktiven Elementen zu implementieren. Sie können Audio-
oder Videodateien einbinden und Positionierungsfeatures sowie einige lokale
Speicherungsfunktionalitäten nutzen. Die Verwendung von HTML5, CSS3 und
JavaScript macht es einfach, Web-Apps zu entwickeln. Außerdem erfordern Web-
Apps kein App-Store-Genehmigungsverfahren und können einfach und schnell
aktualisiert werden.

Allerdings haben Web-Apps auch einige Nachteile. Zum Beispiel ist der
Zugriff auf die Hardwarefeatures, wie den Näherungssensor oder den Beschleunigungssensor, nur bedingt bis gar nicht möglich. Web-Apps haben keinen Zugriff
auf die Kamera, den Kompass, das Mikrofon oder irgendeine Art der Mitteilungen. Sie sind tendenziell langsamer als native oder hybride Apps, da sie alle Informationen, die auf dem Bildschirm gezeigt werden, herunterladen müssen.

Abhängig vom Mobilbrowser können sich Web-Apps unterschiedlich verhalten und funktionieren, da nicht alle Mobilbrowser den vollen Standard von
HTML5, CSS3 und JavaScript unterstützen. Das kann einen erheblichen Einfluss
auf die mobile Web-App haben, sodass unterschiedliche mobile Webbrowser im
Testprozesses abgedeckt werden müssen.

Zusammengefasst haben Web-Apps die folgenden Vor- und Nachteile:

Vorteile:

- Es werden beliebte Technologien in der Entwicklung verwendet.
- Web-Apps werden schneller und billiger entwickelt als native und hybride
  Apps.
- Sie sind mobilplattformunabhängig.
- Es gibt einen einfachen Zugriff mittels Webbrowser (es wird keine Installation
  benötigt).
- Es ist kein App-Store-Genehmigungsverfahren nötig.
- Der Aktualisierungsprozess ist schnell und einfach.

Nachteile:

- Es gibt nur einen begrenzten Zugriff auf die Hardwarefeatures.
- Es gibt ein eingeschränktes Offlineverhalten.
- Der Download von großen Mediendateien, wie Bildern oder Videos, kann
  sehr lange dauern.
- Sie haben unterschiedliche Webbrowserunterstützung für HTML5-, CSS3-
  und JavaScript-Standards.

---

16. *http://dev.w3.org/html5/html-author/*
17. *www.w3.org/Style/CSS/*

▧ Sie sind nicht so komfortabel zu nutzen wie native Apps.

▧ Die Nutzung von Touch-Gesten ist eingeschränkt.

▧ Nutzer können die App nicht in den App-Stores finden.

2.5 Businessmodelle für Apps

Wie verdient man Geld mit Apps? Und wie können Sie testen, dass das Geld auch wirklich verdient wurde? Diese beiden Fragen sind wichtig, wenn Sie eine App entwickeln und testen. Fast jeder App-Entwickler und jede Firma möchte Geld mit In-App-Käufen verdienen!

Um sicher zu sein, dass die App Einnahmen generiert, müssen Sie die Bezahlmethoden testen, was wiederum bedeutet, dass Sie die aktuellen Businessmodelle kennen müssen:

▧ Kostenlos

▧ Kostenpflichtig

▧ Transaktion

2.5.1 Kostenlos

Das kostenlose Modell ist dafür gedacht, so viele Nutzer wie möglich zu erreichen.

Wenn die App erst einmal installiert ist, gibt es mehrere Wege, Einnahmen aus der kostenlosen App heraus zu generieren:

▧ Der meistgenutzte Ansatz ist die kostenlose Version der App. Die kostenlose App ist eingeschränkt, z.B. hinsichtlich der Funktionalität oder des Inhalts. Wenn ein Nutzer die volle Funktionalität haben möchte, kann er die erweiterte (kostenpflichtige) Version der App herunterladen. Dieser Ansatz ist das meistgenutzte kostenlose App-Modell.

▧ Der zweithäufig genutzte Ansatz, um Einnahmen zu generieren, ist, Werbeanzeigen innerhalb der App zu verkaufen. Hierfür gibt es verschiedene Arten von Formaten für Werbeanzeigen, die in die App eingefügt werden können. Werbeanzeigen sind Teil von fast jeder kostenlosen App und können oft wirklich ärgerlich und frustrierend für den Nutzer sein. Überlegen Sie das gut, bevor Sie Werbung in die App einbinden, weil Sie sonst das Risiko eingehen, Kunden zu verlieren. Entwickler können mit Werbungsframeworks wie AdMob[18] oder iAs[19] entwickeln.

---

18. *www.google.com/ads/admob/*

19. *http://advertising.apple.com/*

Der dritte Ansatz, Einnahmen zu generieren, sind »In-App-Käufe«. Das wird oft in Spiele-Apps genutzt, in denen neue Levels oder mehr Gegenstände gekauft werden können, um mit dem Spiel mehr Spaß zu haben. Viele Zeitungs-Apps bieten ebenfalls In-App-Käufe an, um die neuesten Versionen ihrer täglichen Nachrichten zu erhalten. Manche Apps können von der Werbung befreit werden, wenn der Nutzer dafür bezahlt.

2.5.2 Kostenpflichtig

Das kostenpflichtige Modell ist sehr einfach: Bevor die Nutzer die App herunterladen können, müssen sie dafür bezahlen. Das ist häufig der Fall bei Spiele-Apps oder bei Apps für eine spezielle Aufgabe, wie beispielsweise einen Filter auf einem Bild einsetzen, damit es aussieht wie ein Polaroid.

2.5.3 Transaktion

Im Transaktions-Businessmodell bezahlen die Nutzer nur, wenn sie eine Transaktion mit der App durchgeführt haben. Ein Beispiel von einer Transaktions-App ist Google Wallet, mit der Nutzer in der Lage sind, Geld von einem Konto zu einem anderen Konto zu schicken, indem sie ihre Kredit- oder EC-Karte benutzen.[20] Wenn die Transaktion durchgeführt wurde, wird eine kleine Gebühr bezahlt, die vom Transaktionsvolumen abhängig ist.

2.5.4 Auswahl eines Businessmodells

Untersuchungen, die von Gartner durchgeführt wurden, haben ergeben, dass kostenlose Apps, die »In-App-Käufe« enthalten, am häufigsten (ungefähr 90 %) aus den App-Stores heruntergeladen werden, wohingegen kostenpflichtige Apps weit weniger häufig heruntergeladen werden.[21] Entwickler müssen sich deshalb einige Gedanken über das App-Businessmodell und den Preis machen.

Wenn Sie das Businessmodell für Ihre App wählen, müssen Sie unbedingt an die verschiedenen App-Typen denken. Nicht jedes Modell kann für jeden App-Typ angewendet werden. Wenn Sie beispielsweise eine bezahlte Web-App entwickeln wollen, benötigt Ihre App einen Login, um das Abo des Nutzers zu identifizieren, damit er Zugriff auf den bezahlten Inhalt bekommt. Die Login-Funktion ist innerhalb einer nativen oder hybriden App vielleicht nicht nötig, da die Bezahlung innerhalb des App-Stores stattgefunden hat.

---

20. *www.google.com/wallet/*
21. *www.gartner.com/newsroom/id/2592315*

2.6   App-Stores

App-Stores bilden die Basis der mobilen Welt, wo Apps heruntergeladen und bewertet werden können. Ohne die App-Stores wären die Smartphones nicht so intelligent und funktional, wie wir sie gerne haben wollen. Während des Schreibens dieses Buches enthielten die App-Stores der größten mobilen Plattformen – Google[22] und Apple[23] – mehr als zwei Millionen Apps. Bis jetzt wurden mehr als 150 Milliarden App-Downloads gezählt. Das sind enorme Zahlen, die in der Zukunft sicherlich noch steigen werden.

Neben den großen zwei App-Stores von Apple und Google gibt es weitere Stores, die von den Geräteherstellern und den Netzanbietern unterstützt werden. Die folgende Liste ist nicht vollständig, enthält aber einige andere App-Stores für die verschiedenen mobilen Plattformen:

- Amazon
- AT&T
- China Mobile
- Mozilla
- Samsung
- T-Mobile
- Vodafone

Wieso gibt es so viele Stores? Insbesondere in der Android-Welt gibt es mehr als einen App Store, wie beispielsweise der Amazon[24] oder Samsung Store[25]. Die Antwort auf diese Frage ist einfach: Jeder App-Store-Anbieter möchte Geld mit dem App-Business verdienen!

Nehmen wir als Beispiel Samsung. Seit der Markteinführung ihrer Galaxy-Geräteserie ist Samsung gewachsen und zu einem der größten und erfolgreichsten Android-Gerätehersteller geworden, der bereits Millionen von Geräten überall auf der Welt verkauft hat und noch verkaufen wird. Die Vorinstallation eines eigenen App-Stores auf jedem Samsung-Telefon ist ein riesiger Vorteil, da so potenzielle App-Käufer direkt zu Samsung und weg von Google geleitet werden. Wenn Million Anwender diesen Store benutzen, generiert der Store Traffic, was bedeutet, dass er Werbeanzeigen verkaufen kann. Zudem werden durch Apps, die mittels des App-Stores verkauft werden, zusätzliche Einnahmen für Samsung generiert. In den meisten App-Stores gehen 30 % des Verkaufspreises an den Plattformanbieter und das Gleiche trifft für die In-App-Käufe zu.

Ich denke, das verdeutlicht, warum es so viele verschiedene App-Stores gibt. Ich bin sicher, wenn Sie das Internet durchsuchen, werden Sie noch weitere finden.

---

22.   Google Play store, *https://play.google.com/store*
23.   Apple App Store, *https://itunes.apple.com/us/genre/ios/id36?mt=8*
24.   *www.amazon.com/mobile-apps/b?node=2350149011*
25.   *http://apps.samsung.com/*

Die anderen mobilen Plattformen haben ebenfalls App-Stores. BlackBerry-Apps können von der offiziellen BlackBerry World[26] und Windows Phone-Apps im Microsoft Store[27] heruntergeladen werden.

Bevor ein App-Team eine App in den größten Stores vertreibt, sollten sie über die Ziele der App nachdenken. Vielleicht gibt es andere Stores, die besser zu der App passen als die der Big Player. Zum Beispiel bieten manche Stores einen höheren Erlös als die übliche Aufteilung von 70 % (Erlös Entwickler) zu 30 % (Erlös Store-Anbieter) oder sie bieten eine bessere Zielgruppe für die Apps zum Beispiel in anderen Märkten wie Afrika oder Asien.

Das Hochladen einer App in einen dieser Stores erfordert allerdings insbesondere das Wissen über den Überprüfungs- und Veröffentlichungsprozess dieses Stores. Ihre App muss die Überprüfungs- und Veröffentlichungsrichtlinien der verschiedenen Hersteller und App-Stores komplett erfüllen; sonst wird Ihre App sehr wahrscheinlich zurückgewiesen.

Die Kenntnis der verschiedenen Überprüfungsrichtlinien erlaubt es Ihnen, Ihr Team besser bei der Entwicklung und der Veröffentlichung der App zu unterstützen. Die Überprüfungs- und Veröffentlichungsrichtlinien der wichtigsten App-Stores können Sie auf den folgenden Webseiten finden:

- Amazon App Store
  (*https://developer.amazon.com/help/faq.html*)
- Apple App Store
  (*https://developer.apple.com/app-store/review/*)
- BlackBerry World
  (*http://developer.blackberry.com/blackberryworld/vp_checklist.html*)
- Google Play Store
  (*http://developer.android.com/distribute/googleplay/publish/preparing.html*)
- Samsung App Store
  (*http://developer.samsung.com/distribute/app-submission-guide*)
- Windows Phone Store
  (*http://msdn.microsoft.com/en-us/library/windows/apps/br230835.aspx*)

---

26. BlackBerry World,
    http://appworld.blackberry.com/webstore/?d=android&o=m&countrycode=US&lang=en
27. Microsoft Store, *www.windowsphone.com/en-us/store*

2.7   Zusammenfassung

Kapitel 2 enthielt die Entwicklung von mobilen Datennetzen und Mobilgeräten. Es ist sehr wichtig, die Unterschiede zwischen den Datennetzen, wie beispielsweise ihre Geschwindigkeit und ihre Technologien, zu kennen. Dieses Wissen brauchen Sie, wenn Sie eine App von unterwegs testen.

Neben den Datennetzen sind Kenntnisse über Mobilgeräte und ihre Entwicklung genauso wichtig. Ein App-Tester muss alle Hard- und Softwarekomponenten eines modernen Smartphones kennen, um Apps in verschiedenen Situationen und mit unterschiedlichen Hard- und Softwarekombinationen zu testen.

In diesem Kapitel haben Sie auch den Unterschied zwischen den verschiedenen App-Typen, die aktuell auf dem Markt erhältlich sind, erfahren. Sowohl die Unterschiede zwischen nativen, hybriden und Web-Apps als auch ihre Vor- und Nachteile sollten nun klar sein.

Es wurde der Unterschied zwischen den Businessmodellen von Apps erläutert. Der letzte Abschnitt dieses Kapitels handelte von den verschiedenen App-Stores, die es für jede Plattform gibt, und was man über sie wissen sollte.

3 Herausforderungen beim App-Testen

In Kapitel 1 habe ich die spezifischen Aspekte von App-Tests, wie Abdeckung der Nutzererwartungen, Datennetze, Mobilgeräte und Releasezyklen von Apps, beschrieben. Aber es gibt natürlich noch andere Themen, die das App-Testen zu so einer speziellen und herausfordernden Aufgabe machen.

Dieses Kapitel enthält weitere Herausforderungen im App-Test und mögliche Lösungen.

3.1 Der Kunde

Wie ich in Kapitel 1 bereits erwähnt habe, sind Kunden und deren Erwartungen eine der wichtigsten Herausforderungen für App-Entwickler und Tester.

Um Kunden zufriedenzustellen, ist es wichtig, Informationen über die Zielkunden und deren Bedürfnisse zu sammeln. Wenn Sie eine App ohne irgendein Wissen über Ihre Zielgruppe veröffentlichen, wird die App höchstwahrscheinlich nicht installiert werden oder sie wird schlechte Kritiken bekommen. Das führt zu weniger Downloads und Kunden werden vielleicht eher eine App von Ihrem Mitbewerber installieren.

Um die Herausforderung, die der Kunde darstellt, zu meistern, müssen Sie möglichst viele Informationen über Ihre potenziellen Nutzer sammeln. Das bedeutet wiederum, dass Sie die Besonderheiten Ihrer Zielgruppe, wie Alter, Geschlecht und die Herkunft, in den Entwicklungs- und Testprozess miteinbeziehen müssen. Sie brauchen die folgenden Informationen:

- Geschlecht
- Alter
- Monatliches Einkommen
  (wichtig für ein mögliches Businessmodell der App)
- Bildungshintergrund
- Herkunft (z. B. leben sie in einer Stadt?)
- Welche Apps und App-Arten sie benutzen

▦ Gewohnheiten im Umgang mit Smartphones
(wie oft überprüfen sie ihr Smartphone)
▦ Ob sie eine Mitbewerber-App benutzen und wenn, wie zufrieden sie damit sind
▦ Welche Geräte sie benutzen

> **Wichtig:**
> Seien Sie vorsichtig, wenn Sie Menschen persönliche Fragen stellen, da Sie letzten Endes
> Datenschutzrechte verletzen könnten.

Eine andere Möglichkeit, Informationen über Ihre Zielgruppe zu bekommen,
sind Interviews: Laden Sie Ihre Kunden in Ihr Büro ein und befragen Sie sie zu
ihren Gewohnheiten im Umgang mit Smartphones und zur Benutzung von Apps.
Wenn Sie Probleme haben, die Antworten auf all Ihre Frage zu bekommen, oder
es Ihnen nicht erlaubt ist, die Kunden direkt zu fragen, können Sie Dienstleistungen wie Mobile Personas[1] nutzen, um generelle Informationen über das Verhalten von Handynutzern zu bekommen.

Wenn Sie diese Art von Informationen sammeln, analysieren und gruppieren,
werden Sie wahrscheinlich mehr als einen Personentyp haben, für den die App
entwickelt wurde. Um den verschiedenen Kundentypen gerecht zu werden, ist es
hilfreich, sogenannte Personas[2] zu erstellen, um mit diesen die verschiedenen
Bedürfnisse zu repräsentieren. Personas wurden 1998 von Alan Cooper[3] in seinem Buch *The Inmates Are Running the Asylum* vorgestellt.

Personas sind fiktive Charaktere, die Ihre echten Kunden repräsentieren. Personas sind ein üblicher und sehr hilfreicher Weg, die Motivation, Erwartung, Probleme, Gewohnheiten und Ziele der Nutzer zu identifizieren.

Personas können Ihnen dabei helfen, Entscheidungen in Bezug auf den Funktionsumfang, mögliche Gesten und das Design zu treffen. Personas können ein
App-Team dabei unterstützen, ein Gefühl für die Kunden und deren Bedürfnisse
und Probleme zu bekommen. Sie als App-Tester können Ihre tägliche Arbeit an
der Beschreibung von Personas ausrichten. Tabelle 3–1 zeigt ein Beispiel für eine
typische Persona.

---

1. *www.mobilepersonas.com/*
2. *www.usability.gov/how-to-and-tools/methods/personas.html*
3. *www.cooper.com/journal/2008/05/the_origin_of_personas*

Information	Profil
Name	Martin
Geschlecht	Männlich
Alter	28
Monatliches Einkommen	3.000 €
Bildungshintergrund	Masterabschluss in Informatik
Wohnort	Hamburg
Benutzt die folgenden Apps	Twitter, Facebook, LinkedIn, Feedly, Spotify, Tumblr
Überprüft sein Smartphone ... Mal am Tag	150
Besitzt folgende Geräte	LG Google Nexus 5, iPad mini
Persönliche Merkmale	Freundlich, intelligent, politisch, trifft sich gerne mit Freunden

Tab. 3–1   *Mögliche Persona-Beschreibung*

Sie können auch eine Persona-Beschreibung wie die folgende aufschreiben:

> Martin ist ein 28-jähriger technologieaffiner Mann mit einem Masterabschluss in Informatik. Er lebt in Hamburg und benutzt häufig sein Smartphone. Er überprüft sein Smartphone ca. 150 Mal am Tag auf Neuigkeiten. Martin nutzt Apps wie Twitter, Facebook, Spotify und Tumblr. Sein monatliches Einkommen beträgt 3.000 €. Martin ist freundlich, intelligent, politisch interessiert und trifft sich gerne mit Freunden.

Mithilfe von Personas und Wissen über ihre Gewohnheiten ist es ein wenig einfacher, eine App zu testen, da der Testprozess mehr auf die Kundenanforderungen fokussiert ist und weniger auf die Erwartungen und Gewohnheiten der Tester.

Personas sind eine gute Möglichkeit, beim App-Testen mit den Herausforderungen rund um den Kunden umzugehen. Sobald die Personas erstellt sind, sollte das App-Team versuchen, echte Kunden zu finden, die diesen Personas entsprechen. Haben Sie einige Kunden gefunden, dann sprechen Sie mit Ihnen und stellen Sie ihnen Fragen über Ihre App und diskutieren Sie zusätzliche Features. Laden Sie Nutzer zu einer Testsession zur Benutzbarkeit Ihrer App in Ihr Büro ein. Ein anderer Weg, Nutzerfeedback oder engagierte Nutzer zu bekommen, ist eine Betatestphase. Das ist eine übliche Vorgehensweise: Manche großen App-Hersteller[4] laden Kunden dazu ein, Betaversionen der App zu testen, um bereits zu einem frühen Entwicklungszeitpunkt Feedback zu bekommen und dadurch die App vor der Veröffentlichung verbessern zu können.

Eine andere nützliche Quelle für Informationen über Ihre Kunden sind die App-Stores der verschiedenen Hersteller und die darin vorhandenen Bewertun-

---

4.   *www.sonos.com/beta/screen/*

gen für und die Kommentare über Ihre App. Lesen Sie die Kommentare sorgfältig durch und lernen Sie daraus. Natürlich gibt es eine Menge Kommentare, die keine nützlichen Erkenntnisse liefern. Allerdings gibt es dort auch Nutzer, die sich über die Benutzbarkeit, Bugs oder andere Probleme, von denen Sie noch nie gehört haben, beschweren und diese Kommentare sind extrem nützlich für Sie und Ihr Team. Weitere Informationen über die App-Store-Reviews, Bewertungen und Kommentare können Sie in Kapitel 7 finden.

3.1.1   Zusammenfassung »Kunde«

Um Ihre Kunden zufriedenzustellen, müssen Sie Folgendes tun:

- Sammeln Sie Nutzerinformationen.
- Erstellen Sie Personas.
- Nutzen Sie während des Tests Personas.
- Laden Sie Nutzer zu einem Benutzbarkeitstest ein.
- Interviewen Sie die Kunden zu Ihrem Produkt.
- Laden Sie Kunden dazu ein, Betatester zu sein.
- Prüfen Sie die App-Store-Reviews und profitieren Sie von den nützlichen Kommentaren.

3.2   Mobile Plattformen und Fragmentierung

In den bisherigen Kapiteln habe ich die unterschiedlichen Mobilhersteller und Mobilplattformen erläutert, sodass Sie nun wissen, wie ein Mobilgerät aufgebaut ist. Außerdem wissen Sie, dass es für manche Mobilplattformen mehr als einen Mobilgerätehersteller gibt.

Die Fragmentierung ist in der mobilen Welt und insbesondere in der Android-Welt ein großes Problem. Basierend auf den Zahlen von OpenSignal[5] sind mehr als 24.000 Android-Geräte auf dem Markt erhältlich. Es ist einfach nicht möglich und, wie Sie sehen werden, auch nicht nötig, all diese Geräte zu testen. Dieses Problem bezieht sich aber nicht nur auf Android. Andere Plattformen, wie iOS, Windows Phone und BlackBerry, sind ebenfalls von der Fragmentierung betroffen. Die möglichen Hard- und Softwarekombinationen auf diesen Plattformen können ebenfalls zum Problem werden.

Die nächsten Abschnitte dieses Kapitels stellen Lösungen für den Umgang mit der Fragmentierung beim Testen vor.

---

5.   *http://opensignal.com/reports/2015/08/android-fragmentation/*

3.2.1   Gruppen von Mobilgeräten

Eine Möglichkeit, mit der Gerätefragmentierung in Ihrem App-Testprojekt umzugehen, besteht darin, die Mobiltestgeräte zu gruppieren. Wenn die Geräte gruppiert sind, brauchen Sie nur auf einigen Geräten (ein bis drei) aus jeder Gruppe zu testen, wodurch der Aufwand der Testarbeiten reduziert wird. Ich habe diesen Ansatz in all meinen Mobilprojekten übernommen und er ist nachweislich sehr effizient. Auf Basis Ihrer Kundenzielgruppe können Sie drei Gerätegruppen erstellen (dieses Beispiel setzt voraus, dass die Zielgruppe sehr technologieversiert ist).

Die erste Gruppe hat die höchste Priorität A. Geräte in dieser Gruppe sind höchstwahrscheinlich neue Geräte mit leistungsfähiger Hardware und einem großen Bildschirm mit hoher Auflösung und Bildpunktdichte. Außerdem ist meistens die neueste Betriebssystemversion installiert. Geräte aus dieser Gruppe müssen von Ihrer App hinsichtlich Funktionalität, Design und Benutzbarkeit voll unterstützt werden.

- Gruppe 1, Priorität A:
  - High-End-Geräte
  - Dual/Quad-Core CPU
  - RAM ≥ 2.048MB
  - Bildschirmgröße $\geq 5\,"$
  - Retina, Full-HD-Bildschirm
  - Das neueste für das Gerät erhältliche Betriebssystem

Die zweite Gruppe hat die mittlere Priorität B. Geräte in dieser Gruppe sind Mittelklassegeräte mit durchschnittlicher Hardware, wie einer kleineren CPU sowie einer geringeren Auflösung und Größe als die Geräte aus Gruppe A. Die Betriebssystemversion ist höchstwahrscheinlich nicht älter als ein Jahr. Die Geräte aus dieser Gruppe sollten von Ihrer App hinsichtlich Funktionalität und Benutzbarkeit voll unterstützt werden. Das Design muss für diese Gruppe aufgrund der kleineren Bildschirme nicht perfekt sein.

- Gruppe 2, Priorität B:
  - Mittelklassegeräte
  - Dual-Core CPU
  - RAM < 2.048MB
  - Bildschirmgröße $< 5\,"$
  - Kein Retina oder Full-HD-Bildschirm
  - Software weniger als ein Jahr alt

Die dritte Gruppe hat die geringe Priorität C. Geräte aus dieser Gruppe haben eine kleine CPU und geringe Auflösung und Punktdichte. Die Softwareversion ist mehr als ein Jahr alt. Geräte aus dieser Gruppe sollten von Ihrer App hinsichtlich

der Funktionalität voll unterstützt werden. Das Design und die Benutzbarkeit
können von den anderen Gruppen abweichen, da die Hardware eventuell zu
langsam ist, um eine ausreichende Reaktionsfähigkeit zu gewährleisten.

Gruppe 3, Priorität C:

- Langsame Geräte
- Single-Core CPU
- RAM <1.024MB
- Bildschirmgröße <4"
- Geringe Auflösung
- Betriebssystem ist älter als ein Jahr

Sobald Sie Gerätegruppen definiert haben, müssen Sie dafür sorgen, dass diese
aktuell bleiben. Beobachten Sie den Markt hinsichtlich neuer Geräte, die für Ihre
Zielgruppe infrage kommen. Auf der anderen Seite können Sie ältere Geräte aus
den Gerätegruppen entfernen, wenn Ihre Kunden diese Geräte nicht mehr benutzen. Zu guter Letzt müssen Sie Ihre Gruppenkriterien von Zeit zu Zeit überprüfen, um sicherzustellen, dass Ihr Kundenspektrum hinreichend abgebildet ist.

Mithilfe solcher Gerätegruppen wird es für Sie deutlich einfacher, mit der
Fragmentierung der Geräte umzugehen und die richtigen Geräte für den Test auszuwählen.

Google stellt eine schöne Webseite zur Verfügung: »Our Mobile Planet«[6].
Auf dieser können Sie Informationen basierend auf dem Land, dem Alter, dem
Geschlecht und dem Verhalten der Nutzer bekommen. Solche Informationen
können genutzt werden, wenn der Zielkunde nicht bekannt ist.

> **Wichtig:**
> Gerätegruppen können von Projekt zu Projekt stark variieren.

3.2.2   Gerätelabore

Abhängig vom jeweiligen App-Projekt werden Sie vielleicht sehr viele Geräte für
den Test benötigen, was sicher sehr teuer und zeitraubend sein kann. Eine gute
Alternative zum Kaufen ist das Mieten der Geräte.

Sie können Mobilgerätelabore oder Mobilgeräte in den verschiedenen Clouds
benutzen, um die benötigten Geräte für den Test zu mieten. Denken Sie aber vor
dem Mieten von Testgeräten daran, die Geräte zu gruppieren, um den erforderlichen Testaufwand für alle virtuellen und echten Geräte zu reduzieren.

Es gibt genügend Anbieter von Gerätelaboren für Mobilgeräte, die App-Testen innerhalb der Cloud anbieten. Entwickler und Tester aus der Mobilbranche

---

6.   *http://think.withgoogle.com/mobileplanet/en/*

können die App-Datei in die Cloud laden, die Geräte auswählen und den manuellen oder automatisierten Test starten.

Der größte Vorteil von solchen Dienstleistungen ist, dass Sie sich keine Gedanken über den Einkauf neuer Geräte oder deren Wartung machen müssen. Allerdings sollten Sie, bevor Sie einen mobilen Cloud-Anbieter auswählen, prüfen, ob der Anbieter das Testen auf echten Geräten, Simulatoren oder Emulatoren anbietet.

Ein mobiler Cloud-Test-Anbieter sollte Folgendes anbieten:

- Auf echten Geräten testen
- In der Lage sein, auch auf Emulatoren oder Simulatoren zu testen
- Keine Geräte benutzen, bei denen Jailbreaking oder Rooting ausgeführt wurde
- In der Lage sein, auf verschiedenen Mobilplattformen zu testen, wenn möglich
- Testautomatisierungsskripte in verschiedenen Programmiersprachen verarbeiten können
- Continuous Integration anbieten
- Eine Möglichkeit bieten, die Performanz zu messen
- Einen Testbericht am Ende des Testzyklus erstellen

Ihre App in der Cloud auf einem Emulator oder Simulator zu testen, kann aufgrund von Performanzproblemen sehr lästig werden. Emulatoren und Simulatoren auf einer lokalen Maschine zu benutzen, ist oft schon langsam; diese über das Internet mittels einer Web-GUI zu benutzen, kann wiederum noch langsamer sein.

Auch wenn der Anbieter das Testen auf echten Geräten anbietet, ist es möglich, dass die Performanz vielleicht nicht die gleiche ist, als wenn Sie lokal auf echten Geräten testen. Die Latenz ist vielleicht zu hoch, was zu sehr langsamen Reaktionen auf dem Gerät führen kann. Scrollen, Tippen oder auch nur das Laden der App kann sehr lange dauern, was einen großen Einfluss auf Ihr Testen und die daraus folgenden Ergebnisse hat.

Außerdem sollten Sie bei der Auswahl eines Cloud-Test-Anbieters sicher sein, dass Sie exklusiven Zugriff auf die physischen Geräte haben und dass Ihre App gelöscht wird, sobald die Session beendet ist. Prüfen Sie, ob der Anbieter eine Private Cloud anbietet; ansonsten könnte es sein, dass Ihre App immer noch auf den Testgeräten installiert ist und die nachfolgenden Kunden Zugriff darauf haben. Die Entdeckung eines solchen Problems während der Beurteilung eines Anbieters ist ein klares, nicht zu ignorierendes Warnsignal. Wenn Sicherheit und Privatsphäre für Sie wichtig sind, ziehen Sie in Betracht, einen anderen Anbieter auszuwählen.

Die folgenden Anbieter stellen eine Cloud für mobile Testgeräte zur Verfügung:

- AWS Device Farm
  (*http://aws.amazon.com/de/device-farm/*)
- CloudMonkey LabManager
  (*www.cloudmonkeymobile.com/labmanager*)
- Keynote Mobile Testing
  (*www.keynotedeviceanywhere.com/*)
- Mobile Labs
  (*http://mobilelabsinc.com/*)
- Perfecto Mobile
  (*www.perfectomobile.com/*)
- Sauce Labs
  (*https://saucelabs.com/*)
- Testmunk
  (*www.testmunk.com/*)
- TestObject
  (*http://testobject.com/*)
- TouchTest
  (*www.soasta.com/products/touchtest/*)
- Xamarin Test Cloud
  (*http://xamarin.com/test-cloud*)

> **Wichtig:**
> Diese Liste ist keineswegs vollständig. Surfen Sie einfach im Internet, um weitere Anbieter zu finden, die in Ihre Umgebung passen.

Wenn Sie nicht jedes Testgerät für Ihr Unternehmen kaufen wollen oder Sie keinen Cloud-Anbieter nutzen wollen (oder vielleicht keinen benutzen dürfen), gibt es eine weitere Möglichkeit, physische Mobilgeräte zu bekommen: ODLs oder Open Device Labs.

Open Device Labs wurden von der Mobile Community mit dem Ziel eingeführt, ein Lager für physische Geräte aufzubauen, in denen App-Tester, Entwickler und jeder, der in das mobile Business involviert ist, Geräte für Testzwecke erhalten kann. Das primäre Ziel von diesen Open Device Labs ist, dass jeder kostenlos Geräte leihen kann! Damit diese Idee verwirklicht werden kann, sind Open Device Labs auf Gerätespenden von privater Seite oder von Unternehmen, die die Mobile Community unterstützen wollen, angewiesen. Abhängig von Ihrem Standort, gibt es eventuell ein Open Device Lab in Ihrer Nähe. Die Webseite[7] von

Open Device Lab bietet eine gute Karte, die Ihnen zeigt, wo sich das nächste Open Device Lab befindet. Sie sollten sie unbedingt ausprobieren!

Kapitel 7 behandelt mobile Testlabore und Open Device Labs als Teil der mobilen Teststrategie und bietet weitere Informationen zu diesem Thema an.

In diesem Teil des Kapitels haben Sie gelernt, dass es drei mögliche Lösungen für das Problem Fragmentierung gibt:

- Gruppierung der Geräte, die für den Test benötigt werden
- Mobilgerätelabore in der Cloud
- Nutzung physischer Geräte aus dem Open Device Lab

3.3 Sensoren und Schnittstellen

Jedes Smartphone hat eine Vielzahl an Sensoren und Schnittstellen, auf die von den installierten Apps aus zugegriffen werden kann, um dem Nutzer sinnvolle Features zu bieten. Die tatsächlich genutzten Sensoren und Schnittstellen hängen vom speziellen Anwendungsfall der App ab. Die eingebauten Sensoren und Schnittstellen sind ziemlich komplex und potenziell anfällig für elektrische Störungen.

Als App-Tester liegt es in Ihrer Verantwortung, sicherzustellen, dass die implementierten Sensoren und Schnittstellen korrekt benutzt werden. Es ist auch wichtig, zu verifizieren, dass fehlerhafte Sensoren die App nicht negativ beeinträchtigen.

3.3.1 Raumhelligkeitssensor

Der Raumhelligkeitssensor kann bestimmen, wie viel Licht am aktuellen Ort zur Verfügung steht, und die Bildschirmhelligkeit mittels Software anpassen, um die Akkulaufzeit zu verlängern.

Wenn Ihre App auf irgendeine Art und Weise den Raumhelligkeitssensor benutzt, sollten Sie die App an verschiedenen Orten mit unterschiedlichen Lichtverhältnissen testen. Testen Sie Ihre App z.B. in einem dunklen Zimmer, außerhalb von Gebäuden im Sonnenschein oder an Ihrem Arbeitsplatz, um zu sehen, ob sich die App richtig verhält. Seien Sie kreativ bei der Wahl Ihrer Testumgebungen.

Verschiedene Orte könnten sein:

- Ein dunkles Zimmer
- Ihr Arbeitsplatz mit einer Schreibtischlampe
- Draußen im Sonnenschein
- Räume mit verschiedenen Lampen an der Decke

---

7.   *http://opendevicelab.com/*

3.3.2   Näherungssensor

Ein weiterer kleiner Helfer ist der Näherungssensor, der den Abstand des Smartphones zum Gesicht oder zu einer Oberfläche bestimmt. Er kann benutzt werden, um den Bildschirm automatisch ohne irgendeinen körperlichen Kontakt auszuschalten. Das bewahrt Sie davor, aus Versehen einen Button auf dem aktiven Bildschirm anzutippen oder zu berühren. Er ist außerdem nützlich, um die Akkulaufzeit zu verlängern.

Stellen Sie sicher, dass Sie auch die Benutzung des Näherungssensors an verschiedenen Orten mit unterschiedlichen Lichtverhältnissen und auch auf verschiedenen Oberflächen testen, um festzustellen, ob die App den Sensor korrekt benutzt.

Unterschiedliche Orte und Oberflächen könnten die Folgenden sein:

- Ein dunkler Raum
- Ihr Arbeitsplatz mit einer Schreibtischlampe
- Draußen im Sonnenschein
- Ihre Hand, die sich über dem Bildschirm bewegt
- Ihre Hand direkt auf dem Bildschirm
- Das Gerät bewegt sich in Richtung Ihres Gesichts
- Der Bildschirm des Geräts bewegt sich über einem Spiegel oder einer Glasplatte

3.3.3   Beschleunigungssensor

Der Beschleunigungssensor stellt Veränderungen bei der Gerätebewegung fest. Der häufigste Anwendungsfall für diesen Sensor ist, wenn zwischen Hoch- und Querformat mittels Rotation gewechselt wird. Dieser Sensor wird in fast jeder App genutzt, wenn die Entwickler eine Hochformat- und Querformat-Ansicht implementiert haben. Wenn beide Modi unterstützt werden, sollten Sie während des Tests häufig die Ausrichtung des Geräts wechseln. Dabei werden Sie wahrscheinlich viele UI-Fehler finden, weil die UI-Elemente zu unterschiedlichen Positionen bewegt werden könnten. Es kann auch sein, dass die App abstürzt, zum Beispiel wenn Daten vom Backend geladen werden und gleichzeitig UI-Aktualisierungen durchgeführt werden.

3.3.4   Lagesensor

Der Lagesensor wird benutzt, um entweder die Orientierung des Geräts zu messen oder beizubehalten. Anders als der Beschleunigungssensor, der die lineare Beschleunigung misst, misst der Lagesensor die exakte Orientierung des Geräts. Das bedeutet, dass das Gerät in der Lage ist, 360°-Bewegungen festzustellen. Dank des Beschleunigungs- und des Lagesensors kann das Gerät auf sechs Achsen operieren – links und rechts, hoch und runter, vor und zurück – und das Rollen sowie Kursabweichungen und Neigungsdrehungen verfolgen.

Die Kombination von beiden Sensoren wird am häufigsten in Spiele-Apps wie Flugsimulatoren benutzt, um ein Flugzeug mit echten physikalischen Bewegungen zu steuern. Denken Sie an die sechs Achsen, wenn Sie Ihre App testen, und testen Sie sowohl jede Achse separat als auch mehrere Achsen gleichzeitig, um sicher zu sein, dass die App richtig reagiert.

3.3.5 Magnetsensor

Ein Magnetsensor kann die Stärke und Richtung eines magnetischen Feldes um das Gerät herum messen. Der Sensor wird meistens von Apps genutzt, die Kompassinformationen benötigen, wie zum Beispiel für die Navigation. Mithilfe dieses Sensors kann das Gerät die Richtung bestimmen, in die es ausgerichtet ist: West, Ost, Nord oder Süd.

Wenn Ihre App den Magnetsensor benutzt, sollten Sie ihn an verschiedenen Orten testen. Wenn Sie die App zum Beispiel in einem Gebäude benutzen, in dem Sie von einer Menge Metall umgeben sind, wird der Magnetsensor eventuell falsche Informationen oder Daten liefern, was zu ungünstigen Seiteneffekten in Ihrer App führen kann.

Im Folgenden sind mögliche verschiedene Orte aufgelistet:

- Innerhalb eines Gebäudes
- Draußen auf der Straße
- Im Stau
- In der Nähe von Gebäuden mit viel Metall

3.3.6 Sensoren für Luftdruck, Temperatur und Feuchtigkeit

Diese drei Sensoren sind im Moment noch nicht in jedem Smartphone enthalten, werden es aber bald sein. Alle drei Sensoren können dazu benutzt werden, weitere Daten über den Aufenthaltsort des Nutzers zu sammeln, um Apps mit nützlichen Informationen wie aktuelle Temperatur, aktuelle Höhe basierend auf dem Luftdruck und Luftfeuchtigkeit zu versorgen.

Diese Sensoren werden zum Beispiel von Outdoor- oder Wetter-Apps genutzt. Stellen Sie auch hier sicher, dass Sie die App an verschiedenen Orten mit unterschiedlicher Temperatur, Luftdruck, Höhe und Luftfeuchtigkeit testen. Natürlich können Sie den Luftdruck und die Luftfeuchtigkeit in einem Testlabor simulieren, um zu prüfen, ob die Sensoren richtig arbeiten, aber sie in echten Situationen zu testen, kann Seiteneffekte produzieren, die wahrscheinlich nicht im Labor vorkommen.

3.3.7   Ortungssensor

Sie kennen natürlich den Ortungssensor, besser bekannt als GPS. Dank GPS können Apps die aktuelle Position des Geräts bestimmen. GPS wird in vielen unterschiedlichen Arten von Apps wie Karten-Apps, Kamera-Apps und Social-Media-
Apps genutzt. Nutzer können mit den Apps ihren aktuellen Aufenthaltsort teilen,
zum Beispiel mit Freunden, um sie wissen zu lassen, wo sie sich befinden.

Wenn Ihre App GPS nutzt, um Ihre aktuelle Position zu bestimmen, stellen
Sie sicher, dass der GPS-Sensor nach der Benutzung ausgeschaltet ist. Ansonsten
wird der Akku des Geräts sehr schnell leer sein.

GPS-Funktionalitäten sollten natürlich an verschiedenen Orten, wie auf dem
Land oder der Innenstadt mit vielen hohen Gebäuden, getestet werden. In beiden
Szenarien werden Sie vielleicht feststellen, dass die aktuelle Position nicht korrekt
ist oder vom GPS-Sensor nicht gefunden wird. Dies ist insbesondere der Fall in
Städten aufgrund der Beeinträchtigung durch die umliegenden Gebäude. Wenn
das GPS-Signal nicht stark genug ist, die aktuelle Position zu bestimmen, prüfen
Sie, ob die Wi-Fi- oder netzwerkbasierte Lokalisierungsfunktion des Handys
aktiviert ist, um es zu lokalisieren. Ein schwaches GPS-Signal kann auch wegen
der Schwierigkeit, die aktuelle Position zu berechnen, Performanzprobleme
innerhalb Ihrer App auslösen. Wenn Sie die GPS-Funktion Ihrer App testen,
beobachten Sie die Temperatur Ihres Geräts. Die Benutzung von GPS wird Ihr
Gerät erwärmen, viel Batterie verbrauchen und deswegen möglicherweise die
Performanz Ihrer App beeinflussen. Außerdem empfehle ich, GPS auszuschalten,
um zu sehen, wie Ihre App auf dieses Szenario reagiert.

3.3.8   Berührungsloser Sensor

Ein weiterer Sensor, der nicht in jedem Smartphone vorhanden ist, ist der berührungslose Sensor. In den meisten Fällen ist dieser Sensor auf der Vorderseite des
Geräts eingebaut, um berührungslose Gesten eines Fingers oder der Hand zu verarbeiten. Das bedeutet, dass Sie zwischen Fotos in Ihrer Fotogalerie swipen können, indem Sie einfach Ihre Hand über dem Bildschirm hin und her bewegen.
Oder Sie können einen Anruf beantworten, indem Sie das Gerät in die Nähe Ihres
Ohres halten, ohne den Antwort-Button anzutippen.

Wenn Ihre App berührungslose Gesten unterstützt, stellen Sie sicher, dass jede
Geste aus verschiedenen Winkeln funktioniert.

3.3.9   Zusammenfassung »Sensoren«

Die meisten gerade beschriebenen Sensoren werden vom aktuellen Ort des Nutzers und dessen Umgebung beeinflusst. Jede Art der Bewegung während des Tests Ihrer App und der Gerätesensoren ist sehr wichtig. Es ist auch hilfreich, die Sensoren in Kombination mit anderen Sensoren zu testen, um zu prüfen, ob Ihre App richtig auf Änderungen der Sensordaten reagiert.

Im Folgenden sind mögliche Sensortests aufgelistet:

- Gehen während der Benutzung der App, da dies eine Vor- und Zurückbewegung simuliert.
- Während des Gehens plötzlich für ein paar Momente stoppen, bevor Sie Ihren Weg fortsetzen.
- Schütteln und drehen Sie Ihr Gerät.
- Simulieren Sie Vibrationen, als wären Sie in einem Zug oder Auto.
- Führen Sie extreme Bewegungen wie Wirbeln oder schnelles Drehen mit Ihrem Gerät aus.
- Benutzen Sie die App außerhalb von Gebäuden an sonnigen, bewölkten und dunklen Orten.
- Benutzen Sie die App im Gebäude mit normalem Licht oder unter einer Lampe.
- Bewegen Sie Ihre Hand vor dem Gerät hin und her.
- Testen Sie die Grenzwertfälle, zum Beispiel: GPS-Koordinaten 0,0; Temperatur bei 0°, wasserfeste Geräte in Gegenden mit hoher Luftfeuchtigkeit.
- Prüfen Sie, ob die App auf Geräten benutzt werden kann, die keine eingebauten Sensoren und Schnittstellen haben.

Während Sie diese Aufgaben durchführen, achten Sie auf Abstürze oder das Einfrieren der App. Prüfen Sie, ob die UI-Elemente auf dem Bildschirm sichtbar sind und korrekt angezeigt werden, insbesondere bei verschiedenen Lichtverhältnissen. Achten Sie auch auf die Performanz der App und die Akkulaufzeit des Smartphones.

3.3.10   Touchscreen

Die größte und wichtigste Schnittstelle in Smartphones ist der Touchscreen. Dank dem berührungsempfindlichen Bildschirm können Nutzer einen oder mehrere Finger auf dem Gerät benutzen, um Gesten durchzuführen, die das Smartphone in Kommandos umwandelt.

> **Wichtig:**
> Die Touchscreen-Technologie ist hier vereinfacht dargestellt. Wenn Sie weitere detailliertere Informationen über diese benötigen, recherchieren Sie bitte im Internet.

Es gibt grundsätzlich zwei Arten von Touchscreen-Technologien. Die erste ist der resistive Screen, der aus vielen Schichten besteht und auf Druck reagiert. Gewöhnlich ist diese Art von Touchscreen für die Benutzung mit einem Eingabestift gemacht. Immer dann, wenn Sie für eine Paketzustellung unterschreiben müssen, werden Sie wahrscheinlich auf einem resistiven Screen unterschreiben. Diese Technologie hat einen großen Nachteil: Es werden keine Multitouch-Gesten unterstützt.

Das ist der Grund, warum die zweite Technologie, kapazitive Touchscreens, in Smartphones benutzt wird. Kapazitive Screens reagieren sowohl auf Tippen als auch auf Druck und unterstützen Multitouch-Gesten.

Kapazitive Screens bestehen aus einem Isolator, der in den meisten Fällen beschichtetes Glas mit einem transparenten Leiter wie Indium-Zinn-Oxid ist. Weil der menschliche Körper ebenfalls ein elektrischer Leiter ist, resultiert aus der Berührung des kapazitiven Bildschirms eine Verzerrung seines elektrostatischen Feldes. Diese Verzerrung wird dann in Daten umgewandelt, die von der Gerätehardware verstanden werden können.

Die folgenden Gesten sind auf einem kapazitiven Touchscreen möglich:

- **Touch**
  Berühren des Bildschirms mit einem Finger.

- **Long Touch**
  Berührung des Bildschirms für eine längere Zeit.

- **Swipe**
  Bewegung des Fingers über den Bildschirm.

- **Tap**
  Mit dem Finger kurz den Bildschirm berühren.

- **Double Tap**
  Mit dem Finger zweimal kurz den Bildschirm berühren.

- **Drag**
  Bewegung des Fingers über den Bildschirm, ohne den Kontakt zum Bildschirm zu verlieren.

- **Multitouch**
  Benutzung von zwei oder mehr Fingern auf dem Bildschirm zur gleichen Zeit.

- **Pinch open**
  Berühren des Bildschirms mit zwei Fingern, die sich auseinander bewegen.

- **Pinch close**
  Berühren des Bildschirms mit zwei Fingern, die sich aufeinander zubewegen.

- **Rotate**
  Benutzen von zwei Fingern auf dem Bildschirm mit anschließender Drehung. Manche Apps, wie Karten-Apps, werden den Inhalt der App drehen.

Die Vielzahl der möglichen Touch-Gesten stellt eine besondere Herausforderung während des Testens einer App dar. Sie sollten an alle möglichen Gesten denken und sie beim Test benutzen. Um herauszufinden, ob eine App Touch-Gesten verarbeiten kann, ist es sinnvoll, mehrere Finger gleichzeitig auf dem Touchscreen zu benutzen. Sie sollten außerdem mehrere verschiedene Touch-Gesten schnell hintereinander auf dem Bildschirm ausführen, um zu sehen, wie die App reagiert und mit den Eingaben umgeht. Achten Sie auch auf Performanzprobleme oder UI-Fehler, die während der Ausführung von Multitouch-Gesten entstehen können.

Ein wichtiger zu beachtender Faktor über Touchscreens sind die aktuellen Wetterbedingungen. Sie können Ihre Finger beeinflussen und verhindern, dass Berührungen richtig registriert werden. Deswegen wäre es gut, die verschiedenen Gesten bei unterschiedlichen Wetterbedingungen, wie an kalten und heißen Tagen oder an einem Tag mit hoher oder niedriger Luftfeuchtigkeit, zu benutzen, um festzustellen, wie Ihre App auf Gesten auf dem Touchscreen reagiert.

3.3.11 Mikrofon

Eine weitere Möglichkeit, mit Ihrer App zu kommunizieren, ist, Sprache oder Töne zu benutzen. Die meisten Smartphones haben mehr als ein Mikrofon eingebaut. Normalerweise gibt es bis zu drei Mikrofone, eines auf der Vorderseite, eines auf der Rückseite (in der Nähe der Kamera) und eines an der Unterseite des Geräts. Diese drei Mikrofone gewährleisten sehr gute Sprachaufnahmen aus allen möglichen Winkeln ungeachtet der Position des Smartphones.

Beim Prüfen von Toneingaben mittels Mikrofon sollten Sie die folgenden Tests durchführen:

- Testen Sie Spracheingaben innerhalb von Gebäuden mit normalen Hintergrundgeräuschen und in lauten Situationen.
- Testen Sie die App innerhalb von Gebäuden mit vielen Hintergrundgeräuschen wie im Büro oder einem Restaurant.
- Testen Sie die App außerhalb von Gebäuden mit Hintergrundgeräuschen wie einer Straße oder eines Autos.
- Prüfen Sie, ob die App richtig mit der Stummschaltung des Smartphones oder des Mikrofons umgeht.
- Starten Sie andere Apps, die Töne erzeugen (z. B. Musik-Apps), und prüfen Sie das Verhalten Ihrer App.
- Benutzen Sie die Lauter- und Leiser-Buttons, um die Lautstärke zu erhöhen oder zu verringern, und prüfen Sie das Verhalten der App.
- Prüfen Sie, ob Spracheingaben korrekt verarbeitet werden.
- Wenn die Spracheingaben auf dem Smartphone gespeichert werden, prüfen Sie, ob die Wiedergabe richtig funktioniert.
- Testen Sie die Spracheingaben in einer echten Umgebung (Einsatzzweck der App).

Achten Sie beim Testen von Toneingaben in allen den verschiedenen Umgebungen auf Eingabeverzögerungen oder Verzerrungen im Aufnahme- oder Wiedergabemodus. Behalten Sie die Performanz der App und des Geräts im Auge, um zu sehen, ob das Gerät aufgrund von fehlenden Hardwareressourcen einfriert oder abstürzt (insbesondere beim Speichern der Eingaben). Und vergessen Sie nicht, das Digital Rights Management (DRM) zu überprüfen, wenn Sie mit Sprach- oder Toneingaben arbeiten.

3.3.12 Kamera

Ein typisches Smartphone hat mindestens eine Kamera, normalerweise auf der Rückseite des Smartphones. Allerdings haben die meisten der heutigen Smartphones bereits zwei Kameras: eine nach hinten und eine nach vorne gerichtete Kamera. Die Rückseitenkamera wird benutzt, um hochauflösende Bilder zu machen, und die Vorderseitenkamera wird meistens für Videochats mit einer geringeren Auflösung verwendet. Außerdem haben die meisten Rückseitenkameras einen eingebauten Blitz.

Kameras werden in einer Vielzahl von Apps für Fotos oder Videos benutzt. Manche Apps setzen die Kamera als Scanner ein, um Informationen mit OCR (Optical Character Recognition) oder anderen Arten von geometrischen Formen zu erfassen. Gute Beispiele dafür sind QR-Codes (Quick Response), Scanner-Apps oder Apps, die Visitenkarten scannen und diese in digitale Kontakte im Telefon umwandeln. Manche Apps verwenden nur den LED-Blitz als Taschenlampe.

Wenn Ihre App die Kamera benutzt, testen Sie die Funktionalitäten mit mehreren Mobilgeräten aus Ihrer Kundenzielgruppe. Jedes Smartphone hat eine spezifische Kamera mit spezifischer Linse, Blitz und Auflösung. Die unterschiedlichen Auflösungen der Kameras haben einen Einfluss auf die Bildgröße. Je höher die Auflösung, desto größer sind die Bilder. Testen Sie deshalb unbedingt die Kamerafunktionen mit unterschiedlichen Auflösungen und Kameratypen, um zu sehen, ob die Kamera in der Lage ist, kleine und große Bilder zu verarbeiten.

Darüber hinaus sollten Sie die Performanz der App prüfen, während der Kameramodus aktiviert ist. Die Kamera beansprucht viele Hardwareressourcen des Geräts, was eventuell negative Auswirkungen auf die App hat und einen Absturz oder ein Einfrieren hervorrufen kann. Starke Kamerabenutzung kann den Kamerasensor erhitzen und zu Hardwareschäden führen. Stellen Sie also sicher, dass dies in Ihrer App nicht möglich ist. Denken Sie daran, dass die App einen Bildstabilisator benutzen kann, der verhindert, dass die Kamera unscharfe Bilder aufnimmt. Das Gleiche gilt für Videoaufnahmen innerhalb Ihrer App.

3.4   System-Apps

Die meisten vorinstallierten Apps der Gerätehersteller sind System-Apps. Es gibt oft vorinstallierte Apps wie eine Kontakte-App, Telefon-App, Kalender-App und Ähnliches. Allerdings können die Nutzer auf den meisten Mobilplattformen Apps installieren, die die System-Apps ersetzen. Der Hauptgrund, warum Nutzer das tun, ist die schlechte Benutzbarkeit oder das Fehlen von Funktionalitäten aufseiten der System-Apps. Wenn Sie die App-Stores der verschiedenen Hersteller beispielsweise nach Kalender-Apps durchsuchen, werden Sie eine große Anzahl an Apps mit vielen weiteren Features als bei den vorinstallierten finden.

Ein wirklich interessantes Beispiel dafür sind die Tastatur-Apps auf Smartphones. Solche Apps werden wahrscheinlich einen Einfluss auf Ihre App haben. Auf Android-Telefonen und -Tablets (und seit iOS 8 auch auf iOS-Geräten) können Nutzer die vorinstallierten Tastatur-Apps mit speziellen Tastaturen ersetzen, die eine komplett andere Art zu schreiben und andere Layouts bieten. Es gibt konventionelle Tap-Tastaturen (wie QWERTY), Tastaturen mit verschiedenen Layouts (viele Symbole pro Taste), Tastaturen mit Tap-Slider-Funktionen und Tastaturen, die Swipe-Methoden anbieten, um Text einzufügen.

Das Auswechseln des Keyboards kann einen Einfluss auf Ihre App haben. Die Tastatur könnte zum Beispiel viel größer sein als die Standardtastatur und deswegen UI-Elemente verdecken, die wichtig sind, um mit der App zu interagieren, oder der Bildschirm erkennt nicht, dass er Scrollen müsste. Vielleicht fehlen wichtige Tasten auf der Tastatur, was Ihre App in manchen Fällen vielleicht unbenutzbar macht. Es ist auch möglich, dass Einstellungen auf dem Telefon verloren gehen und Ihre App einfriert oder abstürzt.

Dies ist nur ein Beispiel, wie ersetzte System-Apps einen Einfluss auf Ihre App haben können. Wenn Ihre App mit einer der vorinstallierten Apps interagiert, denken Sie daran, dass Nutzer diese App mit einer anderen App ersetzen können. Sie benötigen eine Übersicht über die beliebtesten Apps, die System-Apps ersetzen, um die Integration und die Interaktion mit Ihrer App zu testen.

3.5   Internationalisierung (I18n) und Lokalisierung (L10n)

Eine weitere Herausforderung, mit der während des Entwicklungsprozesses von Apps umgegangen werden muss, ist die Internationalisierung (I18n) und die Lokalisierung (L10n) von Apps. I18n ist der Prozess, Softwareapplikationen so zu designen, dass sie in unterschiedlichste Sprachen und für verschiedene geografische Regionen auf der Welt adaptiert werden können, ohne die Codebasis zu ändern und auch während die Software läuft (manche Apps und manche Mobilplattformen benötigen allerdings einen Neustart).

L10n ist der Prozess, die internationalisierte Software in eine spezifische Sprache oder Region zu adaptieren, indem man sprach- und regionalspezifische Elemente oder übersetzten Text einfügt.

Es ist sehr wichtig, sowohl I18n als auch L10n zu testen, wenn Ihre App für die Nutzung in verschiedenen Ländern entworfen worden ist. Sie müssen sicher sein, dass die verschiedenen Sprachen nicht Ihre UI-Elemente zerstören oder einen Einfluss auf die Benutzbarkeit der App haben.

> **Wichtig:**
> Viele Sprachen haben ihren eigenen Zeichensatz und ein Wort kann sehr unterschiedliche Höhen und Breiten haben.

Schauen wir z.B. auf das englische Wort *logout*. Wenn Sie die Übersetzungen des Wortes aus dem Deutschen, Französischen, Türkischen und Russischen vergleichen, werden Sie einen großen Unterschied bei Buchstaben, Breite und Höhe feststellen:

- Logout (Englisch)
- Ausloggen (Deutsch)
- Déconnexion (Französisch)
- Çıkış yap (Türkisch)
- Выйти (Russisch)

Das deutsche Wort *Ausloggen* und das französische Wort *Déconnexion* sind viel länger als *Logout*. Die türkische Version besteht sogar aus zwei Wörtern. In der Regel können asiatische Sprachen als »kurze« Sprachen angesehen werden, während Deutsch und Portugiesisch als »lange« Sprachen gelten. Alle Übersetzungen können zu einem UI-Fehler führen oder sogar Ihre Designregeln brechen. Beim Testen einer App in verschiedenen Sprachen prüfen Sie, ob jede Textübersetzung in die UI-Elemente hineinpasst und jeder Bildschirm das gleiche Look-and-Feel hat. Prüfen Sie außerdem, ob die verschiedenen Buchstaben und Schriftarten in der lokalen Datenbank gespeichert werden können.

Das Gleiche trifft auf die in den Apps benutzten Datumsformate zu. Abhängig von dem Land oder der Region werden unterschiedliche Datumsformate benutzt. Sie müssen prüfen, ob je nach Regionseinstellungen im Telefon das korrekte Format angezeigt wird. Sie sollten außerdem das Parsing von einem Format in ein anderes testen.

Die folgenden Datumsformate werden gewöhnlich benutzt:

- DD/MM/YYYY (Tag/Monat/Jahr)
- DD.MM.YYYY
- DD-MM-YYYY
- MM/DD/YYYY (Monat/Tag/Jahr)
- MM.DD.YYYY
- MM-DD-YYYY
- YYYY/MM/DD (Jahr/Monat/Tag)
- YYYY.MM.DD
- YYYY-MM-DD

Wenn Ihre App in verschiedenen Ländern und Regionen der Welt benutzt werden soll, stellen Sie sicher, dass Sie die wichtigsten Sprachen Ihrer Kundenzielgruppe hinzugefügt zu haben, um den Nutzern eine gute Benutzbarkeit zu bieten. Wenn Sie die App testen, müssen Sie diese in jeder Sprache prüfen. Sie müssen außerdem prüfen, ob der Sprachwechsel funktioniert, um sicher zu sein, dass nur eine Sprache, abhängig von den Spracheinstellungen des Geräts, angezeigt wird. Testen Sie auch die Defaultsprache Ihrer App. Um das zu testen, ändern Sie die Gerätesprache in eine nicht unterstützte und prüfen Sie, ob die App die implementierte Standardsprache benutzt. Sprachen und Datumsformate sollten in der App niemals gemischt werden. Wenn Sie testen wollen, ob die genutzte Sprache korrekt ist, sollten Sie einen Muttersprachler fragen, um irreführende Übersetzungen oder fehlerhaften Text zu vermeiden.

Wichtig:
Die verschiedenen Sprachen und Datumsformate müssen während der Entwurfsphase der App betrachtet werden, damit die Designer das Look-and-Feel der App in allen angebotenen Sprachen planen können. Späte Änderungen in Bezug auf Übersetzungsfehler können den Veröffentlichungstermin der App verzögern oder das Design der App negativ beeinflussen.

3.6 Mobile Browser

Wenn Sie eine Web-App testen, müssen Sie das natürlich in einem mobilen Webbrowser machen. Mobile Webbrowser sind so optimiert, dass der Webinhalt auch auf kleineren Bildschirmen angezeigt werden kann. Leider gibt es mehr als einen mobilen Webbrowser in verschiedenen Versionen für die verschiedenen Mobilplattformen. Darüber hinaus benutzen die Browser verschiedene Layout-Engines wie die folgenden:

- Blink
  (*www.chromium.org/blink*)
- Gecko
  (*https://developer.mozilla.org/en-US/docs/Mozilla/Gecko*)
- Presto
  (*www.opera.com/docs/specs/*)
- Trident
  (*http://msdn.microsoft.com/en-us/library/aa741312(v=vs.85).aspx*)
- WebKit
  (*www.webkit.org/*)

Abhängig von der Layout-Engine, den Browsereinstellungen und den Browserversionen sind die mobilen Web-Apps eventuell im Aussehen und Verhalten sehr unterschiedlich. Das ist insbesondere der Fall bei den verschiedenen Browser-Layout-Engines. Jede Browser-Layout-Engine behandelt Standards wie HTML, CSS und JavaScript unterschiedlich. Nicht in jedem Browser ist der komplette Funktionsumfang oder die neuesten Versionen der verschiedenen Sprachen (HTML, CSS, JavaScript) implementiert, was zu Unterschieden im Verhalten führen kann.

Um sicher zu sein, dass Ihre Web-App in den verschiedenen Browsern funktioniert, testen Sie sie auf verschiedenen Mobilplattformen, wie Android, iOS, Windows Phone oder BlackBerry, zusammen mit verschiedenen Browserversionen. Hier gibt es natürlich das gleiche Problem wie bei nativen Apps: die Fragmentierung. Allerdings kann der Test von Web-Apps viel schwieriger sein, da Sie nun mit den unterschiedlichen Webbrowsern eine weitere Variable in Ihre Testmatrix eingefügt haben. Das bedeutet, dass Sie sich auf die verschiedenen Browserversionen, Mobilplattformen und Betriebssystemversionen konzentrieren müssen.

Die in Tabelle 3–2 aufgelisteten mobilen Webbrowser sind für die verschiedenen Mobilplattformen erhältlich. Um zu sehen, welche Browser-Layout-Engine von welchem Browser genutzt wird, schauen Sie auf der Herstellerseite des Browsers nach.

Wichtig:
Nicht jeder Browser ist auf jeder Plattform erhältlich. Tabelle 3–2 zeigt die meistgenutzten mobilen Webbrowser.[a] Die Tabelle ist nicht vollständig.

a.   *http://akamai.me/1EQZbP0*

Browser	Hersteller	Layout-Engine	Erhältlich für
Chrome (*www.google.com/intl/en/chrome/browser/mobile/*)	Google	WebKit (iOS), Blink	Android, iOS
Safari (*https://developer.apple.com/safari/*)	Apple	WebKit	iOS
Internet Explorer Mobile (*http://windows.microsoft.com/en-us/internet-explorer/browser-ie#touchweb=touchvidtab1*)	Microsoft	Trident	Windows Phone
BlackBerry (*http://us.blackberry.com/devices/features/getting-started.html*)	Research in Motion	WebKit	BlackBerry
Android Browser	verschiedene	WebKit	Android
Dolphin Browser (*http://dolphin.com/*)	MoboTap	WebKit	Android, iOS
Firefox Mobile (*www.mozilla.org/en-US/firefox/android/*)	Mozilla	Gecko	Android
Opera Mobile (*www.opera.com/mobile*)	Opera Software	Presto, Blink	Android, iOS

Tab. 3–2   *Übersicht der mobilen Browser*

Wie Sie sehen, kann das Testen einer Web-App auf verschiedenen Browsern auch eine richtige Herausforderung sein. Um den Aufwand der Testarbeiten, der für mobile Webbrowser benötigt wird, klein zu halten, sollten Sie Gruppen von mobilen Browsern bilden oder Anforderungen an die mobilen Browser zu den Gerätegruppen hinzufügen. Wenn Sie Browsergruppen erstellen, priorisieren Sie diese basierend auf Ihrer Kundenzielgruppe und testen Sie Ihre Web-App nur in diesen Gruppen.

3.7   Zusammenfassung

Kapitel 3 war das erste praktische Kapitel in diesem Buch. Sie sind nun in der Lage, Ihre eigenen Personas anhand der Informationen aus Ihrer Kundenzielgruppe und der Nutzung Ihrer App zu erstellen. Solche Personas werden Ihnen helfen, die Entwicklungs- und Testbemühungen auf die Kundenzielgruppe zu fokussieren und keine Zeit für nicht benötigte Funktionalitäten zu verschwenden.

Zusätzlich zu den Personas wissen Sie nun mit der Gerätefragmentierung in der mobilen Welt umzugehen. Das Testen Ihrer App auf jedem Mobilgerät ist nicht möglich oder wirtschaftlich. Basierend auf Ihrer Zielgruppe können Sie sogenannte Mobilgerätegruppen definieren, um nur auf den Geräten aus dieser Gruppe zu testen. Damit können Sie den Testaufwand drastisch senken. Ein anderer Ansatz, mit der Gerätefragmentierung umzugehen, ist die Verwendung von Mobile Device Labs.

Wie Sie wissen, sind Mobilgeräte mit einer Vielzahl an Sensoren und Schnitt-
stellen ausgestattet und wenn Ihre App diese nutzt, müssen Sie diese auch testen.
Das Testen der verschiedenen Sensoren und Schnittstellen war ein anderes großes
Thema in diesem Kapitel. Dabei wurden für jeden Sensor und jede Schnittstelle
Testideen vorgestellt.

Wenn Ihre App in verschiedenen Ländern erhältlich ist und verschiedene
Sprachen unterstützt, sollte Ihnen der Abschnitt 3.5 helfen, sich daran zu erinnern, Ihre App gegen diese Sprachen und Einstellungen für Orte von überall auf
der Welt zu testen.

Das Kapitel schloss mit einer Übersicht über die verschiedenen mobilen
Browser, die gerade auf dem Markt erhältlich sind.

4 Wie testet man Apps?

In den vorangegangenen drei Kapiteln haben Sie viel über die App-Welt erfahren, beginnend bei verschiedenen Netzwerktypen, App-Typen, Geschäftsmodellen, App-Stores, Kundenerwartungen und Herausforderungen für App-Tester bis zu bestimmten Hardwareelementen der Geräte. In diesem Kapitel werden Sie lernen, wie Sie Apps testen. Dies ist ein praxisbezogenes Kapitel und ich schlage vor, dass Sie mindestens ein Gerät mit einer App Ihrer Wahl neben sich haben, während Sie weiterlesen.

Benutzen Sie Ihr neu erworbenes Wissen, um die App zu testen und um zu sehen, ob Sie Fehler oder andere Auffälligkeiten finden.

4.1 Emulator, Simulator oder echtes Gerät?

Bevor Sie damit beginnen, die App zu testen, gibt es eine wichtige Frage zu beantworten: Werden Sie auf einem echten Gerät, einem Simulator oder einem Emulator testen?

Mobilgeräteemulatoren, wie der Android-Emulator[1], sind Desktop-Applikationen, die die Instruktionen des kompilierten App-Quellcodes übersetzen, sodass die App auf dem Desktop-Computer ausgeführt werden kann. Der Emulator verhält sich genauso wie die Mobilgerätehardware und das Betriebssystem. Dies ermöglicht dem Entwickler oder dem Tester, die Applikation zu debuggen oder zu testen. Da die App auf einem Computer ausgeführt wird, können nicht alle mobilspezifischen Hardwareelemente wie Sensoren oder Touch-Gesten emuliert werden. Allerdings können Emulatoren in der Anfangsphase des Entwicklungsprozesses sehr nützlich sein, um eine schnelle Rückmeldung für die implementierten Features zu bekommen.

Simulatoren, wie der iOS-Simulator[2], sind weniger komplexe Softwareapplikationen, die eine kleine Teilmenge des Geräteverhaltens und der Gerätehardware simulieren. Im Gegensatz zu den Emulatoren sind Simulatoren nur ähnlich

---

1. *http://developer.android.com/tools/help/emulator.html*
2. *https://developer.apple.com/library/ios/documentation/IDEs/Conceptual/iOS_Simulator_Guide/ Introduction/Introduction.html*

zur Zielplattform und simulieren die echte Gerätehardware, was sie wesentlich schneller macht als die Emulatoren. Mit Simulatoren ist es auch nicht möglich, gerätespezifische Hardwareelemente zu testen. Allerdings sind Simulatoren in der Anfangsphase des Entwicklungsprozesses nützlich, um Rückmeldung von den implementierten Features zu bekommen.

Der größte Unterschied zwischen einem Simulator und einem Emulator besteht darin, dass ein Simulator versucht, das Verhalten eines Mobilgeräts zu kopieren, während ein Emulator versucht, die vollständige innere Architektur des Mobilgeräts zu kopieren, und deswegen näher an der Zielplattform ist. Abhängig von der Mobilplattform bieten die Hersteller entweder einen Simulator oder einen Emulator. Apple und BlackBerry (Research in Motion) stellen einen Simulator zur Verfügung; Google und Microsoft bieten einen Emulator.

Wie Sie in den vorangegangenen Kapiteln gelernt haben, erfordern App-Tests Bewegung und verschiedene Hardware, das bedeutet, dass Sie Ihre App auf physischen Geräten testen müssen, um sicher zu sein, dass alles zusammen in realen Situationen funktioniert.

Emulatoren und Simulatoren sollten nur für sehr einfache Tests wie simple Funktionalitäten benutzt werden (ist der Button anklickbar?) oder um dafür zu sorgen, dass das Look-and-Feel der App in Ordnung ist.

4.2 Manuelles Testen vs. automatisiertes Testen

Es gibt eine weitere wichtige Entscheidung, die getroffen werden muss: Werden Sie die App nur mit automatisierten Tests, nur mit manuellen Tests oder mit einer Kombination von beiden testen? Diese Entscheidung hängt von der App ab.

Nur automatisierte Tests auszuführen, wird nicht funktionieren und ist aus verschiedenen Gründen nicht ausreichend. Nicht jede mobilgerätspezifische Funktion kann automatisiert werden – zum Beispiel Positionsdaten – und andere umweltbezogene Sensordaten sind wirklich schwer in der Laborsituation zu testen. Wegen dieser Einschränkungen wird Ihre App sehr wahrscheinlich viele Fehler und Probleme enthalten, die Ihre Kunden finden werden, wenn die Tests nur automatisiert durchgeführt werden.

Nur manuelle Tests durchzuführen kann funktionieren, ist aber auch nicht ausreichend. Sie sollten nur manuelle Tests Ihrer App durchführen, wenn die folgenden Kriterien erfüllt sind:

- Ihre App ist sehr einfach und elementar.
- Ihre App hat nur sehr eingeschränkte Funktionalitäten.
- Ihre App ist nur für einen begrenzten Zeitraum in den App-Stores erhältlich.

In allen anderen Fällen sollten Sie manuelles und automatisiertes Testen kombinieren. Bevor Sie Tests automatisiert durchführen, sollten Sie immer manuell testen. Jedes neue Feature muss systematisch auf verschiedenen Geräten manuell getestet werden. Sobald Sie das manuelle Testen abgeschlossen haben, können Sie die Teile der App definieren, für die Testautomatisierung sinnvoll erscheint.

In Kapitel 5 beschreibe ich die unterschiedlichen Testautomatisierungskonzepte für Apps, erkläre, wie ein mobiles Testautomatisierungswerkzeug ausgewählt wird, und biete Ihnen eine Übersicht von möglichen Werkzeugen.

4.3 »Traditionelles« Testen

Mobile Applikationen sind Softwareapplikationen. Neben dem Testen der mobilspezifischen Funktionen und Elemente ist es immer noch notwendig, Apps auf dieselbe Art und Weise zu testen wie Web- oder Desktop-Applikationen. Sie müssen immer noch die Testfälle erstellen, die Testdaten verwalten und natürlich die Tests ausführen.

In Abbildung 4–1 können Sie die typischen Aktionen/Schritte sehen, die während des Softwarequalitätssicherungsprozesses gemacht werden sollten. Es gibt zwei Typen von Softwarequalitätssicherungsmaßnahmen: Produktfokus und Prozessfokus. Die Produktfokusphase wird genutzt, um Fehler zu finden, wohingegen die Prozessfokusphase darauf abzielt, die Software vor Fehlern zu schützen.

Die Prozessfokusphase der Softwarequalitätssicherung deckt die Methoden, Sprachen, Werkzeuge, Richtlinien, Standards und Prozesse ab, mit der die Software entwickelt wird. In dieser Phase sind Softwaretester dafür verantwortlich, sicherzustellen, dass zum Beispiel die Richtlinien, die Entwicklungsmethoden und die Werkzeuge sowie die Standards während des kompletten Entwicklungsprozesses eingehalten werden. Sie sollten die Entwickler und andere Teammitglieder anleiten und ihnen helfen, den definierten Prozess zu erfüllen, um zu verhindern, dass irgendwelche Fehler entstehen.

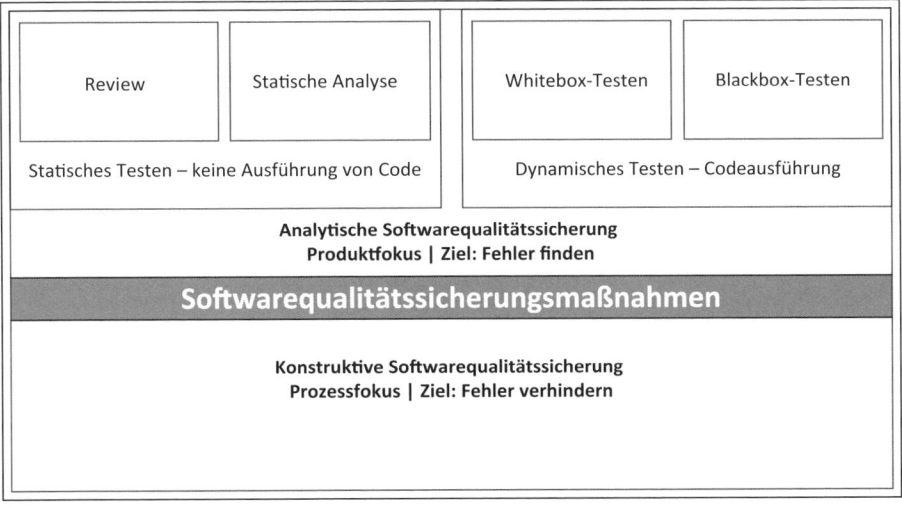

Abb. 4–1   *Softwarequalitätssicherungsmaßnahmen*

Die Produktfokusphase ist in statisches Testen und dynamisches Testen unterteilt. Im statischen Test wird die Software nicht ausgeführt. Tester und Entwickler sollten während dieser Stufe des Softwareentwicklungsprozesses Reviews durchführen, entweder Codereviews, bevor der Code ins Repository eingespielt wird, oder die Dokumente und Spezifikationen reviewen, bevor die Entwicklung beginnt.

Während der statischen Phase wird der Code mit Werkzeugen überprüft, um festzustellen, ob Programmierrichtlinien eingehalten werden oder ob irgendwelche Speicherlecks oder Race Conditions enthalten sind.

Die folgende Liste führt einige statische Java-Analysewerkzeuge auf:

- Checkstyle
  (http://checkstyle.sourceforge.net/)
- FindBugs
  (http://findbugs.sourceforge.net/)
- Lint
  (http://tools.android.com/recent/lint)
- PMD
  (http://pmd.sourceforge.net/)

> **Wichtig:**
> Es gibt für fast jede Programmiersprache statische Analysewerkzeuge, schauen Sie einfach im Internet nach.

Beim dynamischen Testen wird der Applikationscode ausgeführt, um zu sehen, wie sich die Applikation verhält, wenn sie läuft. Dynamisches Testen wird wiederum in zwei Arten unterteilt: Whitebox-Testen und Blackbox-Testen.

Whitebox-Testen ist eine Variante des Softwaretestens mit Wissen über die interne Struktur der Methoden und Klassen. Whitebox-Tests erfolgen gewöhnlich durch die Entwickler, die ihren Code auf der Unit-Ebene ausführen, in den meisten Fällen durch Benutzen von Werkzeugen wie JUnit[3], TestNG[4], XCTest[5] oder ähnlichen Unit-Testwerkzeugen.

Die folgenden Testtechniken sind in Whitebox-Tests enthalten:

- Anweisungsüberdeckung
- Pfadüberdeckung
- Zweigüberdeckung

---

3. *http://junit.org/*
4. *http://testng.org/doc/index.html*
5. *https://developer.apple.com/library/prerelease/ios/documentation/DeveloperTools/Conceptual/testing_with_xcode/Introduction/Introduction.html*

- Entscheidungsüberdeckung
- Kontrollflusstests
- Datenflusstests

Blackbox-Testen ist eine Variante, Software zu testen, ohne Wissen über die interne Struktur von Methoden und Klassen. Dieser Ansatz wird gewöhnlich von Softwaretestern benutzt, die wissen müssen, was die Software tun soll, und nicht wissen müssen, wie die Software das tatsächlich macht. Wichtige Aufgaben beim Blackbox-Testen sind Testfälle schreiben und Testaktivitäten planen. Es gibt Testdesigntechniken, die berücksichtigt werden sollten, um die richtigen Testfälle zu entwickeln, wie zum Beispiel Grenzwerte, Entscheidungstabellen und Äquivalenzklassenbildung.

Grenzwerte zu testen wurde aus der Praxis heraus entwickelt, wo Fehler an den Grenzen und den Rändern von Anweisungen und Listen auftraten. Diese Fehler lassen die Software eventuell abstürzen, einfrieren oder sich inkorrekt verhalten.

Entscheidungstabellen werden Ihnen helfen, komplexe Applikationen und Anweisungen in kleinere Abschnitte aufzuteilen, was Sie davor bewahrt, wichtige Features zu vergessen. Sie helfen Ihnen, einen Überblick über die kritischen Elemente und Features zu erhalten.

Äquivalenzklassenbildung ist eine Technik, die benutzt wird, um Testfälle zu definieren, die Fehlerklassen aufdecken. Äquivalenzklassenbildung hilft Ihnen, die Anzahl der Testfälle, die während der Testaktivitäten entwickelt werden müssen, zu reduzieren. Dieser Ansatz wird typischerweise verwendet, um mögliche Eingaben der Applikation zu testen.

Im Folgenden sind weitere Blackbox-Testtechniken aufgelistet:

- Ursachenwirkungsgraph
- Fehlererwartungsmethode
- Zustandsübergangsanalyse
- Paarweises Testen
- Exploratives Testen

Wichtig:
Dieser Abschnitt gibt nur in aller Kürze eine Übersicht über mögliche Testmethoden und Testtechniken. Ich habe die Grundlagen des Softwaretestens und der Analyse nur grob zusammengefasst. Wenn Sie also mit den unterschiedlichen Testtechniken, Methoden und Ansätzen nicht vertraut sind, empfehle ich Ihnen sehr, dass Sie einige Softwaretestbücher lesen oder an einer Schulung, wie ISTQB[a] Foundation Level oder Black Box Software Testing[b], teilnehmen.

---

a. *www.istqb.org/*
b. *www.testingeducation.org/BBST/*

4.4   Mobilspezifisches Testen

In diesem Teil des Kapitels werden Sie lernen, wie Sie Ihre App in unterschiedlichen Kategorien testen und sicherstellen, dass sie robust, stabil, benutzbar und so fehlerfrei wie möglich ist. Bitte benutzen Sie auch das gesammelte Wissen aus Kapitel 3, wenn Sie Ihre App testen. Denken Sie an Sensoren, Netzwerke, Gesten, Kunden, Sprachen und System-Apps.

Bevor Sie weiterlesen, holen Sie Ihr Mobilgerät aus Ihrer Tasche und starten Sie eine App, damit Sie das, was Sie lesen, ausprobieren können.

4.4.1   Mobiles funktionales Testen

Das Testen der Funktionalität der App sollte das Erste sein, was Sie tun. Führen Sie die erstellten Testfälle mit Ihrer App durch, um dafür zu sorgen, dass die Features und Anforderungen korrekt implementiert wurden. Neben dem Ausführen Ihrer Testfälle ist es wichtig, dass Sie die definierten Akzeptanzkriterien testen.

Um sicherzustellen, dass alle Funktionalitäten so funktionieren, wie sie sollen, testen Sie zum Beispiel Eingaben, Ausgaben, Tap-Buttons, Navigation und Datenverarbeitung. Testen Sie die Funktionalitäten in verschiedenen mobilen Nutzungsszenarien und Umgebungen. Denken Sie an die Sensoren und Schnittstellen eines Mobilgeräts, während Sie die Funktionalitäten testen (sehen Sie dazu in Kap. 3 nach).

Benutzen Sie außerdem Qualitätssicherungsmethoden in einer statischen und dynamischen Variante, um die Funktionalitäten Ihrer App zu testen.

> **Wichtig:**
> Testen der Funktionalitäten ist einer der wichtigsten Aspekte in jedem Softwareprojekt. Abhängig von Ihrer App wird das funktionale Testen in jedem Projekt anders sein.

4.4.2   Mobile Benutzbarkeitstests

Benutzbarkeit, insbesondere die mobile Benutzbarkeit, ist ein großes, komplexes und wichtiges Thema. Innerhalb Ihres App-Entwicklungsteams sollten Sie einen Benutzbarkeitsexperten haben, der diesen Teil des Softwareentwicklungsprozesses abdeckt. Gute Benutzbarkeit benötigt viele Verfeinerungen, intensive Nutzererforschung und weiteres Testen mit echten Nutzern. Es ist wichtig, dass Ihre App einfach zu benutzen ist, sonst könnte es zu niedrigen Bewertungen kommen, die die App und vielleicht Ihre Unternehmensreputation schädigen. Um so einen Reputationsschaden zu vermeiden, können App-Tester die Aktionen ausführen, die in diesem Kapitel beschrieben werden, um dem Team zu helfen, eine nutzbare App (beachten Sie KIFSU) zu entwickeln.

Die folgenden Links sind ein guter Ausgangspunkt, falls Sie mehr über mobile Benutzbarkeit erfahren wollen:

- Benutzbarkeitsheuristiken
  (*www.nngroup.com/articles/ten-usability-heuristics/*)
- Mobile Benutzbarkeit
  (*www.nngroup.com/articles/mobile-usability-update/*)
- Google Best Practices
  (*www.google.com/think/multiscreen/#mobile-best-practices*)
- Benutzbarkeitsprinzipien und Techniken
  (*www.usability.gov/what-and-why/index.html*)
- Mobile Nutzerschnittstellen und Benutzbarkeitsdesignprinzipien
  (*www.neobytesolutions.com/mobile-user-interface-and-usability-design-principles/*)

Oder Sie können im folgenden Buch nachlesen:

- Raluca Budiu, Jakob Nielsen: Mobile Usability
  (*www.nngroup.com/books/mobile-usability/*)

Weniger ist mehr

Wenn Sie die Benutzbarkeit einer App testen, ist das Designprinzip »Weniger ist mehr« ein guter Ausgangspunkt. Überprüfen Sie die App auf nutzlose Navigationselemente und Buttons. Wenn Sie irgendwelche finden, sprechen Sie mit Ihrem Team oder dem Benutzbarkeitsexperten und entfernen Sie diese. Das Gleiche gilt für Texte und Wörter. Entfernen Sie diese, wenn Sie nicht benötigt werden, um mit der App zu interagieren. Versuchen Sie, sich auf den primären Inhalt der App zu konzentrieren. Behalten Sie das Ziel und das Problem, das die App lösen soll, im Auge und werden Sie alles los, was ablenkt.

Selbsterklärend

Prüfen Sie, ob die App selbsterklärend ist. Stellen Sie sich selbst die folgenden Fragen: Ist der Nutzer in der Lage, die Elemente zu sehen, mit denen er interagieren kann? Ist jedes Element auf dem Bildschirm klar und verständlich? Dieser Aspekt im Benutzbarkeitstesten wird mit der Zeit immer schwieriger, weil Sie immer blinder werden für Dinge, die nicht selbsterklärend sind, je länger Sie mit der App arbeiten. Sie werden höchstwahrscheinlich der Grund für potenzielle Benutzbarkeitsprobleme sein. In diesem Fall ist es sinnvoll, Kollegen, die nicht in den App-Entwicklungsprozess involviert sind, oder Kunden um ein frühes Feedback zu bitten.

Achten Sie auf Muster

Jede App sollte einem Benutzbarkeits- und Entwurfsmuster folgen. Wenn so ein Muster eingesetzt wird, vergewissern Sie sich, dass Ihre App diesen Regeln folgt. Wenn kein Muster eingesetzt wird, haben Sie ein Auge für das Look-and-Feel der App. Dieselben Typelemente wie Buttons oder Textlabels sollten den gleichen Abstand, die gleiche Größe und Farbe haben. Prüfen Sie, ob alle Elemente erreichbar sind, zum Beispiel dass Buttons von einer Person mit dickeren Fingern und auf verschiedenen Bildschirmgrößen angetippt werden können. Prüfen Sie auch die vorgegebenen Muster, die von den Mobilplattformen zur Verfügung gestellt werden, da Ihre App zumindest diesen Mustern folgen sollte.

Erlauben Sie Fehler

Um eine wirklich nutzbare App anzubieten, muss Ihre App den Nutzern erlauben, Fehler zu machen. Wenn zum Beispiel ein Nutzer ein benötigtes Eingabefeld nicht beachtet, bieten Sie freundliche und sinnvolle Fehlermeldungen an. Prüfen Sie, dass die Fehlermeldungen nicht zu generisch sind und dass der Fehler auf eine Art und Weise beschrieben wird, dass es auch Leute ohne technischen Hintergrund einfach verstehen können. Außerdem sollte der Fehler auf eine ansprechende Weise hervorgehoben werden, um dem Nutzer den Fehler anzuzeigen, den sie oder er gemacht hat. Vergessen Sie nicht Ihre Kundenzielgruppe, wenn Sie Fehlermeldungen verifizieren, weil das einen Einfluss auf den Wortlaut haben wird. Außerdem sollte Ihre App Rückgängig- und Zurückaktionen enthalten, um dem Nutzer einen einfachen Weg für die Fehlerkorrektur anzubieten. Ein anderer Ansatz könnte Eingabeempfehlungen für den Nutzer mit einbeziehen oder sogenannte Typ-Ahead-Suchen, die dem Nutzer mögliche Eingabevorschläge anbieten. Wenn zum Beispiel sie oder er »New Y« eingibt, wird die App New York als mögliche Eingabe vorschlagen.

Prüfen Sie Workflows, Details und die Navigation

Wenn die App einem speziellen Workflow folgt, prüfen Sie, ob sie in jedem Abschnitt dem gleichen Workflow folgt. Stellen Sie sicher, dass die Buttons, Labels und andere Elemente groß oder klein genug sind, um genutzt zu werden. Die Bildschirmaufteilung ist wichtig, prüfen Sie die App also auf kleineren und größeren Bildschirmen. Vergessen Sie nicht, wichtige Details der App zu prüfen. Sind sie markant genug? Ist der Nutzer in der Lage, diese zu finden? Beachten Sie auch visuelle Übergänge wie Animationen oder Elemente, die ein- oder ausgeblendet werden. Ist der Übergang von diesen Elementen eher glatt oder fühlt er sich unruhig an? Stellen Sie sicher, dass Sie auch langsame Geräte benutzen, um zu prüfen, ob all Ihre Animationen glatt genug durchgeführt werden.

Prüfen Sie, ob die Haupt- und die Subnavigation der App einfach zu benutzen sind. Gibt es irgendwelche unnötigen Taps, die der Nutzer ausführen muss, um ihr oder sein Ziel zu erreichen? Überprüfen Sie die Navigation auf unnötige Schritte und prüfen Sie, ob manche dieser Schritte zusammengeführt werden können. Kann man mit einer Hand navigieren? Bitten Sie Leute mit unterschiedlichen Handgrößen sowie Links- oder Rechtshänder, diese Aufgabe auszuführen. Sind die plattformspezifischen Navigationsmuster eingehalten worden?

Prüfen Sie den Wortlaut

Überprüfen Sie, ob der benutzte Text innerhalb der App klar und verständlich ist. Fragen Sie verschiedene Leute, ob sie den Wortlaut und das Feature dahinter verstehen. Wenn Ihre App Text enthält, muss dieser frei von Tippfehlern sein, da diese sehr peinlich sein können und einen Einfluss auf die Store-Reviews und Bewertungen sowie Ihre Reputation haben. Wenn Ihre App mehr als eine Sprache unterstützt, stellen Sie sicher, dass der Text in jedes UI-Element passt und dass die Übersetzung korrekt ist. Vergessen Sie nicht, Ihre App auf Platzhaltertext wie »Lorem ipsum« oder irgendwelchen anderen Standardtext von Entwicklern oder Designern zu testen.

Prüfen Sie die Konsistenz

Auf Konsistenz zu prüfen ist eine ziemlich wichtige Aufgabe im Rahmen von mobilen Benutzbarkeitstests. Verifizieren Sie, dass Ihre App in jedem Abschnitt oder jeder Ansicht konsistent ist. Wie ich bereits erwähnt habe, müssen die UI-Elemente das gleiche Look-and-Feel, den gleichen Text, Abstand, Farbe und Bilder haben. Außerdem ist es wirklich wichtig, zu prüfen, ob Ihre App über alle unterstützten Mobilplattformen wie iOS, Android, Windows Phone oder Black-Berry konsistent ist, nicht nur hinsichtlich der Navigation oder der Muster (jede Plattform hat ihre eigenen Regeln), sondern auch in Bezug auf Text, Farbe und Bilder. Stellen Sie sicher, dass Sie auch die Konsistenz von irgendwelchen angebotenen Web- oder Desktop-Applikationen überprüfen, die auf eine andere Art und Weise den gleichen Zweck erfüllen.

Jede Ihrer Applikationen muss die Corporate-Identity-Richtlinien Ihres Unternehmens einhalten, um ein vertrautes Look-and-Feel von Ihrem Produkt zu gewährleisten, sonst wird Ihr Nutzer vielleicht verwirrt. Fragen Sie nach Corporate-Identity-Richtlinien zu Farben, Schriften, Logos, Bildern und Text.

Schreiben Sie es auf

Während Sie Ihre App testen, ist es wichtig, alles aufzuschreiben, was sich anders anfühlt oder was Ihnen auffällt, ganz gleich, wie trivial es vielleicht aussieht. Detaillierte Beobachtungen sind sehr wichtig und werden helfen, die App zu verbessern. Sie können Screenshots vom kompletten Bildschirm erstellen, indem Sie die mobilplattformspezifischen Buttonkombinationen benutzen, oder sie nehmen ein Video mit einer Webcam auf, während Sie die App benutzen, um diese »falschen« Verhaltensweisen der App Ihrem Product Owner oder Entwickler zu zeigen, sodass sie diese diskutieren können.

Ein wichtiger Punkt ist: Geben Sie nicht auf, solche Verhaltensweisen zu dokumentieren, auch wenn der Product Owner oder der Entwickler Ihre Ergebnisse wieder und wieder zurückweist. Kämpfen Sie dafür und schreiben Sie immer mehr auf. Allerdings müssen Sie vorsichtig mit Ihren ständigen Fehlermeldungen sein, da Ihre Beanstandungen wahrscheinlich ignoriert werden, wenn Sie immer und immer wieder die gleichen Probleme melden. Ich schlage vor, dass Sie zurückgewiesene Fehler sammeln und kategorisieren und diese dem Produktmanager oder Entwickler als Verbesserungsvorschläge für eine der nächsten Veröffentlichungen präsentieren. Ein anderer Ansatz wäre, Fehlerbehebungen von alten Fehlern in jeder Veröffentlichung einzubeziehen, um die App zu verbessern und den Fehlerpool aufzuräumen. Sprechen Sie mit Ihrem Team und finden Sie eine Lösung, die am besten mit Ihrer App funktioniert.

Tester müssen neugierig und hartnäckig sein, und Ihre Kunden werden Sie dafür lieben!

4.4.3   Testen der Barrierefreiheit

Wie Sie in den vorangegangenen Kapiteln erfahren haben, nutzen viele Leute in ihrem Alltag überall auf der Welt Mobilgeräte und Apps. Apps werden aus einer ganzen Reihe unterschiedlicher Gründe, wie Navigation, Hotelbuchungen, Eintrittskartenkauf, Musikhören oder Spiele spielen, genutzt.

Wenn Sie eine App entwickeln und testen, denken Sie dann an Leute mit Beeinträchtigungen?

Es gibt viele Leute da draußen, die seh-, hör-, körperlich und oder kognitiv behindert sind. Apps barrierefrei zu entwickeln, ist nicht einfach und macht eine Menge Arbeit, aber es kommt nicht nur den Leuten mit Behinderungen zugute, es verbessert auch Ihre Unternehmensreputation und vergrößert Ihre Nutzerbasis.

Deswegen ist es sehr wichtig, dass jeder, der in Ihren App-Entwicklungsprozess involviert ist, sich über Barrierefreiheit im Klaren ist und die Barrierefreiheitsanforderungen von Apps kennt. Es gibt vier Typen von Beeinträchtigungen, die für App-Entwicklung relevant sind: visuell, akustisch, physisch und kognitiv.

Visuelle Beeinträchtigungen

Menschen mit visuellen Beeinträchtigungen sind möglicherweise blind, haben eingeschränkte Sehfähigkeiten, sind farbenblind oder haben eine andere Farbfehlsichtigkeit. Aufgrund ihrer visuellen Beeinträchtigung sind sie vielleicht nicht in der Lage, alle Buttons, Labels, Texte oder andere Elemente in Ihrer App zu sehen, und können deswegen die App nicht korrekt bedienen oder gar starten.

Um Ihre App für visuell beeinträchtigte Menschen anzupassen, können Sie die folgenden Features implementieren:

▓ Machen Sie alle Elemente für Bildschirmleser verfügbar. Fast jede Mobilplattform bietet die Option, einen eingebauten Bildschirmleser zu benutzen, um
den Inhalt und die Elemente der App auszulesen. Wenn es keinen eingebauten
Bildschirmleser gibt, können Sie diesen von einem Drittanbieter installieren.

▓ Jede Mobilplattform bietet ein eingebautes Feature zur Vergrößerung der
Schriftgröße des Smartphones und der Apps an. Programmieren Sie Ihre App
so, dass die Schriftgröße angepasst und trotzdem ein angenehmes Layout bei-
behalten werden kann.

▓ Jede Mobilplattform bietet als Feature die Änderung der Vorder- oder Hinter-
grundfarbe des Bildschirms oder des Kontrastes an. Deswegen sollten Sie Farben, Helligkeit und Kontrast der UI-Elemente so benutzen, dass sie mit unterschiedlichen Vorder- oder Hintergrundeinstellungen funktionieren.

▓ Eingebaute Bildschirmlupen können benutzt werden, um die Elemente auf
dem Bildschirm zu vergrößern, um sie einfacher lesen zu können.

▓ Eine andere Möglichkeit, visuell beeinträchtigten Menschen zu helfen, bietet
die Spracherkennung. Sie erlaubt Nutzern von Mobilgeräten, die komplette
App durch Sprachkommandos zu bedienen.

Hörschädigung

Manche Menschen haben Probleme beim Hören, d.h., sie können es nicht hören,
wenn jemand sie ruft oder sie Audiobenachrichtigungen, Instruktionen oder
irgendeinen anderen Audioinhalt erhalten.

Um Menschen mit Hörproblemen zu helfen, können Sie Folgendes tun:

▓ Nutzen Sie die eingebaute Vibration oder die visuellen Benachrichtigungen,
um den Nutzer zu informieren, wenn er einen Anruf, eine Nachricht oder
irgendeine andere Benachrichtigung erhält.

▓ Wenn Ihre App auf Videoinhalten aufbaut, nutzen Sie Untertitel, um den Nutzer über den Inhalt des Videos zu informieren.

▓ Implementieren Sie einstellbare Sound- oder Lautstärkeregler. Das ist besonders wichtig für Menschen mit einem Hörgerät.

▓ Wenn Ihre App irgendwelche Töne generiert, implementieren Sie als Feature
einen Wechsel des Geräts in den Mono-Audio-Modus. Das wird Menschen
helfen, die nur mit einem Ohr hören können.

Physische Beeinträchtigungen

Physisch beeinträchtigte Menschen haben Probleme, Gesten mit ihren Händen
auszuführen. Sie sind nicht in der Lage, Gesten wie Pinch, Tippen oder Swipen zu
benutzen, um die Elemente auf dem Mobilgerät oder innerhalb der App zu
bedienen.

Um diesem Personenkreis zu helfen, Ihre App zu nutzen, können Sie die folgenden Dinge berücksichtigen:

Benutzen Sie Spracherkennung, weil diese Nutzern von Mobilgeräten erlaubt, die komplette App mit Sprachkommandos zu steuern.

Implementieren Sie ein Feature, um die Geschwindigkeit vom Drücken der Buttons zu erhöhen oder zu verringern, da es für physisch beeinträchtigte Menschen dadurch einfacher ist, Ihre App zu benutzen.

Kognitive Beeinträchtigungen

Kognitiv beeinträchtigte Menschen haben eventuell Probleme in Verbindung mit Aufmerksamkeit, Kommunikation, Erinnerung, Berechnungen und Lesefähigkeiten. Solche Menschen haben zum Beispiel Schwierigkeiten mit dem Verstehen von komplexer Navigation oder komplexen Instruktionen, denen sie in der Applikation folgen müssen.

Um ihnen zu helfen, Ihre App zu nutzen, können Sie folgende Punkte beachten:

Implementieren Sie ein einfaches und intuitives User Interface. Es muss so einfach wie möglich zu verstehen und zu benutzen sein.

Benutzen Sie Bildschirmleser in Kombination mit simultanen Textmarkierungen.

Implementieren Sie ein Autotext-Feature für Eingabefelder, sodass vorinstallierte und definierte Textelemente bereits an der Stelle vorhanden sind.

Implementieren Sie Ihre App so, dass kognitiv beeinträchtigte Menschen genug Zeit haben, eine Operation abzuschließen.

Richtlinien zur Barrierefreiheit

Wie Sie gesehen haben, ist der Test der Barrierefreiheit eine ziemlich anspruchsvolle Aufgabe und Sie und Ihr Team müssen einen Weg finden, solche Features zu unterstützen. Wenn Ihre App barrierefrei sein soll, ist es sehr wichtig, die App mit Menschen zu testen, die solche Beeinträchtigungen haben. So können Sie sicherstellen, dass die Anforderungen korrekt implementiert wurden. Eine barrierefreie App zur Verfügung zu stellen, wird Ihre Nutzerbasis vergrößern und Ihre Reputation verbessern.

Das W3C hat eine Initiative zur Barrierefreiheit gegründet, die die meisten Belange in Bezug auf Barrierefreiheit abdeckt. Sie können sie unter *www.w3.org/WAI/* oder *www.w3.org/WAI/mobile/* finden. Um genauere Informationen zur mobilen Barrierefreiheit für die verschiedenen Plattformen zu erhalten, besuchen Sie die Webseiten der Hersteller.

Die Richtlinien für Android können Sie hier einsehen:

Leitfaden zur Barrierefreiheit für Android
(*http://developer.android.com/guide/topics/ui/accessibility/index.html*)

Testen von Barrierefreiheit für Android
(*http://developer.android.com/tools/testing/testing_accessibility.html*)

Die Richtlinien für iOS finden Sie hier:

- Einführung in Barrierefreiheit für iOS
  (https://developer.apple.com/library/ios/documentation/UserExperience/
  Conceptual/iPhoneAccessibility/Introduction/Introduction.html)

- Barrierefreiheit auf dem iPhone
  (https://developer.apple.com/library/ios/documentation/UserExperience/
  Conceptual/iPhoneAccessibility/Accessibility_on_iPhone/
  Accessibility_on_iPhone.html)

- Testen von Barrierefreiheit für iOS
  (https://developer.apple.com/library/ios/technotes/
  TestingAccessibilityOfiOSApps/TestingtheAccessibilityofiOSApps/
  TestingtheAccessibilityofiOSApps.html)

Die Richtlinien für Windows Phone finden Sie hier:

- Leitfaden zur Barrierefreiheit für Windows Phone
  (www.windowsphone.com/en-us/how-to/wp8/settings-and-
  personalization/accessibility-on-my-phone)

Die Richtlinien für BlackBerry finden Sie hier:

- Leitfaden zur Barrierefreiheit für BlackBerry
  (http://ca.blackberry.com/legal/accessibility.html)

4.4.4 Testen des Batterieverbrauchs

Beim Testen einer App müssen Sie den Batterieverbrauch während der Benutzung prüfen. Wenn Ihre App zu viel Strom verbraucht, werden die Nutzer die App löschen und eine andere benutzen.

Um den Batterieverbrauch Ihrer App zu testen, können Sie die beiden in den nächsten Abschnitten beschriebenen Szenarien durchspielen.

Vollgeladene Batterie

Im ersten Szenario ist die Batterie vollgeladen. Nach der Installation und dem Start der App lassen Sie die App laufen und schalten das Gerät in den Stand-by-Modus (Ihre App läuft nun im Vordergrund). Nun müssen Sie einige Minuten (oder Stunden) warten, um zu sehen, ob die App viel Batterie verbraucht. Überprüfen Sie den Batterieverbrauch von Zeit zu Zeit und notieren Sie den Ladestand der Batterie. Sie sollten das mit verschiedenen Geräten durchführen, um bessere Ergebnisse zu bekommen, und vergessen Sie nicht, alle anderen Apps, die auf dem Gerät laufen, zu schließen, um irgendwelche von diesen ausgelösten Seiteneffekte zu vermeiden. Der gleiche Test sollte gemacht werden, wenn die App im Hintergrund läuft. Um die App in den Hintergrund zu bringen, müssen Sie die App nur starten und dann schließen (durch Drücken des Homebuttons oder des

Schließen-Buttons). Auf den meisten Mobilplattformen wird die App nun im Hintergrund oder im Multitask-Modus ausgeführt. Auch hier prüfen Sie von Zeit zu Zeit das Gerät, um den Batterieverbrauch der App zu überwachen.

Nutzen Sie die Hardwarefeatures des Smartphones (wenn diese in Ihrer App genutzt werden) wie GPS oder andere Sensoren und prüfen Sie den Ladestand der Batterie von Ihrem Gerät, während Sie diese Features benutzen. Es ist wichtig, dass Ihre App diese Gerätefeatures ausschaltet, sobald sie nicht mehr benötigt werden. Wenn Ihre App das nicht tut, wird sie viel Batterie verbrauchen. Prüfen Sie, ob die App keine unnötigen Anfragen an ein Backend-System sendet, während sie im Vorder- oder Hintergrund läuft. Unnötige Anfragen werden einen Einfluss auf die Batterieladung haben. Um das zu prüfen, nutzen Sie ein Proxy-Tool wie Charles[6] oder Fiddler[7]. Der Proxy wird nun genutzt, um jede Anfrage und Kommunikationen vom Gerät durch Ihre Workstation zum Backend-System zu senden.

Während Sie das Gerät und die App nutzen, prüfen Sie, ob das Gerät heiß wird. In manchen Fällen werden die gerätespezifischen Features ein Aufheizen des Geräts und der Batterie verursachen, was einen Einfluss auf die Gerätehardware haben wird und sie vielleicht letztlich beschädigt.

Prüfen Sie auch, ob Ihre App wirklich geschlossen wurde, nachdem sie vom Multitask-Thread entfernt wurde. Um das zu verifizieren, öffnen Sie die mobilspezifischen App-Systemeinstellungen und vergewissern Sie sich, dass die App derzeit nicht mehr läuft.

Fast leere Batterie

Das zweite Szenario, das Sie testen sollten, ist, wenn die Batterie des Smartphones fast leer ist, wenn also nur noch 10 % bis 15 % ihrer Kapazität übrig sind. In diesem Batteriezustand schalten die meisten Mobilgeräte Features wie Netzverbindungen, GPS und Sensoren aus, um die Akkulaufzeit der Batterie zu verlängern. Wenn Ihre App eines dieser Features verwendet, überprüfen Sie, wie sie mit diesem niedrigen Batteriezustand umgeht. Halten Sie Ausschau nach Einfrieren der App, nach Abstürzen und Performanzproblemen.

Bei einigen Geräten können Sie einen Stromsparmodus aktivieren, der die Sensoren oder Internetverbindungen abschaltet. Vergessen Sie auch hier nicht, zu prüfen, wie Ihre App mit diesem Energiesparmodus umgeht.

Ein wirklich wichtiger Test ist die Prüfung, wie Ihre App mit einer völlig leeren Batterie umgeht. Verwenden Sie Ihre App, bis der Akku des Smartphones leer ist. Stecken Sie dann ein Ladegerät an und starten Sie das Telefon erneut. Sobald es hochgefahren ist, überprüfen Sie die App auf Datenverlust oder Beschädigung.

---

6. *www.charlesproxy.com/*
7. *www.telerik.com/fiddler*

Die App sollte wie erwartet funktionieren und es sollte kein Datenverlust oder Datenkorruption aufgetreten sein.

Sie sollten Ihre App auch im Übergang von einem guten zu einem schlechten Batterieladestand testen. Die meisten Geräte geben einen Alarm, um den Nutzer zu informieren, dass die Batterie fast leer ist. Dieser Übergang kann einen Einfluss auf Ihre App haben, überprüfen Sie also die App auf eingefrorene Bildschirme, Abstürze und Performanzprobleme. Das Gleiche sollte auch andersherum erfolgen. Verwenden Sie Ihre App, während der Akku aufgeladen wird, da sich dies auch auf die App auswirken kann.

Werkzeuge zur Anzeige des Batterieverbrauchs

Manche Mobilplattformen bieten eine Batterieverbrauchsstatistik, um anzuzeigen, welche App am meisten Batterie verbraucht. Android zum Beispiel bietet solch eine Übersicht über den aktuellen Zustand der Batterie (siehe Abb. 4–2). Nutzen Sie dieses Werkzeug für den Batteriezustandstest; es ist für App-Tester wirklich hilfreich!

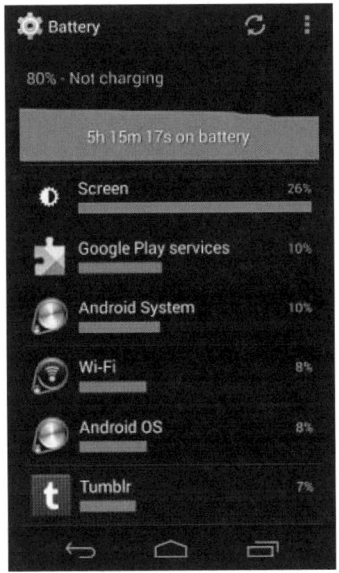

Abb. 4–2 *Übersicht über die Batterienutzung von APPS für Android*

Wenn Sie oder Ihre Entwickler während der Projektphase dauerhaft den Batterieverbrauch messen wollen, können Sie dafür entsprechende Werkzeuge einsetzen. Für Android gibt es ein Werkzeug namens JouleUnit[8]. JouleUnit ist ein Open-Source-Werkzeug zum Erstellen von Energieprofilen für Android-Apps, das unnötige Batterienutzung von Apps findet, wenn sie laufen. Es misst auch die

---

8.   *https://code.google.com/p/jouleunit/*

Nutzung der CPU, Wi-Fi oder die Displayhelligkeit. Das Werkzeug hat im Grunde die gleiche Struktur wie JUnit Tests und ist wirklich einfach in Ihre Entwicklungsumgebung zu integrieren, sodass Sie ein frühzeitiges Feedback über den Batterieverbrauch Ihrer App bekommen.

iOS erlaubt Ihnen, die Energienutzungsfunktion in Instruments[9] zu nutzen, um den Energieverbrauch Ihrer App zu überwachen. Instruments ist Teil der Xcode-Entwicklungsumgebung und ist für Tester und Entwickler kostenlos.

Es gibt online einige nützliche Dokumente über die Energienutzung innerhalb von Instruments:

- Energienutzung in Instrument
  (https://developer.apple.com/library/prerelease/content/documentation/ DeveloperTools/Conceptual/InstrumentsUserGuide/ ProfilingTemplates.html#//apple_ref/doc/uid/TP40004652-CH19-SW1)
- Protokollieren der Energienutzung in iOS
  (https://developer.apple.com/library/prerelease/content/documentation/ DeveloperTools/Conceptual/InstrumentsUserGuide/Instrument-Energy-Usage.html)

Batterietests sind einfach durchzuführen und sollten Teil Ihrer Toolkette sein.

4.4.5 Stresstests und Robustheitstests

Stress- und Robustheitstests sind ein wichtiger Teil des mobilen Testprozesses. Mithilfe von Werkzeugen sind App-Tester in der Lage, potenzielle Performanz- oder Stabilitätsprobleme, hervorgerufen durch eine App, zu bestimmen. Um die App auf Interrupts zu testen, können Sie während der Benutzung der App manuell viele Benachrichtigungen auf dem Gerät triggern. Benachrichtigungen können eingehende Nachrichten, Anrufe, App-Aktualisierungen oder Push-Benachrichtigungen sein (Softwareinterrupts). Außerdem ist das Drücken des Lautstärkereglers nach oben oder unten oder jedes anderen Hardwarebuttons auch ein Interrupt (Hardwareinterrupt), das einen Einfluss auf die App haben kann.

All diese Aufgaben manuell durchzuführen, ist viel Arbeit und sehr zeitraubend. In den meisten Fällen können diese Testszenarien gar nicht manuell durchgeführt werden, da es sehr schwierig ist, schnelle und gleichzeitige Nutzereingaben mit einer Hand oder zwei Händen zu simulieren. Aber Hilfe kommt hier von Werkzeugen, die wirklich einfach in den Entwicklungs- und Testprozess einzubauen sind.

Für Android-Apps kann ein Werkzeug namens Monkey[10] benutzt werden, das Teil vom Android SDK (Software Development Kit) ist. Monkey kann entwe-

9. *https://developer.apple.com/library/mac/documentation/developertools/conceptual/instruments userguide/Introduction/Introduction.html*
10. *http://developer.android.com/tools/help/monkey.html*

der auf einem physischen oder einem emulierten Gerät laufen. Während es läuft, generiert es pseudozufällig Nutzerereignisse wie Touch, Klick, Rotieren, Swipe, Stummschalten, Internetverbindung ausschalten und vieles mehr, um die App einem Stresstest zu unterziehen und um zu sehen, wie die App all die Eingaben und Interrupts verarbeitet.

Der Paketname der Android-.apk-Datei wird benötigt, um Monkey laufen zu lassen; ansonsten werden die zufälligen Kommandos auf dem ganzen Gerät ausgeführt anstatt nur auf der zu testenden App.

Mit Zugriff auf den App-Code kann der Paketname in der AndroidManifest.xml gefunden werden. Wenn nur die kompilierte .apk-Datei erhältlich ist, können App-Tester das Android Asset Packaging Tool[11] (aapt) benutzen, um den Paketnamen der App herauszufinden. aapt ist in dem Build-Tools-Ordner der installierten Android-SDK-Version zu finden. Der Pfad zu aapt sieht möglicherweise so aus:

```
/../daniel/android/sdk/build-tools/android-4.4/
```

Mit dem folgenden Kommando kann der Paketname aus der .apk-Datei ausgelesen werden:

```
./aapt d badging /daniel/myApp/myApp.apk | grep 'pack'
...
package: name='com.myApp' versionCode='' versionName=''
...
```

Wenn der Paketname (in diesem Fall **com.myApp**) verfügbar ist, führen Sie Monkey mit adb[12] (Android Debug Bridge) folgendermaßen aus:

```
./adb shell monkey -p com.myApp -v 2000
```

Die Zahl 2000 bezeichnet die Zahl an zufälligen Kommandos, die Monkey ausführen wird. Mit einem zusätzlichen Parameter –s für seed wird Monkey dieselbe Sequenz von Ereignissen erneut generieren. Das ist sehr wichtig für die Reproduzierung eines Fehlers, der vielleicht auftritt, wenn Monkey ausgeführt wird.

Für iOS-Apps gibt es ein ähnliches Werkzeug namens UI AutoMonkey[13]. UI AutoMonkey ist ebenfalls in der Lage, mehrfach Kommandos zu generieren, um eine iOS-App einem Stresstest zu unterziehen. Um UI AutoMonkey zu nutzen, muss ein UIAutomation-Template für Instruments innerhalb von Xcode konfiguriert werden. Nachdem das Template konfiguriert wurde, muss eine JavaScript-Datei geschrieben werden, um dem Werkzeug mitzuteilen, wie viele und welche

---

11. *http://elinux.org/Android_aapt*
12. *http://developer.android.com/tools/help/adb.html*
13. *https://github.com/jonathanpenn/ui-auto-monkey*

Kommandos während der Stresstestsession ausgeführt werden sollen (siehe Listing 4–1).

```
config: {
    numberOfEvents: 2000,
    delayBetweenEvents: 0.05, // In Sekunden

    // Ereignisse, die auf dem Telefon ausgelöst werden
    eventWeights: {
        tap: 30,
        drag: 1,
        flick: 1,
        orientation: 1,
        clickVolumeUp: 1,
        clickVolumeDown: 1,
        lock: 1,
        pinchClose: 10,
        pinchOpen: 10,
        shake: 1
    },
// Wahrscheinlichkeit, dass Touch-Ereignisse diese verschiedenen Eigenschaften
// haben werden
    touchProbability: {
        multipleTaps: 0.05,
        multipleTouches: 0.05,
        longPress: 0.05
    }
},
```

Listing 4–1   *UI AutoMonkey-Skript*

Das fertige Skript kann in Xcode ausgeführt werden. Am Ende generieren beide Werkzeuge einen Überblick von möglichen Fehlern und Problemen in der App.

> **Wichtig:**
> Bitte besuchen Sie die Webseite der Werkzeughersteller für Installationsanweisungen.

Wie Sie sehen, ist es mit diesen Werkzeugen einfach, eine mobile Applikation einem Stress- und Interrupt-Test zu unterziehen. Nebenbei ist die Benutzung von diesen Tools ein großer Gewinn für App-Tester, da es dem Team hilft, eine zuverlässige und robuste App zu bauen. Übrigens ist es sinnvoll, Batterietests mit Stress- und Interrupt-Tests zu kombinieren, um zu sehen, wie die Batterie genutzt wird, wenn viele Interrupts und Nutzereingaben durch die App getriggert werden.

4.4.6   Performanztests

Performanztests sind einer der Testschwerpunkte in jedem Softwareentwick-lungsprojekt und insbesondere für Apps. Wenn Sie sich an die hohen Nutzerer-wartungen aus Kapitel 1 erinnern, ist der mobile Performanztest ein sehr wichti-ger und kritischer Teil der App-Entwicklung. Mobilgerätenutzer erwarten, dass eine App innerhalb von zwei Sekunden gestartet bzw. geladen ist, ansonsten sind sie unglücklich und löschen die App vielleicht.

Tester und Entwickler können Performanztests durchführen, um potenzielle Flaschenhälse in ihrer Softwareapplikation zu entdecken. Normalerweise werden Performanztests auf Servern oder Backend-Systemen durchgeführt, um zu prü-fen, wie das System oder die Software mit einer großen Zahl von Anfragen umgeht, und akzeptable Ergebnisse für den Nutzer zu ermöglichen.

Performanztests müssen in einem definierten Zustand der Applikation mit Hardwareressourcen ausgeführt werden, die der Live-Backend-Umgebung ähn-lich sind. Die gesammelten Daten müssen dann analysiert werden, um mögliche Flaschenhälse und Probleme in der Software zu finden. Performanztests sind ein komplexes Thema, das niemals unterschätzt oder bis ans Ende des Projekts auf-geschoben werden sollte. Im Gegenteil, der Test sollte so früh wie möglich durch-geführt werden. Performanzkennzahlen sollten Teil der Anforderungsphase in der App-Entwicklung sein, um von Anfang an mit einer realistischen Planung starten zu können.

Für Apps sind Performanztests sehr komplex und müssen mehrere Systeme abdecken, um sinnvolle Ergebnisse zu erhalten, die die Performanz verbessern.

Die typische App baut auf einem Backend-System (Server) auf, mit dem sie kommuniziert. Die App sendet Anfragen zum Server, der dann diese Anfragen bearbeitet und eine Antwort zurücksendet. Für einfache Anfragen, die an ein Backend-System gesendet werden, gibt es drei kritische Performanzbereiche, die abgedeckt werden müssen:

- Den Server
- Die mobilen Datennetze
- Das Mobilgerät und die App selbst

Um die Performanz einer App zu testen, müssen Sie mindestens das Backend-Sys-tem und die App selbst auf Performanz testen. Es ist nicht möglich, die Perfor-manz der mobilen Datennetze zu testen und es ergibt für Sie als App-Tester auch keinen Sinn. Die Netzwerkgeschwindigkeit und Latenz können während der Testphase simuliert werden, aber die Netzwerkgeschwindigkeit wird eine ganz andere sein, wenn der Nutzer in echten Datennetzen unterwegs ist.

In diesem Kapitel möchte ich mich auf den Performanztest der App selbst konzentrieren. Vergessen Sie aber die Backend-System-Performanz nicht und suchen Sie für weitere Informationen danach im Internet. Es gibt eine Fülle an guten Werkzeugen, um Ihnen zu helfen, eine Performanztestsuite aufzubauen.

Wenn Sie Performanztests innerhalb Ihres Projekts durchführen wollen und Werkzeuge benutzen, beachten Sie die folgenden Schritte, da Sie Ihnen helfen werden, eine klare Strategie zu definieren:

1. Planen Sie die Performanztests früh in der Entwicklungsphase.
2. Designen Sie die Performanztests für Ihre App.
3. Bereiten Sie die Testdaten und die Infrastruktur vor
    (diese sollten die gleichen sein wie für die Live-Umgebung).
4. Führen Sie die Performanztests aus.
5. Sammeln, analysieren und evaluieren Sie die Daten.
6. Finden Sie potenzielle Flaschenhälse und entwickeln Sie die App weiter.
7. Überwachen Sie erneut die Applikationsänderungen, um zu sehen, ob die Weiterentwicklungen gut genug waren.

Performanztests von Apps

Wenn Sie die Performanz einer App testen, gestalten Sie den Test einfach und konzentrieren Sie sich auf die UI der App. Benutzen Sie zum Beispiel eine Stopp-uhr und messen Sie den Ladevorgang der App oder die Verzögerung zwischen bestimmten Operationen. Messen Sie die Ladezeiten des Inhalts wie Bilder, Texte oder Animationen, die generiert oder von der App verarbeitet werden müssen. Führen Sie diese Tests mehrere Male aus und notieren Sie die durchgeführten Schritte, um sie zu reproduzieren, und verfolgen Sie mögliche Performanzprob-leme. Schreiben Sie auch auf, wie oft das Problem aufgetreten ist. Wenn es immer passiert, ist das gut, da die Korrektur dadurch einfacher ist. Aber einige Prob-leme, insbesondere Performanzprobleme, treten vielleicht nur drei Mal in zehn Durchführungen auf. Es ist deswegen wichtig, den Fehler zu finden und das Ver-halten zu reproduzieren.

Während Sie die App testen, schreiben Sie alles auf, was langsam erscheint, da es ein potenzielles Performanzproblem sein kann. Manuelle Performanztests sollten auf verschiedenen Geräten mit verschiedenen Hardwarespezifikationen durchgeführt werden, um sinnvolle Ergebnisse zu erhalten.

Ein anderer Test, der durchgeführt werden sollte, ist ein Vergleich zwischen der aktuellen App-Version, die in den App-Stores für den Download zur Verfü-gung steht, und dem neuen Releasekandidaten. Vergleichen Sie beide Versionen in Bezug auf die Ladezeit der App und alle anderen Bereiche. Der neue Release-kandidat sollte nicht langsamer sein als die aktuelle Version, ansonsten wird die App schlechtes Feedback von den Nutzern erhalten.

Wichtig:
Der Vergleich sollte auf der gleichen Hardware durchgeführt werden,
sonst hinkt der Vergleich.

Wenn Ihre App Elemente von Drittanbietern wie Werbung oder Newsfeeds enthält, vergewissern Sie sich, dass diese Elemente keinen Einfluss auf die Performanz der App haben. Sie können zum Beispiel ein Web-Proxy-Tool wie Fiddler benutzen, um die Anfragen der Drittanbieter in ein Time-out zu senden, um zu sehen, ob dies keinen Einfluss auf die Performanz der App hat.

Eine andere Möglichkeit, die Performanz der App zu testen, ist, die Prozess- und Operationszeiten des Codes zu überwachen und zu messen. Es gibt eine Menge an Profilerwerkzeugen, um den App-Code auf potenzielle Flaschenhälse und Performanzprobleme zu überprüfen. Diese Aufgabe sollte von den Entwicklern durchgeführt werden, also ermutigen Sie sie, diese Werkzeuge zu benutzen.

Im Folgenden finden Sie zusammengefasst die einfachen App-Performanztests:

- Messen Sie die Ladezeit der App.
- Prüfen Sie die Verzögerungen während Operationen oder Nutzerinteraktionen.
- Messen Sie die Ladezeiten des Inhalts.
- Notieren Sie alles, was langsam erscheint.
- Testen Sie auf verschiedener Hardware, insbesondere auf langsameren Geräten.
- Vergleichen Sie die Live-App-Version mit dem neuen Releasekandidaten.
- Prüfen Sie Drittanbieterelemente.
- Benutzen Sie Profilerwerkzeuge, um die Prozess- und Operationszeiten der Methoden und Klassen zu messen.

Wie Sie sehen, sind das einfache Schritte, die Performanz einer App zu testen. Wenn Sie komplexere und detailliertere Daten über die Performanz der App, des Backends und der Datennetze haben möchten, müssen Sie ein Performanztestwerkzeug einsetzen, das alle Teile abdeckt. Es gibt viele Anbieter solcher Testwerkzeuge, suchen Sie also nach ihnen im Internet und entscheiden Sie, welches am besten zu Ihrer Entwicklungs- und Testumgebung passt.

4.4.7 Stand-by-Tests

Stand-by-Testen ist wirklich ganz einfach und leicht, kann aber innerhalb der App schöne Abstürze, Freezes und UI-Fehler aufdecken. Bringen Sie das Gerät durch einmaliges Drücken des An- und Aus-Schalters in den Stand-by-Modus, während die App läuft. Abhängig von der zu testenden App wecken Sie das Gerät nach ein paar Sekunden, Minuten oder Stunden, um zu sehen, wie die App auf das Aufwecken reagiert. Die meisten Apps holen sich nach dem Aufwecken Datenaktualisierungen vom Backend-System, um das momentane UI zu aktualisieren. Ein Fehler kann möglicherweise die App daran hindern, die neu geholten Daten korrekt anzuzeigen, oder er kann dazu führen, dass die App einfriert oder abstürzt. Wenn ein UI-Aktualisierungsmechanismus implementiert wurde, müssen Sie sicherstellen, dass dieser Mechanismus nach dem Aufwecken des Geräts funktioniert und dass er die letzten Daten geladen hat.

Testen Sie als weiteres Szenario das Fehlen einer Internetverbindung, während sich die App im Stand-by-Modus befindet. Um das zu testen, öffnen Sie die App, schließen die Internetverbindung und schalten das Gerät in den Stand-by-Modus. Nach einer bestimmten Zeit wecken Sie das Gerät auf und prüfen das Verhalten der App. Die App wird wahrscheinlich nach Updates suchen, obwohl keine Internetverbindung vorhanden ist. In diesem Fall muss die App dem Benutzer eine angemessene Fehlermeldung zeigen und ihn oder sie über die aktuelle Situation informieren.

Vergessen Sie nicht zu prüfen, ob das Gerät nach dem Aufwecken in der Lage ist, mit gerätespezifischen Hardwareelementen zu kommunizieren. Seien Sie kreativ und testen Sie die App auf Stand-by- oder Aufwachprobleme.

4.4.8   Installationstests

Der erste Eindruck eines Mobilkunden von einer App ist der Installationsprozess. Wenn die Installation aufgrund von Fehlern oder Problemen fehlschlägt, wird der Kunde die App nicht erneut herunterladen und eine andere App benutzen. Um solche Probleme zu vermeiden, müssen Installationstests Teil des mobilen Testprozesses sein und sollten zumindest vor jedem Release einer neuen Version durchgeführt werden.

Um die App auf Installationsprobleme zu testen, führen Sie die folgenden Aufgaben durch:

- Verifizieren Sie, dass die App erfolgreich auf dem lokalen Speicher oder auf der Speicherkarte des Geräts installiert werden kann.
- Prüfen Sie, ob die Installation mit unterschiedlichen Internetverbindungen wie Wi-Fi oder mobilen Datennetzwerken funktioniert.
- Wechseln Sie die Internetverbindung (Wi-Fi zu 3G als Beispiel), während die App installiert wird.
- Wechseln Sie zu einer anderen App, während die App installiert wird.
- Schalten Sie die Internetverbindung des Geräts aus, indem zum Beispiel während der Installation der Flugzeugmodus aktiviert wird.
- Versuchen Sie die App zu installieren, wenn nicht mehr genug Speicher auf dem Gerät zur Verfügung steht.
- Versuchen Sie die App mittels Datenkabel zu installieren oder von mobilspezifischen Softwareapplikationen zu synchronisieren.

Wenn Sie diese Aktionen durchführen, achten Sie sowohl auf Fehlermeldungen in der App als auch auf Abstürze und das Einfrieren der App.

Wenn die App erfolgreich installiert wurde, sollte der App-Tester auch den umgekehrten Weg, den Deinstallationsprozess, testen. Deinstallieren Sie also die App und prüfen Sie, ob sie komplett vom Gerät entfernt wurde und keine Daten auf der Hardware oder dem lokalen Speicher zurückgeblieben sind. Um zu verifizieren, dass die App komplett entfernt wurde, prüfen Sie den Speicher des Geräts und Ordner auf zurückgelassene Daten. Eine andere Art, zu verifizieren, dass die App erfolgreich entfernt wurde, ist, die App erneut zu installieren und zu prüfen, ob ein Nutzer nicht automatisch angemeldet wird oder keine Daten von der vorrangegangenen Installation vorhanden sind. Diese Tests sind sehr wichtig, da manche Geräte innerhalb der Firma oder Familie weitergegeben werden und zurückgebliebene Daten zu ernsthaften Problemen führen können.

Manche Mobilplattformen bieten verschiedene Deinstallationsmöglichkeiten einer App an, die Sie alle testen müssen. Während Sie die App deinstallieren, achten Sie auf Fehlermeldungen, Abstürze und das Einfrieren der App.

4.4.9 Update-Tests

Wie Sie in den vorangegangenen Abschnitten erfahren haben, ist das Testen der App während des Installations- und Deinstallationsprozesses sehr wichtig. Neben dem Installieren und Deinstallieren einer App können Nutzer eine App von einer Version auf eine andere Version updaten. Während dieses Updateprozesses können viele Dinge schiefgehen und müssen getestet werden, bevor die neue App-Version in den App-Stores eingereicht wird.

Das Testen des Updateprozesses beinhaltet die folgenden Szenarien:

- Angemeldete Nutzer sollten in der App nicht abgemeldet sein, nachdem das Update installiert wurde.
- Das Update darf die lokale Datenbank nicht beeinträchtigen; Daten dürfen nicht geändert oder gelöscht werden.
- Die App befindet sich nach dem Update in dem gleichen Zustand wie zuvor.
- Das Testen des Updateprozesses wird den Updateprozess in den App-Stores simulieren.

Sie sollten außerdem ein Update von einer sehr viel älteren Version der App auf die neue Version testen, um zu sehen, was mit der App passiert. Während Sie Update-Tests durchführen, achten Sie auf Fehlermeldungen, Abstürze, Freezes und Performanzprobleme direkt nach dem Update.

In den folgenden zwei Abschnitten werde ich beschreiben, wie Update-Tests auf iOS und Android durchgeführt werden. Wenn Sie eine Windows Phone- oder BlackBerry-App oder eine andere Art von Apps testen, sollten Sie natürlich trotzdem Update-Tests durchführen.

Update-Tests auf iOS

Es gibt zwei Arten, den Updateprozess für iOS-Apps zu simulieren. Die erste kann mit iTunes durchgeführt werden, indem Sie die folgenden Schritte befolgen:

1. Bauen Sie eine Ad-hoc-Version der App, die bereits im App-Store vorhanden ist.

> **Hinweis:**
> Diese Version muss dieselbe Paket-ID (Paketname oder Struktur der App-Klassen) haben wie die neue App.

2. Stellen Sie sicher, dass keine ältere Version der App innerhalb von iTunes und auf dem Testgerät installiert ist (synchronisieren Sie mit iTunes, um sicher zu sein).
3. Ziehen Sie die App aus Schritt 1 nach iTunes und synchronisieren Sie diese Version mit Ihrem Testgerät.
4. Starten Sie die App und testen Sie ein wenig manuell, um sicherzustellen, dass die App funktioniert.
5. Bauen Sie die neue Releasekandidatenversion der App, ziehen Sie sie nach iTunes und synchronisieren Sie sie mit dem Gerät. iTunes sollte um Bestätigung bitten, dass die alte Version entfernt wird.

> **Hinweis:**
> Löschen Sie die alte kompilierte Version nicht! Im nächsten Schritt wird iTunes die neue App über die alte installieren und so einen Update wie im App-Store simulieren.

6. Starten Sie die neue Version der App und prüfen Sie, ob alles in Ordnung ist.

Die zweite Art, den Updateprozess für iOS zu testen, ist, den Apple Konfigurator[14] zu benutzen. Dieses Werkzeug ist deutlich einfacher zu bedienen, insbesondere wenn Sie das Updateprozedere auf mehreren Testgeräten, wie iPhone 4(S), iPhone 5(S), iPhone 6, 6(S) oder dem iPad, testen möchten:

1. Bauen Sie eine Ad-hoc-Version der App, die bereits im App-Store vorhanden ist.

> **Hinweis:**
> Diese Version muss dieselbe Paket-ID haben wie die neue App.

2. Stellen Sie sicher, dass keine ältere Version der App auf dem Testgerät installiert ist.

---

14. *http://help.apple.com/configurator/mac/1.7/?lang=en*

3. Benutzen Sie das Werkzeug, um die App aus Schritt 1 auf den Geräten zu installieren, auf denen Sie den Updateprozess testen möchten.

4. Starten Sie die App und führen Sie ein paar manuelle Tests durch, um zu prüfen, ob die App richtig funktioniert.

5. Bauen Sie die neue Releaseversion der App und installieren Sie diese mit dem Werkzeug. Der Updateprozess wird nun simuliert.

6. Starten Sie die neue Version der App und prüfen Sie, ob alles in Ordnung ist.

Für weitere Informationen lesen Sie bitte die Technical Note TN2285[15] über das Testen von Updates auf iOS-Geräten von Apple.

Update-Tests auf Android

Das gleiche Update-Testen kann mit Android-Apps durchgeführt werden. Um den Updateprozess für Android-Apps zu testen, benutzen Sie das Tool adb, das im Android-SDK-Ordner zu finden ist:

1. Installieren Sie die aktuelle Version der App von Google Play Store auf das Testgerät:

```
./adb install RELEASED_APP_NAME.apk
```

2. Prüfen Sie, ob diese Version funktioniert.

3. Bauen Sie einen Releasekandidaten der Android-App.

4. Benutzen Sie das folgende Kommando, um die neue Version der App zu installieren und das Updateprozedere zu testen:

```
.adb install –r NEW_VERSION_APP.apk
```

Die Option –r bewirkt, dass die App neu installiert wird und Ihre Daten auf dem Gerät erhalten bleiben.

5. Die neue Version ist nun installiert und kann getestet werden.

Wie Sie sehen können, ist das Update-Testen sehr einfach durchzuführen. Es ist wirklich wichtig, diese Überprüfungen durchzuführen, bevor Sie die App in den verschiedenen App-Stores einreichen.

4.4.10   Datenbanktests

Apps nutzen lokale Datenbanken, meistens SQLite[16]-Datenbanken, um Daten auf dem Mobilgerät vorzuhalten. Die Daten oder den Inhalt einer App in der lokalen Datenbank zu speichern, erlaubt es Apps, den Inhalt darzustellen, wenn

---

15. *https://developer.apple.com/library/ios/technotes/tn2285/_index.html#//apple_ref/doc/uid/ DTS40011323*

16. *www.sqlite.org/*

das Gerät offline ist. Das ist ein großer Vorteil gegenüber Web-Apps, die von einer stabilen Internetverbindung abhängig sind, um richtig zu funktionieren. Die Tatsache, dass Apps Datenbanken benutzen, führt dazu, dass App-Tester diese und die Aktionen, die auf den Datenbanken durchgeführt werden, testen müssen.

Lokale Datenbanktests können manuell oder automatisiert durchgeführt werden. Das Ziel ist, die Datenintegrität zu testen, während die Daten editiert, gelöscht oder modifiziert werden. Um gute Datenbanktests durchzuführen, müssen Sie das Datenbankmodell mit den Tabellennamen, Prozeduren, Triggern und Funktionen kennen. Mithilfe von Datenbankwerkzeugen können Sie sich mit der Datenbank auf dem Gerät verbinden und die Daten verifizieren und testen.

Die folgenden Arten von Tests sollten Teil Ihrer mobilen Datenbanktests sein:

- Datenbankvalidierungstests
- Datenbankintegrationstests
- Datenbankperformanztests
- Prozeduren- und Funktionstests
- Triggertests
- CRUD-Operationen testen (Create/Read/Update/Delete – Erstellen, lesen, aktualisieren, löschen), um sicherzustellen, dass diese auf der Datenbank funktionieren
- Testen, dass die Änderungen in der Datenbank korrekt auf der UI der App angezeigt werden
- Such- und Indexfunktionen testen
- Datenbanksicherheitstests
- Testen der Datenbank bei Migrationen

Da Datenbanken und Tests von Datenbanken bereits selbst große Themenbereiche sind, empfehle ich die Seite »Books about SQLite«[17] zur weiteren Lektüre, um mehr Informationen über die verschiedenen Datenbanktechnologien einzuholen. Die Seite bietet sehr viele nützliche Literaturhinweise zum Thema.

4.4.11 Testen des lokalen Speichers

Den lokalen Speicher zu testen, hat nichts mit der Datenbank der App zu tun, sondern Sie sollen damit prüfen, wie die App in den verschiedenen Zuständen des lokalen Gerätespeichers reagiert. Jedes Gerät hat eine bestimmte Speicherkapazität für Musik, Bilder, Apps und alle weiteren möglichen Daten, die auf dem Gerät gespeichert werden können. Manche Geräte haben nur einen einzigen zentralen und permanent installierten Speicher und Nutzer können solche Geräte nicht mit zusätzlichem Speicher erweitern. Es gibt allerdings viele Geräte, die die Möglichkeit bieten, den lokalen Speicher zu erweitern, z.B. mit einer Micro-SD-Karte.

---

17. *www.sqlite.org/books.html*

Beim Testen einer App sollten Sie die App zusammen mit unterschiedlichen Zuständen des lokalen Speichers testen, um sicher zu sein, dass die App mit allen möglichen Zuständen richtig funktioniert. Die folgenden Szenarien sollten getestet werden:

- Testen Sie die App, wenn der lokale Speicher voll ist.
- Testen Sie die App, wenn der lokale Speicher voll ist, die Speichererweiterung aber noch Platz hat.
- Testen Sie die App, wenn der lokale Speicher noch Platz hat, die Speichererweiterung aber voll ist.
- Testen Sie die App, wenn beide Speicher voll sind.
- Testen Sie die App, wenn der lokale Speicher fast voll ist. Führen Sie einige Aktionen innerhalb der App durch, die viele Daten in den lokalen Speicher schreiben, um diesen vollständig zu befüllen.
- Entfernen Sie die Speichererweiterung und prüfen Sie das Verhalten der App.
- Wenn möglich, verschieben Sie die App auf den erweiterten Speicher und prüfen Sie das Verhalten der App.
- Testen Sie die App, wenn der lokale Speicher leer ist.

Wenn Sie diese Szenarien durchführen, achten Sie auf App-Abstürze, Fehlermeldungen, das Einfrieren der App, Performanzprobleme, Probleme mit der UI und andere Arten von merkwürdigem Verhalten, das auf ein Problem hinweisen kann.

4.4.12 Sicherheitstests

Sicherheit kann geschäftskritisch sein – z.B. wenn Angreifer die Kundendaten stehlen –, was sie zu einem sehr wichtigen Teil des Entwicklungs- und Testprozesses Ihrer App macht. Das Testen auf Sicherheit ist ein sehr komplexes Thema, das Wissen aus vielen verschiedenen Gebieten, wie Client-Server-Kommunikation, Softwarearchitektur und Systemarchitektur, voraussetzt. Wegen ihrer komplexen Natur und der speziell benötigten Fertigkeiten werden Sicherheitstests am besten von Experten durchgeführt. Sie beinhalten Methoden wie manuelle oder automatisierte Penetrationstests mit Man-in-the-Middle-Angriffen, Fuzzing, Scanning und Auditieren der Software.

Penetrationstests sind ein Ansatz, der Sicherheitsschwachstellen in einer Applikation findet, die Zugriff auf die Features und die Daten zulassen. Es gibt viele Open-Source- und firmeneigene Werkzeuge auf dem Markt, die die Applikation auf gewöhnliche Schwachstellen testen. Eine Liste der üblichen Security Tools kann auf der Seite OWASP[18] (Open Web Application Security Project) gefunden werden.

---

18. *www.owasp.org/index.php/Appendix_A:_Testing_Tools*

Mithilfe eines Proxy-Tools kann ein Angreifer die Kommunikation zwischen dem Client und dem Server verändern oder belauschen. Dies erlaubt dem Angreifer, sensible Daten, wie Nutzernamen und Passwörter, zu lesen oder das Verhalten des Clients zu manipulieren, indem er ihm gefälschte Daten sendet. Diese Methode ist bekannt als Man-in-the-Middle-Angriff.

Fuzzing ist eine Methode für einen möglichen Angriff und generiert und sendet zufällige Daten an ein System, um zu sehen, wie das System auf diese Daten generiert. Dank der Scanning Tools kann das System auf bekannte Schwachstellen überprüft werden, die genutzt werden könnten, um Zugriff zu bekommen.

Audits werden am ehesten von zertifizierten Sicherheitsanbietern durchgeführt. Mithilfe von externen Partnern wird die Applikation manuell und automatisiert auf Schwachstellen und mögliche Angriffe hin untersucht.

Erinnern Sie sich daran, dass die Architektur einer App aus den folgenden Komponenten besteht:

- Der App selbst
- Den mobilen Datennetzen
- Dem Backend-System

Es gibt also drei mögliche Bereiche, die für die Sicherheit getestet werden müssen. Es ist nahezu unmöglich, die Datennetze hinsichtlich der Sicherheit zu testen, allerdings machen das die Anbieter der Datennetze bereits, um eine sichere und ungefährdete Kommunikationsumgebung zu gewährleisten. Es bleiben also noch zwei Bereiche für Sicherheitstests: die App und das Backend. Um die Sache zu vereinfachen, werde ich mich auf das Testen der Sicherheit der App konzentrieren.

Gewöhnliche Fehler in der Sicherheit der App

Die folgende Liste enthält die häufigsten Sicherheitsprobleme von Apps:

> **Wichtig:**
> Diese Punkte können während der Entwicklungsphase genutzt werden, um auf gewöhnliche Fehler zu prüfen. Allerdings ist das Auffinden dieser gewöhnlichen Fehler kein Ersatz für Sicherheitstests durch einen Experten, wie bereits erwähnt.

- **Cache-Speicher**
  Sensible Daten wie Passwörter oder Tokens werden im Cache zwischengespeichert.
- **Unbeabsichtigter lokaler Speicher**
  Sensible Daten wie Passwörter, Tokens oder Kreditkartendetails werden aus Versehen gespeichert.

▓ **Verschlüsselung**
Sensible Daten wie Passwörter werden auf dem lokalen Speicher nicht
verschlüsselt.

▓ **Client-seitige Validierung**
Kommunikation aus der App zum Backend ist nicht verschlüsselt.

▓ **Unnötige App-Berechtigungen**
Apps nutzen Berechtigungen für Gerätefeatures, die sie nicht brauchen
oder nutzen.

Um diese Fehler zu vermeiden, sollten Sie sie vor Augen haben und testen. Um
den Cache-Speicher zu verifizieren, testen Sie Ihre App auf Eingaben und Daten,
die nicht auf dem Gerät gespeichert werden. Prüfen Sie den Cache-Speicher des
Geräts auf Daten, die Sie gerade eingegeben haben, und vergewissern Sie sich,
dass die Daten nur für eine bestimmte Zeitspanne zwischengespeichert werden.
Um den Cache-Speicher zu verifizieren, nutzen Sie eine App, die in der Lage ist,
auf Dateisystemebene den Cache-Ordner Ihrer App zu überprüfen. Prüfen Sie, ob
in diesem Ordner nur die erlaubten Daten vorhanden sind. Schalten Sie das Gerät
aus und wieder an und prüfen Sie, ob sowohl der Geräte-Cache als auch der App-
Cache leer sind, um sicherzustellen, dass keine sensiblen Daten auf dem Gerät
zurückgeblieben sind. Das Gleiche gilt auch für die Daten, die aus Versehen auf
dem Gerät gespeichert wurden.

Prüfen Sie den Gerätespeicher und die Gerätedateien auf Daten, die hier nicht
abgelegt werden dürfen. Um den lokalen Speicher des Geräts zu verifizieren, nutzen Sie Apps oder Entwicklerwerkzeuge, die Zugriffe auf den lokalen Speicher
ermöglichen.

Wenn Ihre App einen Login benutzt, um Zugriff auf Features und Inhalte
zuzulassen, die von einem Backend-System geliefert werden, stellen Sie sicher,
dass der Nutzer nicht auf der Clientseite validiert wird. Validierung sollte immer
auf dem Backend-System durchgeführt werden. Wenn das Gerät verloren geht
und die Validierung nur auf der Clientseite durchgeführt wird, ist es für Angreifer
sehr einfach, die Validierung zu ändern, um sensible Daten zu manipulieren oder
zu stehlen.

Die meisten Apps sind für die Nutzung auf ein Backend-System angewiesen,
um Informationen und Daten zu senden oder zu empfangen, um die neuesten
Nachrichten zu lesen, mit Freunden in sozialen Netzwerken zu kommunizieren
oder eine E-Mail zu senden. Wenn die Kommunikation zwischen der App und
dem Backend sensible, unverschlüsselte Daten enthält, ist es sinnvoll, diese zu
verschlüsseln, z. B. mit TLS (Transport Layer Security).

Wenn eine App ein gerätespezifisches Feature wie die Kamera benutzen oder
Kontakte mit dem Adressbuch synchronisieren möchte, sind spezielle Berechtigungen für diese Elemente erforderlich. Haben Sie während der Entwicklung und
des Tests einer App ein Auge auf diese Berechtigungen. Nutzen Sie nur Berechti-

gungen, die Ihre App auch wirklich benötigt. Ansonsten wird der Nutzer Ihre App vielleicht nicht verwenden, weil er wegen der Berechtigungen skeptisch ist oder sich überwacht fühlt. Der Gebrauch von nicht benötigten Berechtigungen kann außerdem eine Schwachstelle für die App und die auf dem Gerät gespeicherten Daten darstellen. Wenn Sie die Berechtigungen Ihrer App nicht kennen, sprechen Sie mit den Entwicklern darüber und stellen Sie kritische Fragen nach den Berechtigungen und deren Verwendung.

Analyse der Sicherheitsanforderungen

Die Analyse der Sicherheitsanforderungen sollte Teil der ersten Anforderungsanalysephase von jedem mobilen Projekt sein. Sie sollten dieses Thema so früh wie möglich ansprechen, um Probleme am Ende des Projekts zu vermeiden. Die folgende Liste kann Ihnen mit der Sicherheitsanforderungsanalyse helfen:

- Identifizieren Sie die potenziellen Nutzerrollen und deren Einschränkungen und Berechtigungen innerhalb der Architektur (App und Backend).
- Hat die Nutzerrolle einen Einfluss auf die bestehende Sicherheit, zum Beispiel das Backend?
- Wird ein externes Audit benötigt? Was sollte Teil dieses Audits sein?
- Welche Arten von Testansätzen und Werkzeugen werden benötigt, um ein gutes Sicherheitsniveau zu erreichen?
- Haben wir genug Erfahrung und Fähigkeiten für den Sicherheitstest?

Diese Liste ist natürlich nicht vollständig. Abhängig von der App und deren Komplexität kann die Liste noch viel länger sein.

Eine gute Quelle an wertvollen Informationen über mobiles Sicherheitstesten ist die Seite »OWASP Mobile Security Project«[19]. Das Projekt sammelt Informationen über Mobile Security, wie die folgenden:

- Mobile Tools
  (*www.owasp.org/index.php/OWASP_Mobile_Security_Project#tab= Mobile_Tools*)
- Mobile Security Testing
  (*www.owasp.org/index.php/OWASP_Mobile_Security_Project#tab= Mobile_Security_Testing*)
- Mobile Cheat Sheet
  (*www.owasp.org/index.php/OWASP_Mobile_Security_Project#tab= Mobile_Cheat_Sheet*)

Diese Informationen können sowohl während der Analysephase von Sicherheitsanforderungen als auch bei der aktuellen Sicherheitstestphase sehr hilfreich sein.

---

19.   *www.owasp.org/index.php/OWASP_Mobile_Security_Project*

Ein anderer interessanter und nützlicher Teil des OWASP-Projektes ist die Liste der »Top 10 Mobile Risks«[20]. Die Liste enthält die folgenden Themen inklusive einer guten Erklärung jedes Themas und einer möglichen Lösung dazu:

1. Schwache serverseitige Kontrolle
2. Unsichere Datenspeicherung
3. Mangelhafte Transport Layer Protection
4. Unbeabsichtigter Datenverlust
5. Schlechte Autorisation und Authentifizierung
6. Beschädigte Verschlüsselung
7. Clientseitige Injektion
8. Sicherheitsentscheidungen mittels nicht vertrauter Eingaben
9. Unsachgemäßes Session Handling
10. Das Fehlen von Binary Protection

Zusammenfassung zu mobilen Sicherheitstests

Das Testen von Sicherheit ist ein komplexer und schwieriger Teil des Softwareentwicklungs- und Testprozesses. Es setzt besondere Fähigkeiten und ein ausgeprägtes technisches Verständnis voraus, um sicherzustellen, dass die Software oder App sicher vor Attacken ist und keine Schwachstellen besitzt. Sie als App-Tester sollten Sicherheitstests immer im Kopf haben. Wenn Sie nicht sicher sind, ob Sie die Sicherheit der App ausreichend testen können, sollten Sie die Hilfe von Experten so früh wie möglich im Prozess hinzuziehen.

Denken Sie an die folgenden Punkte, wenn Sie eine sichere App gewährleisten wollen:

- Testen Sie die App mit verschiedenen Eingaben. Halten Sie z.B. eine Liste mit möglichen Angriffstrings bereit.
- Führen Sie Penetrationstests auf der App und auf dem Backend-System aus.
- Benutzen Sie einen Proxy, einen Fuzzer und einen Scanner, um jeden Teil der App- und Backend-Architektur zu verifizieren.
- Prüfen Sie die App auf gewöhnliche Fehler.
- Schauen Sie sich das OWASP Mobile Security Project an und befolgen Sie die dortigen Richtlinien.
- Prüfen Sie die App-Zertifikate.
- Bleiben Sie bezüglich der Mobiltechnologien und den Sicherheitsnachrichten auf dem neuesten Stand.
- Stellen Sie Experten ein.

---

20. *www.owasp.org/index.php/OWASP_Mobile_Security_Project#tab=Top_10_Mobile_Risks*

> **Wichtig:**
> Die in diesem Kapitel abgedeckten Sicherheitsthemen sind nur eine grobe Übersicht an möglichen Dingen, die es zu prüfen gilt. Mobile Sicherheit ist ein großes und komplexes Thema. Durchkämmen Sie also das Internet für weitere Informationen.

4.4.13 Testen der Plattformrichtlinien

Ein anderer Themenbereich, in dem Sie sich auskennen müssen, sind die mobil-plattformspezifischen Richtlinien. Jede App muss nach diesen Richtlinien aufgebaut sein und das Design, die Benutzbarkeit und die plattformspezifischen Verhaltensmuster müssen entsprechend umgesetzt sein. Wenn die App diesen Richtlinien nicht entspricht, wird sie eventuell im App-Store abgelehnt. Zusätzlich wird das Einhalten der Designprinzipien Ihre Kunden freuen, da sie wissen, wie man plattformspezifische Features, wie Swipen von links nach rechts, um die Ansicht zu wechseln, oder Pull, um die aktuelle Ansicht zu aktualisieren, bedient.

Es ist wichtig, dass diese Richtlinien in die Designphase der App mit einbezogen werden. Wenn Sie die Richtlinien bereits zu Beginn des Projektes einhalten, wird Ihnen das am Ende Zeit sparen, da Sie weniger Bugs finden werden, als wenn Sie die Richtlinien nicht einhalten würden.

Wenn Sie eine App testen, denken Sie an die plattformspezifischen Richtlinien. Sie sollten sie aus dem Effeff kennen oder zumindest wissen, wo Sie diese finden:

- Designquellen für Apple iOS
  (*https://developer.apple.com/library/ios/design/index.html#//apple_ref/doc/uid/TP40013289*)
- Genehmigungsrichtlinien für Apple iOS
  (*https://developer.apple.com/appstore/resources/approval/guidelines.html*)
- Richtlinien für Android
  (*https://developer.android.com/design/patterns/index.html*)
- Richtlinien für Windows Phone
  (*http://dev.windowsphone.com/en-us/design*)
- Richtlinien für BlackBerry
  (*http://developer.blackberry.com/design/bb10/*)

> **Wichtig:**
> Stellen Sie sicher, dass Sie mit den neuesten mobilen Plattformrichtlinien vertraut sind. Diese verändern sich mit jeder neuen mobilen Betriebssystemversion, die veröffentlicht wird.

4.4.14 Konformitätstests

Konformitätstests zielen darauf ab, dass die Software einen definierten Satz an Standards einhält. Die Standards werden von unabhängigen Institutionen wie z.B. dem European Telecommunications Standards Institute[21] (ETSI), dem World Wide Web Consortium[22] (W3C) und dem Institute of Electrical and Electronics Engineers[23] (IEEE) definiert.

Wenn sich Ihre App nach definierten Standards richten muss, müssen Sie sicherstellen, dass diese Standards eingehalten werden. Es ist wichtig für Sie, diese Standards zu kennen und dass Sie wissen, wie Sie diese prüfen können. Allerdings sollten die Standards bereits Teil Ihrer Anforderungsanalysephase sein. Sobald die Entwicklungsphase startet, sprechen Sie mit Ihren Entwicklern, damit diese Standards befolgt werden, indem Sie Fragen stellen, Codereviews durchführen und gemeinsam die Dokumentation zum definierten Standard durchgehen.

Abhängig vom Typ und Zweck der App kann es erforderlich sein, dass eine externe Institution Ihre App verifiziert, um zu prüfen, dass die Standards korrekt implementiert wurden. Das ist der Fall bei medizinischen Apps oder Apps, die von Regierungen benutzt werden. In manchen Fällen muss die App auf die Einhaltung gesetzlicher Vorschriften geprüft werden.

> **Wichtig:**
> Behalten Sie die Konformitätstests im Auge und stellen Sie bereits zu Beginn des Projektes Fragen.

4.4.15 Prüfung der Logdateien

Verbinden Sie Ihr Gerät mit dem Computer und prüfen Sie die Logdateien, während Sie Ihre App testen und nutzen. Um Zugriff auf die Logdateien zu bekommen, müssen Sie die Entwicklerwerkzeuge auf Ihrem Computer installieren und die App im Debug-Modus laufen lassen.

Wenn Sie die Logdateien prüfen, achten Sie auf Fehler, Warnungen oder Exceptions, die während der Nutzung der App entstehen. Speichern Sie die Informationen aus den Logdateien zusammen mit den Schritten für die Reproduzierung des Problems und leiten Sie diese Informationen an die Entwickler weiter. Informationen aus Logdateien sind für die Entwickler extrem hilfreich, um Probleme zu entdecken und zu lösen. Achten Sie nicht nur auf Fehler und Abstürze, sondern auch auf sensible Daten, wie Tokens oder Passwörter, die in den Logdateien zu finden sind.

---

21. *www.etsi.org/*
22. *www.w3.org/*
23. *www.ieee.org/index.html*

Wenn Sie die App ohne Kabelverbindung zum Computer testen und die App abstürzt oder seltsames Verhalten zeigt, belassen Sie die App und das Gerät in diesem Zustand und verbinden Sie es so schnell wie möglich mit dem Computer und den Entwicklerwerkzeugen, um die Logdateien nach dem Fehler durchsuchen zu können.

Bevor Sie die App in die App-Stores einreichen, müssen Sie die Logdateien erneut auf Debug-Informationen, Warnungen und Fehler überprüfen. Debug-Informationen sowie Warnungen und Fehler sollten nicht Teil der Releaseversion der App sein.

Denken Sie auch an die Logdateien des Backend-Systems, da diese andere Arten von Informationen wie Anfragen und Antworten beinhalten.

> **Wichtig:**
> Manche Fehler sind nur in den Logdateien der Apps zu sehen. Diese Fehler werden dem Nutzer vielleicht nicht gezeigt, könnten aber einen großen Einfluss auf die Funktionalität der App haben.

4.4.16 Seien Sie kreativ!

Bis zu diesem Punkt wurde in diesem Buch ein systematischer Ansatz für das App-Testen und seine Besonderheiten vorgestellt. Aber jeder, der schon effektiv Software getestet hat, weiß, dass die wirklich hässlichen Bugs meistens nicht systematisch auftauchen. Bugs kommen in verschiedenen Formen, Umfängen und Situationen vor und manchmal ist es wirklich schwer, diese zu finden.

Nachdem Sie Ihre App auf eine systematische Art und Weise getestet haben (oder bevor Sie mit dem systematischen Ansatz beginnen), ist es nützlich, neue Ideen zu entwickeln. Lehnen Sie sich zurück, lösen Sie sich von all den Testfällen und systematischen Ansätzen und versuchen Sie einfach, die App zum Absturz zu bringen! Testen Sie die App für eine begrenzte Zeit – zum Beispiel 30 Minuten – und versuchen Sie durch eigene kreative Ansätze, ein paar Bugs zu finden.

Seien Sie kreativ bei Ihrem Testen. Versuchen Sie, an Randfälle zu denken, die am ehesten in der wirklichen Welt vorkommen, wenn viele Leute die App auf ganz andere Art und Weise verwenden, als Sie und Ihr Team gedacht haben.

Machen Sie verrückte Sachen mit der App und dem Gerät. Rotieren oder drehen Sie das Gerät, benutzen Sie mehr als eine Hand, um mit der App zu interagieren, und drücken Sie die Knöpfe so schnell wie möglich.

Achten Sie dabei auf unerwartetes Verhalten, Abstürze, das Einfrieren der App, Fehlermeldungen, die keinen Sinn ergeben, und auf andere seltsame Dinge. Diesen Teil der Testsession sollten Sie aufzeichnen, da es sehr wahrscheinlich ist, dass die auftauchenden Fehler sehr schwer zu reproduzieren sein werden. Ein anderer Ansatz kann das Pair Testing sein, bei dem eine Person die App testet, während die andere Person zuschaut und Notizen über die Testdurchführung macht.

4.5 Checklisten, Merkhilfen und Mindmaps

In diesem Teil des Kapitels geht es darum, nichts Wichtiges zu vergessen. Ihre täglichen Testaufgaben sind stressig und es gibt so viele Dinge, an die Sie sich erinnern müssen, die Sie zu erledigen haben oder die Sie untersuchen müssen. Vielleicht haben Sie den Wunsch, einige Modelle oder Werkzeuge zu nutzen, um zu verhindern, dass Sie wichtige Aspekte Ihrer Arbeit vergessen. Dazu können Sie auf die folgenden drei sehr schönen Ansätze zurückgreifen:

▦ Checklisten
▦ Merkhilfen
▦ Mindmaps

4.5.1 Checklisten

Jedes neu entwickelte Feature muss getestet werden. Softwaretester definieren normalerweise Testfälle, um systematisch jedes neue Feature zu testen und um zu verhindern, irgendetwas zu vergessen. Wenn die Testfälle fertig sind, wird ein Softwaretester die manuellen Testfälle normalerweise für die Testautomatisierung priorisieren und die Regressionstestsuite um die wichtigen Testfälle ergänzen, um zu vermeiden, die neuen Features immer wieder manuell testen zu müssen. Allerdings kann nicht jedes Feature oder jeder Testfall automatisiert werden, da der Test vielleicht zu komplex ist und sehr wahrscheinlich hohen Wartungsaufwand verursachen würde.

Aber was können Sie tun, wenn solch ein Test oder Feature für die App oder für das Geschäft kritisch ist? Den Test niemals wieder durchführen, ist sicherlich keine Option.

Um zu verhindern, wichtige Dinge zu vergessen, kann es vielleicht nützlich sein, eine Checkliste mit den Teilen der App zu schreiben, die erneut manuell getestet werden müssen, bevor Sie live gehen oder nachdem ein Projektmeilenstein erreicht worden ist.

Checklisten können sehr generisch und auf einer hohen Abstraktionsebene geschrieben werden, sodass sie in mehreren verschiedenen Projekten genutzt werden können, oder sie haben ein sehr niedriges Abstraktionsniveau mit spezifischen Schritten, um ein bestimmtes Feature zu testen.

Die Checkliste für den App-Test in Tabelle 4–1 ist generisch und deckt viele wichtige Aspekte des App-Testprozesses ab. Die Liste kann für viele verschiedene Apps genutzt werden.

Wichtig:
Diese Liste ist keineswegs komplett; sie ist lediglich ein Beispiel dafür, wie eine Checkliste für den App-Test aussehen könnte.

Nummer	Beschreibung	Erwartetes Ergebnis
1	Testen der App gegen Anforderungen und Akzeptanzkriterien.	Die App muss alle Anforderungen und Kriterien erfüllen.
2	Testen auf verschiedenen Plattformen und Betriebssystemversionen.	Die App muss auf den definierten Plattformen und Betriebssystemversionen funktionieren.
3	Prüfen der App in Hoch- und Querformat.	Die App muss in Hoch- und Querformat funktionieren. Die UI muss den Orientierungs- wechsel verarbeiten können.
4	Prüfen der Designrichtlinien für die Plattformen.	Die App muss die UI-Richtlinien einhalten um ein gutes Benutzungserlebnis zu bieten.
5	Prüfen der Entwicklungsrichtlinien für die Plattformen.	Die App muss die Entwicklungsrichtlinien einhalten, um die Anforderungen des Stores zu erfüllen.
6	Testen der App mit verschiedenen Bild- schirmauflösungen und Punktdichten der Bildschirme.	Die UI-Elemente müssen an den korrekten Positionen angezeigt werden. Elemente müssen funktionieren, wenn sie angeklickt werden.
7	Nutzen der App in verschiedenen Netzwerken (LTE, 3G, EDGE, GPRS, Wi-Fi).	Die App muss bei verschiedenen Netz- geschwindigkeiten funktionieren. Es sind keine Abstürze, keine verwirrenden Fehler- meldungen erlaubt.
8	Testen, wie die App mit einem Netzwerk- wechsel umgeht, wie von LTE nach EDGE.	Der Wechsel in der Netzgeschwindigkeit sollte die App nicht beeinträchtigen.
9	Nutzen der App im Flugzeugmodus.	Die App muss eine angemessene Fehler- meldung zeigen.
10	Benutzen von verschiedenen Netzanbietern beim Testen der App.	Die App muss mit verschiedenen Netz- anbietern und Technologien funktionieren.
11	Während Daten vom Backend-Service abge- rufen werden, wird die Internetverbindung des Geräts geschlossen.	Die App muss eine angemessene Fehler- meldung zeigen.
12	Anschalten der Internetverbindung und versuchen, die Daten erneut zu laden.	Die App muss die Daten vom Backend-System abrufen und die UI aktualisieren.
13	Benutzen von gerätespezifischen Hardware- funktionen wie GPS, NFC, der Kamera und anderen Sensoren.	Die App muss mit den Hardwarefeatures des Geräts funktionieren.
14	Das Ausschalten der hardwarespezifischen Funktionen innerhalb der App testen.	Prüfen, ob z. B. GPS ausgeschaltet ist, um zu vermeiden, zu viel Batterie zu verbrauchen.
15	Prüfen des Batterieverbrauchs, während die App läuft.	Während die App läuft, sollte sie nicht zu viel vom Akku verbrauchen.

→

Nummer	Beschreibung	Erwartetes Ergebnis
16	Prüfen des Batterieverbrauchs, während die App im Stand-by-Modus ist.	Der Batterieverbrauch sollte im Stand-by-Modus der App niedrig sein.
17	Prüfen der Speichernutzung der App.	Die App sollte nicht zu viel Speicher verbrauchen.
18	Vergleichen der Performanz einer bereits veröffentlichten App mit dem neuen Releasekandidaten.	Die Performanz der neuen App sollte besser oder gleich sein.
19	Die App in verschiedenen Sprachen testen.	Alle Elemente müssen auf dem Bildschirm sichtbar sein. Die UI muss in allen Sprachen gleich aussehen.
20	Prüfen der App-Berechtigungen.	Die App sollte nur die Berechtigungen haben, die für die App benötigt werden.
21	Prüfen der lokalen Datenbank.	Die lokale Datenbank sollte verschlüsselt sein. Es sollten nur die benötigten Daten abgespeichert werden.
22	Prüfen der Logdateien innerhalb der IDE.	Die Logdateien des Releasekandidaten sollten keine Debug-Informationen, Warnungen oder Fehler enthalten.
23	Prüfen, ob die App mit dem korrekten und validen Zertifikat signiert ist.	Die App muss mit dem Firmenzertifikat signiert sein.
24	Installieren, Löschen und Aktualisieren der App auf einem physischen Gerät.	Installieren, Löschen und Aktualisieren der App muss funktionieren. Gelöschte Apps müssen komplett entfernt werden. Es dürfen keine Daten auf dem Gerät zurückbleiben.
25	Prüfen, ob die App mit Unterbrechungen, wie Telefonanrufen, SMS oder irgend- welchen anderen Benachrichtigungen, umgehen kann.	Die App muss mit den Benachrichtigungen korrekt umgehen ohne Fehlermeldungen oder Abstürze.
26	Testen der App von unterwegs aus, wie im Auto, im Zug oder in der Natur.	Die App muss in verschiedenen Nutzungs- szenarien funktionieren.
27	Aufzeichnen von Post-Release-Reaktionen.	Prüfen der Nutzerreaktionen; Sammeln von Feedback und Absturzberichten.

Tab. 4–1   *Generische Checkliste für den APP-Test*

Diese Checkliste zeigt einige mögliche generische App-Tests, die zusätzlich zu Ihrem systematischen Testansatz ausgeführt werden können. Eventuell kann es außerdem nützlich sein, eine Release-Checkliste für das ganze Team zu erstellen, sodass es nichts Wichtiges innerhalb dieses Prozesses vergisst. Allerdings können Checklisten auch sehr spezifisch sein, um einen sehr speziellen Teil der App, wie den Bezahl- und Rechnungsprozess oder die verschiedenen Sensoren und Schnitt- stellen, abzudecken.

Wichtig:
Seien Sie mit den Checklisten kreativ. Erstellen Sie Ihre eigenen Checklisten,
die spezifisch für Ihre App und Ihr Projekt sind.

4.5.2   Merkhilfen

SFDPOT, FCC CUTS VIDS und **ISLICEDUPFUN** sind keine Rechtschreibfehler.
Das sind Abkürzungen für Merkhilfen, d.h. Lerntechniken, die darauf abzielen,
Informationen im Gedächtnis zu behalten. In Bezug auf App-Testen steht jeder
Buchstabe für einen Testansatz oder eine Testtechnik, die für Softwareapplikatio-
nen benutzt wurde. Eselsbrücken dienen dazu, sich während des Testens von
Softwareapplikationen an die wichtigen Aspekte zu erinnern. Sie sind sehr nütz-
lich für Softwaretester, da sie einfach zu merken sind und wesentliche Ideen und
Best Practices enthalten, wie man Software testet.

SFDPOT[24] ist eine Merkhilfe von Karen Nicole Johnson, die sie von James
Bach's Eselsbrücke **SFDPO**[25] (besser bekannt als »San Francisco Depot«) auf das
App-Testen übertragen hat. Karen hat die folgenden Punkte ergänzt:

▨ **Structure**
Testen, aus was sie gebaut ist.
- Kann ich die App herunterladen?
- Kann ich ein Update herunterladen?

▨ **Function**
Testen, was sie tut.
- Erfüllt die App oder Seite die Aufgaben oder Features, für die sie entworfen wurde?
- Wie geht die App oder Seite mit nicht vorgesehenen Features auf dem
  mobilen Gerät um? Wird die Benutzung verhindert, blockiert oder nicht
  eingebaut?

▨ **Data**
Testen, was die App mit ihnen macht.
- Findet die App zeitabhängige Daten anhand der Gerätezeit?
- Findet die App Orte, die auf meinem Standort basieren (z.B. Kinos oder
  Hotels)?

▨ **Platform**
Testen, auf was sie basiert.
- Benutzt die App Ortungsdienste?
- Hängt die App von irgendwelchen Geräteeinstellungen ab?

---

24. *http://karennicolejohnson.com/2012/05/applying-the-sfdpot-heuristic-to-mobile-testing/*
25. *www.satisfice.com/articles/sfdpo.shtml*

▓ Operations
Testen, wie sie benutzt wird.

  ◦ Funktioniert die App, wenn ich mich bewege oder herumreise?
  ◦ Was passiert, wenn ich von Wi-Fi nach 3G wechsle?

▓ Time (Zeit)
Testen, wie sie von der Zeit beeinflusst wird.

  ◦ Was passiert, wenn die Zeitzone gewechselt wird?
  ◦ Was passiert, wenn mein Standort gewechselt wird?

Für jeden Teil hat Karen einige Fragen beim Testen einer App aufgeschrieben. Sie finden die komplette Liste der Fragen in ihrem Blogbeitrag »Applying the **SFD-POT** Heuristic to Mobile Testing«. Benutzen und adaptieren Sie diese für den Test Ihrer App.

Eine weitere Merkhilfe ist **FCC CUTS VIDS**[26] von Mike Kelly, der seine Ideen in Touren niedergeschrieben hat, um Applikationen auf verschiedene Arten zu erkunden und zu testen:

▓ **Feature Tour**
Die Applikation erkunden und alle Bedienelemente und Features kennenlernen.

▓ **Complexity Tour** (Komplexitätstour)
Die komplexesten Teile der Applikation finden.

▓ **Claims Tour**
Alle Informationen über die Software finden, die Ihnen vermitteln, was das Produkt macht.

▓ **Configuration Tour** (Konfigurationstour)
Alle Möglichkeiten finden, die Einstellungen der Applikation zu verändern.

▓ **User Tour** (Nutzertour)
Sich vorstellen, wie mögliche Nutzer der Applikation die Software nutzen werden und was sie von ihr erwarten.

▓ **Testability Tour**
Alle Features innerhalb der Software finden, die mithilfe von Tools getestet werden können.

▓ **Szenario Tour**
Sich mögliche Szenarien vorstellen, wie die Software von ihren Nutzern genutzt werden wird.

▓ **Variability Tour** (Variabilitätstour)
Versuchen Wege zu finden, die App zu verändern.

---

26. *http://michaeldkelly.com/blog/2005/9/20/touring-heuristic.html*

░ **Interoperability Tour** (Interoperabilitätstour)
  Interagiert die Software mit anderer Software?

░ **Data Tour**
  Daten der Applikation finden.

░ **Structure Tour**
  Sammeln von so vielen Informationen über die App wie möglich, wie z. B.
  Programmiersprache, APIs, Hardware usw.

Die beschriebenen Touren sind ein exzellenter Weg, mögliche Einstellungen, Features oder Konfigurationen der Softwareapplikation herauszufinden. Darüber
hinaus decken die Touren die Nutzerperspektive ab und sind ideal für die Erkun-
dung der Applikation. Alle der genannten Touren können einfach auf Apps übertragen werden.

Eine andere großartige Merkhilfe für das App-Testen ist **I SLICED UP FUN**[27]
von Jonathan Kohl, der seine Eselsbrücke ebenfalls von James Bach's **SFDPO** auf
die Nutzung mit Apps übertragen hat. Er deckt sehr spezielle mobile Bereiche ab,
die während der Entwicklungsphase getestet werden müssen:

░ **Input** (Eingaben) in das Gerät
  * Built-In-Keyboard/Keypad
  * Gesten und Tippen auf dem Touchscreen
  * Synchronisieren mit anderen Geräten

░ **Store**
  * Einreichungsspezifikation
  * Entwicklungsleitfaden
  * Nutzerleitfaden für den Umgang mit Fehlern, Lokalisierungsservices,
    Berechtigungen für vertrauliche Nutzerdaten, Barrierefreiheit usw.

░ **Location** (Lokalisierung)
  * Geolokalisierungsfehler
  * Bewegung und plötzliches Stoppen
  * Verbindungsprobleme aufgrund von Störungen

░ **Interactions/Interrupts** (Wechselwirkungen/Unterbrechungen)
  * Mehrere Applikationen gleichzeitig laufen lassen, Multitasking
  * Andere Applikationen nutzen, dann die zu testende Applikation nutzen
    (E-Mail, Kalender, SMS schreiben, Notizen machen usw.)
  * Benachrichtigungen erscheinen

---

27.   *www.kohl.ca/articles/ISLICEDUPFUN.pdf*

▦ **Communication** (Kommunikation)

  ◦ Telefon
  ◦ SMS
  ◦ E-Mails

▦ **Ergonomics** (Ergonomie)

  ◦ Kleine Bildschirme können für die Augen schlecht sein.
  ◦ Ein kleines Gerät bedeutet, dass es keine ergonomische Hilfe von einem Tisch oder einem Stuhl gibt – man krümmt sich oft über dem Gerät, um mit ihm zu interagieren
  ◦ Es ist nicht ungewöhnlich, Rücken-, Finger- oder Augenschmerzen zu bekommen, wenn man ein Gerät für eine längere Zeit benutzt.

▦ **Data** (Daten)

  ◦ *Arten der Eingaben*
    Prüfen, ob die App spezielle Buchstaben, verschiedene Sprachen usw. benutzt.
  ◦ *Medien*
    Prüfen, ob die App von einer anderen Quelle abhängt, um Musik, Video oder Ähnliches abzuspielen.
  ◦ *Größe der Dateien*
    Prüfen, ob die App andere Dateien benutzt; verschiedene Dateiformate zu benutzen versuchen.

▦ **Usability**

  ◦ Notieren und protokollieren aller Auffälligkeiten bei der Benutzung der App, die unangenehm sind, frustrieren, ärgern oder aufregen.

▦ **Platform**

  ◦ Android
  ◦ iOS
  ◦ Windows Phone
  ◦ BlackBerry

▦ **Function**

  ◦ Können Sie alles identifizieren, was die Applikation macht?
  ◦ Haben Sie sich durch alle Komponenten der App hindurch gearbeitet? Jeden Button gedrückt? Jede Eingabemaske ausgefüllt?
  ◦ Erkunden Sie das Produkt, um alles zu identifizieren, was es macht.

▦ **User Scenarios** (Nutzerszenarien)

  ◦ Wie wird die Applikation vermutlich genutzt werden?
  ◦ Welche Probleme löst sie für uns?
  ◦ Was sind die Ziele der Endnutzer, bei denen diese Applikation ihnen hilft, sie zu lösen?

▨ **Network** (Netzwerk)

- Wi-Fi
- Wireless Broadband
- Blinde Flecken

I SLICED UP FUN ist eine sehr gute Merkhilfe und App-Tester sollten sie kennen, um ihre Testaktivitäten zu verbessern und sich an die wichtigen Komponenten zu erinnern. Zusätzlich zu seiner Merkhilfe hat Jonathan ein exzellentes Buch »*Tap into Mobile Application Testing*«[28] über mobiles Testen geschrieben, das auf Leanpub erhältlich ist und viele Aspekte zu diesem Thema abdeckt. Das Kapitel über Touren ist wirklich interessant und eine exzellente Wissensquelle.

Die letzte Merkhilfe für App-Testen, die ich erwähnen möchte, ist **COP FLUNG GUN**[29], erfunden von der Firma Moolya. Diese Eselsbrücke deckt die folgenden Themen ab und ist einen Blick wert:

▨ Communication
▨ Orientation
▨ Platform
▨ Function
▨ Location
▨ User Scenarios
▨ Notifications
▨ Guidelines
▨ Gesture
▨ Updates
▨ Network

> **Wichtig:**
> Merkhilfen sind gute Ansätze und Sie können sie nutzen, sich selbst an wichtige Dinge zu erinnern. Sie werden Ihnen helfen, Ihren Testansatz, Ihre Teststrategie und Ihre Gedanken zu organisieren.

4.5.3   Mindmaps

Mindmaps sind eine weitere gute Möglichkeit, Informationen visuell zu organisieren, indem sie Ihnen helfen, sich Gedanken zu bestimmten Themen wie App-Testen zu machen und Ideen zu entwickeln. Rosie Sherry, die Frau, die hinter Ministry of Testing[30] steht, einer Plattform und professionellen Community von

---

28.   *https://leanpub.com/testmobileapps*
29.   *http://moolya.com/blogs/2012/04/121/Test-Mobile-applications-with-COP-who-FLUNG-GUN*
30.   *www.ministryoftesting.com/*

Softwaretestern, die immer vorne mit dabei sind, wenn es um den Inhalt bei Softwaretests, Trainings und Veranstaltungen geht, hat zwei sehr gute Mindmaps über mobiles Testen erstellt und veröffentlicht. Eine Ihrer Mindmaps wird in den Abbildungen 4–3 bis 4–8 gezeigt.

Beide Mindmaps können in einer hohen Auflösung von Ministry of Testing 1[31] und Ministry of Testing 2[32] heruntergeladen werden. Die von Rosie erstellten Mindmaps basieren auf der Merkhilfe von Karen Nicole Johnson.

Ein anderes fantastisches interaktives Mindmap-Projekt ist die Testing Map[33], die viele verschiedene Bereiche des Softwaretestens abdeckt und einige nützliche Ideen bereitstellt.

> **Wichtig:**
> Versuchen Sie Ihre eigene Mindmap anhand Ihrer App zu erstellen, indem Sie mögliche Testaufgaben hinzufügen. Drucken Sie sie aus und hängen Sie sie im Büro auf. Auf diese Weise werden Ihre Kollegen auch von der Mindmap profitieren.

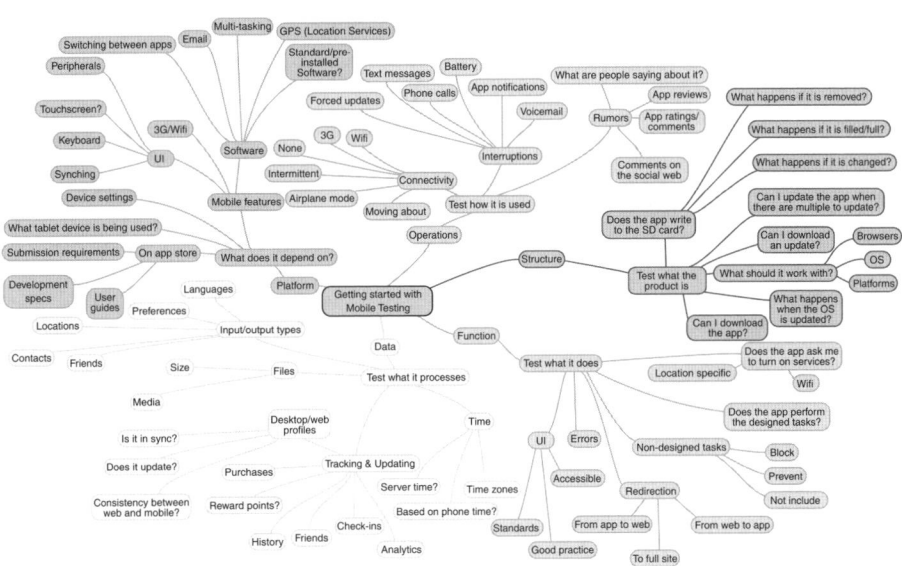

Abb. 4–3   *Mindmap für das Testen von Apps[34]*
(mit freundlicher Genehmigung von Rosie Sherry und Karen Nicole Johnson)

---

31. *www.ministryoftesting.com/2012/06/getting-started-with-mobile-testing-a-mindmap/*
32. *www.ministryoftesting.com/2012/05/mobile-testing-course-pictures-and-a-mindmap/*
33. *http://thetestingmap.org/*
34. Eine größere Version der Abbildung finden sie auf der Seite
     http://www.ministryoftesting.com/2012/06/getting-started-with-mobile-testing-a-mindmap/

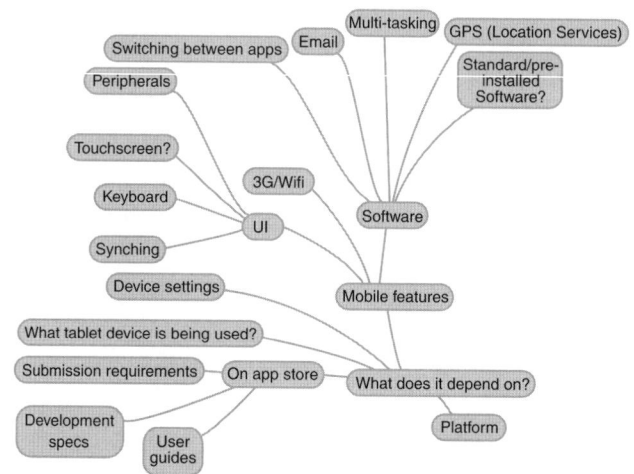

Abb. 4–4   *Mindmap für das Testen von Apps – Mobile Plattformen*
                  (mit freundlicher Genehmigung von Rosie Sherry und Karen Nicole Johnson)

Abb. 4–5   *Mindmap für das Testen von Apps – Mobile Operationen*
                  (mit freundlicher Genehmigung von Rosie Sherry und Karen Nicole Johnson)

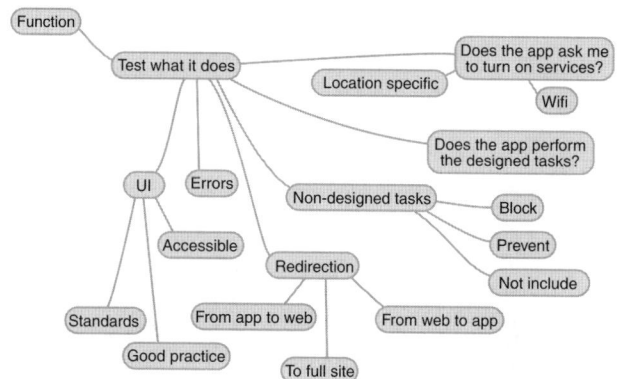

Abb. 4–6   *Mindmap für das Testen von Apps – Mobile Funktionen*
                  (mit freundlicher Genehmigung von Rosie Sherry und Karen Nicole Johnson)

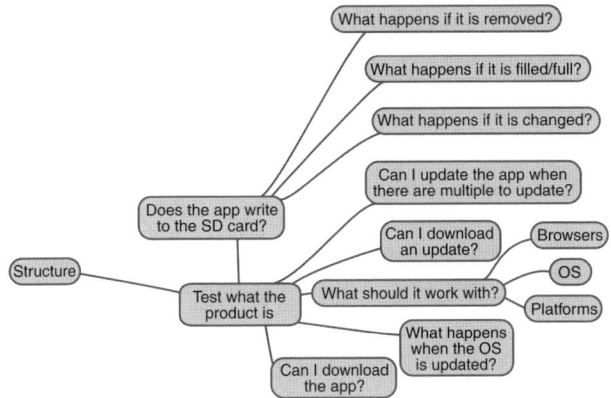

Abb. 4–7   *Mindmap für das Testen von Apps – Mobile Struktur*

(mit freundlicher Genehmigung von Rosie Sherry und Karen Nicole Johnson)

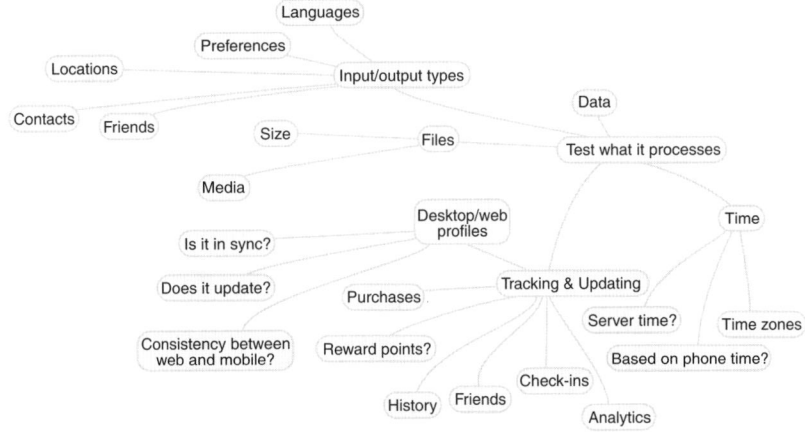

Abb. 4–8   *Mindmap für das Testen von Apps – Mobile Daten*

(mit freundlicher Genehmigung von Rosie Sherry und Karen Nicole Johnson)

4.6   Wie erfasst man App-Fehler

Nun sind wir im letzten Teil des Kapitels angekommen: »Wie erfasst man App-Fehler«. Wenn Sie einen Fehler innerhalb einer App finden, müssen Sie den Fehler berichten, damit er behoben werden kann. Bei der Erfassung von solchen Fehlerberichten sind einige zusätzliche Informationen erforderlich, die für die Entwickler sehr hilfreich sind, um den Fehler zu reproduzieren.

Aber was ist wichtig beim Erfassen eines App-Fehlers? Wie sollte ein Fehlerbericht aussehen? Bevor ich die Antwort auf diese zwei Fragen gebe, möchte ich eine weitere stellen: Warum soll man überhaupt einen Fehlerbericht schreiben?

Fehlerberichte sind für den Product Owner, Product Manager und die Entwickler sehr wichtig. Als Erstes teilt ein Fehlerbericht den Entwicklern und dem Product Owner Probleme mit, die ihnen nicht bewusst waren. Er hilft außerdem, mögliche neue Features zu identifizieren, an die keiner gedacht hat, und nicht zuletzt stellt er nützliche Informationen darüber bereit, wie ein Kunde die Software eventuell nutzen wird. All diese Informationen können genutzt werden, die Software zu verbessern.

Wann immer Sie etwas merkwürdig finden oder wenn sich etwas anders verhält oder komisch aussieht, zögern Sie nicht und schreiben Sie einen Fehlerbericht.

Wie soll nun ein Fehlerbericht aussehen und was ist wichtig, wenn Sie den Fehler erfassen.

Ein Fehlerbericht sollte so viele Informationen wie möglich enthalten, um den Fehler zu identifizieren, zu reproduzieren und zu beheben. Das bedeutet, dass der Bericht nur Informationen enthalten sollte, die wichtig sind, um den Fehler zu behandeln, versuchen Sie also nutzlose Informationen zu vermeiden. Ein weiterer wichtiger Punkt ist, dass Sie nur einen Fehler pro Fehlerbericht beschreiben sollten. Kombinieren oder gruppieren Sie also keine Fehler, da es äußerst unwahrscheinlich ist, dass alle Fehler zur gleichen Zeit behoben werden.

Die Informationen, die in den folgenden Abschnitten beschrieben werden, sollten in einem Fehlerbericht enthalten sein.

Fehler-ID

Ein Fehler muss einen eindeutigen Bezeichner, wie eine Zahl oder eine Kombination von Buchstaben und Zahlen, haben. Wenn Sie ein Fehlermanagementwerkzeug benutzen, wird das Werkzeug diese Fehler-IDs für Sie verwalten. Wenn nicht, denken Sie über ein eindeutiges Bezeichnungssystem für Ihr Projekt nach.

▦ **Schlecht**
123 ist zwar eine eindeutige ID, Sie könnten aber mehrere Projekte mit den gleichen IDs haben.

▦ **Gut**
AppXYZ-123 ist gut, da Sie eine ID mit einem Projektkürzel und einer Zahl kombinieren.

Beschreibung

Erstellen Sie eine kurze, aber aussagekräftige Beschreibung, ohne ins Detail zu gehen, damit der Entwickler sich schnell einen Überblick verschaffen kann, was schiefgelaufen ist. Sie sollten z. B. Fehlercodes oder den Teil der Applikation, wo der Fehler aufgetreten ist, mit angeben.

▨ Schlecht
»Die App ist abgestürzt«, »Weiße Seite«, »Fehler gefunden«, »Fehler«

▨ Gut
»Fehlercode 542 auf Detailansicht des Nachrichtenbildschirms« oder »Time-out, als Suchanfrage gestellt wurde«

Schritte zur Reproduzierung

Das ist einer der wichtigsten Punkte. Stellen Sie die exakten Schritte für die Reproduzierung des Fehlers zusammen mit den Eingabedaten zur Verfügung. Wenn Sie dazu in der Lage sind, wird der Fehler in den meisten Fällen sehr einfach zu beheben sein.

▨ Schlecht
»Ich habe versucht, eine Suche auszuführen.«

▨ Gut
»Starten der App und Eingabe ‚Mobiles Testen‘ im Suchfeld. Nach dem Drücken des Suchen-Buttons erscheint der Fehlercode 783 auf der Suchergebnisseite im Header.«

Erwartetes Ergebnis

In diesem Abschnitt sollten Sie beschreiben, was Sie erwartet hätten, als der Fehler aufgetaucht ist.

▨ Schlecht
»Es sollte funktionieren« oder »Ich habe den Absturz nicht erwartet«.

▨ Gut
»Ich habe eine Suchergebnisseite mit einer scrollbaren Liste mit 20 Einträgen erwartet.«

Aktuelles Ergebnis

Was passierte, als der Fehler aufgetaucht ist? Schreiben Sie das aktuelle Ergebnis auf: Was ging schief oder welcher Fehler wurde zurückgegeben.

▨ Schlecht
»Es will einfach nicht funktionieren.«

▨ Gut
»Die Suchergebnisseite war leer« oder »Ich habe den Fehlercode 567 auf der Suchergebnisseite bekommen«.

Workaround

Wenn Sie einen Weg gefunden haben, die App weiter zu benutzen und den Fehler zu umgehen, beschreiben Sie Ihre Schritte. Diese Schritte sind wichtig, da der Workaround andere Probleme verursachen könnte oder einen Weg anzeigt, wie die App nicht benutzt werden sollte. Auf der anderen Seite kann ein Workaround für das Kundensupportteam sehr nützlich sein, um anderen Kunden zu helfen, das aktuelle Problem zu lösen, bis der Fehler behoben wurde.

- Schlecht
  »Ich habe einen Workaround gefunden.«
- Gut
  »Wenn man das Gerät im Querformat benutzt, ist der Suchen-Button aktiv und der Nutzer kann erneut suchen.«

Reproduzierbar

Wenn Sie einen reproduzierbaren Fehler finden, ist das schön, aber taucht er zu jeder Zeit auf? Wenn er immer auftritt, ist das prima, da es eine einfache Fehlerbehebung für den Entwickler geben sollte. Aber wenn der Fehler nur in 20 % der Zeit auftritt, ist es viel schwieriger, eine Lösung zu finden. Geben Sie diese Information weiter, da sie sehr nützlich für den Entwickler ist und somit vorgebeugt wird, dass der Fehler mit dem Kommentar »Nicht reproduzierbar« geschlossen wird.

- Schlecht
  »Manchmal«
- Gut
  »Der Fehler tritt zweimal innerhalb von zehnmal auf.«

Betriebssystem, Mobilplattform und Mobilgerät

Ein weiterer wichtiger Bestandteil eines Fehlerberichts sind Informationen über das Betriebssystem, die Mobilplattform und die Mobilgeräte. Geben Sie das Betriebssystem, die Mobilplattform und das Gerät an, auf dem der Fehler aufgetreten ist.

- Schlecht
  »Auf Android« oder »Auf iOS«
- Gut
  »Android, Version 4.1.2 Google Nexus 4« oder »iOS, Version 6.1 iPhone 4s«

Spezifische Informationen des Mobilgeräts

Mobilgeräte haben viele Schnittstellen und Sensoren, die auf Ihre App einen Einfluss haben können. Auch die Batterie kann die zu testende App beeinflussen. Schreiben Sie all diese Informationen in den Fehlerbericht.

▨ Schlecht
Keine Informationen

▨ Gut
»GPS-Sensor aktiviert, Orientierungswechsel von Quer- zu Hochformat« oder Benutzung des Geräts an einem sehr sonnigen Ort« oder »Batteriestatus war 15 %« oder »Batteriestatus war 100 %«.

Browserversion

Wenn Ihre App eine Web-App ist und Sie ein Problem entdecken, ist es sehr wichtig, die Browserversion zu notieren, auf der Sie den Fehler gefunden haben, da er vielleicht nur in einer bestimmten Browserversion auftritt.

▨ Schlecht
»Google Chrome« oder »Mozilla Firefox«

▨ Gut
»Google Chrome Version 45.35626« oder »Mozilla Firefox 27.6«

Software-Build-Version

Eine weitere nützliche Information ist die aktuelle Build-Version der App, auf der der Fehler aufgetreten ist. Das wird den Entwickler davor bewahren, Zeit damit zu verschwenden, einen Fehler, der in der aktuellen Codebasis bereits behoben wurde, zu reproduzieren.

▨ Schlecht
Keine Information

▨ Gut
»App-Build-Version 1.2.3«

Netzwerkzustand und Umgebung

Wenn Sie einen App-Fehler erfassen, ist es wichtig, einige Informationen über die Netzwerkbedingungen und die Umgebung, in der der Fehler aufgetreten ist, bereitzustellen. Das wird helfen, das Problem viel einfacher zu identifizieren, und wird möglicherweise einige Seiteneffekte aufdecken, an die keiner gedacht hat.

▦ Schlecht

Keine Informationen oder »Passierte auf dem Weg zur Arbeit«

▦ Gut

»Ich war mit einem 3G-Netzwerk verbunden, während ich durch die Innenstadt lief.«

Sprache

Wenn Ihre App mehrere Sprachen unterstützt, stellen Sie diese Informationen in Ihrem Fehlerbericht bereit.

▦ Schlecht

Keine Informationen.

▦ Gut

»Ich habe die deutschsprachige Version der App genutzt.«

Testdaten

Ein vollständiger Fehlerbericht muss die Testdaten enthalten, die genutzt wurden, um den Fehler zu reproduzieren. Einfache Testdaten können Anmeldedaten mit Nutzername und Passwort sein. Allerdings reicht es in manchen Fällen nicht aus, nur den Nutzernamen und das Passwort anzugeben. Wahrscheinlich müssen Sie komplette Testdatensätze zur Verfügung stellen, zum Beispiel als SQL-Dump oder Testdatenskripte, die die benötigten Daten generieren.

▦ Schlecht

Keine Informationen

▦ Gut

»Anbei das SQL-Skript, um die Datenbank in den definierten Zustand zu versetzen« oder »Eingabe von ‚Mobiles Testen' im Suchfeld«.

Kritikalität

Jeder gefundene Fehler hat eine Kritikalität. Entweder Ihr Fehlermanagementwerkzeug wird Ihnen ein paar Kategorien anbieten oder Sie müssen diese zusammen mit Ihrem Team definieren. Es ist wichtig, einem Fehler eine Kritikalität zu
geben, da es dem Team eine Priorisierung der Fehlerbehebungszeit ermöglicht,
damit kritische und hoch priorisierte Fehler zuerst behoben werden. Wenn diese
Informationen nicht zur Verfügung gestellt werden, wird viel mehr Zeit benötigt,
die Fehler zu finden, die vor dem nächsten Release behoben werden müssen. Die
Defaultwerte für Kritikalität sind kritisch, hoch, mittel, niedrig.

- **Schlecht**
  Keine Informationen
- **Gut**
  »kritisch« oder »mittel«

Fehlerkategorie

Zusätzlich zu der Kritikalität ist die Fehlerkategorie eine sehr nützliche Information. Der Product Owner oder der Entwickler kann nach den Kategorien filtern,
um eine Übersicht des aktuellen Status der Fehler zu erhalten. Wenn es zum Beispiel sehr viele User-Experience-Fehler gibt, kann das möglicherweise ein Hinweis auf schlechtes UI und UX sein oder darauf, dass ein Designexperte im Team
fehlt und die App mehr Designverbesserung benötigt.

- **Schlecht**
  Keine Informationen
- **Gut**
  »Funktionalität« oder »UX« oder »Performanz«

Screenshot oder Video

Wann immer Sie einen Fehler finden, versuchen Sie einen Screenshot oder ein
Video zu machen, um den Entwickler mit weiteren Informationen zu versorgen.
Wenn Sie einen Screenshot zur Verfügung stellen, benutzen Sie ein Bildbearbei-
tungswerkzeug, um den Fehler im Screenshot zu markieren. Ein Video ist ebenfalls ein guter Weg, den Fehler, auf den Sie gestoßen sind, zu beschreiben. Es ist
auch sinnvoll, dem Screenshot oder dem Video einen aussagekräftigen Namen
oder eine passende Beschreibung zu geben.

- **Schlecht**
  »Keine Screenshots oder Videos angehängt« oder »Screenshot1.png«
- **Gut**
  »01_EingabeSuchBegriff.png, 02_SuchergebnisseiteFehler.png«

Logdateien

Wenn die App abstürzt oder einfriert, verbinden Sie das Gerät mit dem Computer und lesen Sie die Logdateien aus. In den meisten Fällen wird ein Stacktrace mit einer Beschreibung des Fehlers angezeigt. Diese Information ist für die Entwickler extrem nützlich, da sie sofort wissen, in welcher Klasse der Fehler aufgetreten ist.

▓ **Schlecht**
  »Keine Informationen zur Verfügung gestellt, als die App abgestürzt ist.«

▓ **Gut**
  »Den vollständigen Stacktrace im Fehlerbericht zur Verfügung gestellt«
  »Logdatei an den Fehlerbericht angehängt«

Tester, der den Fehler gefunden hat

Schreiben Sie Ihren Namen oder den Namen des Testers, der den Fehler gefunden hat, auf. Entwickler oder Product Owner haben vielleicht Fragen zum Fehlerbericht, und sie wollen natürlich direkt mit dem Tester in Kontakt treten, der den Fehler gefunden hat. Meistens wird das automatisch durch das Fehlermanagementsystem durchgeführt, in dem jeder Nutzer seinen eigenen Account besitzt. Wenn nicht, stellen Sie sicher, dass Sie Ihre E-Mail-Adresse und/oder Telefonnummer mit angeben.

▓ **Schlecht**
  Keine Informationen

▓ **Gut**
  »Daniel Knott, daniel@adventuresinqa.com«

Drei weitere Punkte

Wie Sie gesehen haben, gibt es viele Informationen, die in einem Fehlerbericht enthalten sein sollten. Es gibt drei weitere Punkte, die Sie im Kopf haben sollten, wenn Sie einen Fehlerbericht schreiben:

▓ Der erste Punkt ist: *Werden Sie nicht persönlich.*
  Beim Verfassen eines Fehlerberichts beschreiben Sie das Fehlverhalten der Software und nicht die Denkweise des Entwicklers oder die Qualität ihrer oder seiner Arbeit. Benutzen Sie keine offensiv oder emotional geladenen Wörter, weil solche Arten von Berichten vom Entwickler ignoriert werden und nur für böses Blut im Team sorgen.

▓ Der zweite Punkt ist: *Es sind nicht Sie.*
  Es ist nicht Ihr Fehler, dass der Fehler aufgetreten ist. Es ist die Software, die defekt ist, und Sie und Ihre Kollegen müssen das beheben.

▓ Der dritte Punkt ist: *Halten Sie es einfach.*
Versuchen Sie Ihren Fehlerbericht auf eine Art zu schreiben, dass jemand ohne Wissen über das Projekt oder die App in der Lage ist, das Problem zu verstehen. Wenn der Fehlerbericht so einfach gestaltet ist, kann jeder Entwickler innerhalb des Teams den Fehler beheben. Außerdem können so auch technisch nicht so versierte Kollegen das Problem verstehen und werden Ihre Arbeit mehr schätzen.

4.7   App Quality Alliance

Wenn Sie weitere Informationen über den Test von Ihrer Android- oder iOS-App haben möchten, können Sie die Webseite der nicht kommerziellen Gruppe App Quality Alliance[35] besuchen. Diese Gruppe wird von verschiedenen Kernmitgliedern und Wissensträgern, wie AT&T, LGE, Microsoft, Motorola, Oracle, Samsung und Sony Mobile, angeführt. Das Kernziel der Gruppe ist, eng mit der Industrie zusammenzuarbeiten, um die Qualität von Apps zu verbessern.

Die Gruppe hat Testkriterien für Android- und iOS-Apps ausgearbeitet. Sie können beide PDF-Dokumente über die folgenden Links herunterladen:

▓ Testkriterien für Android-Apps
(*www.appqualityalliance.org/AQuA-testcriteria-for-android-apps*)

▓ Testkriterien für iOS-Apps
(*www.appqualityalliance.org/AQuA-testcriteria-for-iOS-apps*)

Beide Dokumente enthalten viele Testfälle, die Ihre App durchlaufen sollte, bevor sie in den App-Stores eingereicht wird.

Die Gruppe stellt außerdem Informationen über das Performanztesten einer App sowie Best-Practice-Richtlinien für die Entwicklung von qualitativ hochwertigen Apps zur Verfügung. Sie können beide Dokumente über die folgenden Links herunterladen:

▓ Kriterien für Performanztests
(*www.appqualityalliance.org/aquaperformance-test-criteria*)

▓ Best-Practice-Richtlinien für die Entwicklung qualitativ hochwertiger Apps
(*www.appqualityalliance.org/AQuA-best-practice-guidelines*)

Die Webseite der Gruppe ist auf jeden Fall einen Besuch wert und vielleicht möchten Sie auch einen Beitrag leisten.

---

35.   *www.appqualityalliance.org/*

4.8   Zusammenfassung

Kapitel 4 ist eines der Hauptkapitel in diesem Buch und enthält viele Testideen und Lösungen, die in Ihrem täglichen Arbeitsleben genutzt werden können. Das Kapitel hat mit einer Beschreibung der Unterschiede zwischen Emulatoren, Simulatoren und physischen Geräten begonnen und was man darüber wissen muss. Vor dem praktischem Teil des Kapitels wurde der Unterschied zwischen manuellem und automatisiertem Testen, aber auch die Rolle des traditionellen Testens im Mobile Business erklärt. Wenn Sie mit dem »traditionellen« Softwaretesten, wie dem von Web- oder Desktop-Applikationen, vertraut sind, ist das Wissen darüber ebenso nützlich für Apps. Viele der Testansätze für Web- oder Desktop-Applikationen, wie Whitebox- und Blackbox-Tests, eignen sich auch für Apps. Beim Testen von Apps gibt es allerdings weitere Bereiche, die getestet werden müssen, um sicherzustellen, dass die App auf verschiedenen Ebenen mit unterschiedlicher Hardware und verschiedenen Softwareversionen funktioniert. In diesem Kapitel wurden die folgenden mobilrelevanten Themen beschrieben:

- Mobile Benutzbarkeitstests
- Testen der Barrierefreiheit
- Testen des Batterieverbrauchs
- Stress- und Robustheitstests
- Performanztests
- Stand-by-Tests
- Installationstests
- Update-Tests
- Datenbanktests
- Testen des lokalen Speichers
- Sicherheitstests
- Testen der Plattformrichtlinien
- Konformitätstests
- Prüfung der Logdateien

Es wurden auch Checklisten mit Beispieltestfällen vorgestellt, die z. B. ausgeführt werden können, bevor die App im App-Store eingereicht wird. Außerdem wurden verschiedene Merkhilfen und Mindmaps gezeigt, die für Ihre Testaktivitäten mit Apps sehr nützlich sein können.

Das Kapitel hat mit einer detaillierten Übersicht darüber geendet, wie man einen App-Fehler erfasst und mit vielen Tipps, was man tun sollte und was nicht.

5 Automatisierung und Werkzeuge im App-Test

In diesem Kapitel geht es nur um Werkzeuge. Im Folgenden beschreibe ich die unterschiedlichen Arten und Konzepte von Testautomatisierungswerkzeugen für den App-Test und gebe Ihnen Tipps, wann Automatisieren sinnvoll ist und wie Sie ein Testautomatisierungswerkzeug für Ihre App und Entwicklungsumgebung auswählen. Außerdem erfahren Sie etwas über Continuous Integration und Beta-Distributions-Werkzeuge.

Dieses Kapitel behandelt nicht die Installation und Konfiguration der verschiedenen mobilen Testautomatisierungswerkzeuge. Dafür gibt es einen einfachen Grund: Für die Werkzeuge existieren bereits Installations- und Konfigurationsanleitungen. Auf den Webseiten der Hersteller finden Sie die benötigten Informationen. Details über jedes Werkzeug werden in den relevanten Abschnitten dieses Kapitels bereitgestellt.

5.1 Die umgedrehte Testpyramide

Bevor ich mit den mobilen Testautomatisierungswerkzeugen beginne, möchte ich kurz die Testautomatisierungspyramide erklären. Jeder, der in Softwaretesten und Softwaretestautomatisierung involviert ist, sollte die von Mike Cohn[1] entwickelte Testautomatisierungspyramide kennen.

Wie Sie in Abbildung 5–1 sehen können, besteht die typische Pyramide aus drei Schichten. Am Boden befindet sich die automatisierte Unit-Testschicht, in der Mitte die automatisierte Integrationstestschicht und oben gibt es die automatisierte End-to-End-(E2E-)Testschicht (inklusive der Tests für die UI). Jede Schicht hat eine unterschiedliche Größe, die die Anzahl der Tests angibt, die in der jeweiligen Schicht geschrieben werden sollten. Manuelles Testen ist nicht Bestandteil der Testpyramide, daher wird es als Cloud für weitere Testarbeiten dargestellt.

---

1. *www.mountaingoatsoftware.com/*

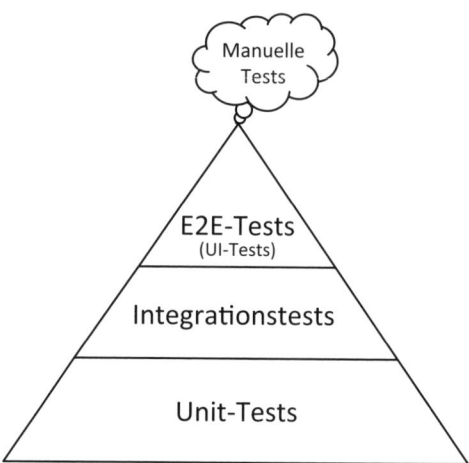

Abb. 5–1   *Standard-Testautomatisierungspyramide*
(basiert auf einer Abbildung von Mike Cohn)

Diese Pyramide ist aber nicht geeignet für Apps und mobile Testautomatisierung. Wie Sie in einigen vorangegangenen Kapiteln erfahren haben, erfordert mobiles Testen einen komplett anderen Satz von Tests – für Bewegung, Sensoren, verschiedene Geräte und Netzwerke – als bei anderer Software auf einem Desktop oder bei Webapplikationen. Es ist viel manuelles Testen erforderlich, um sicher zu sein, dass die App in den verschiedenen Nutzerszenarien wie erwartet funktioniert.

Testautomatisierungswerkzeuge für Apps sind aktuell noch nicht so ausgereift wie ihre Pendants für Web- und Desktop-Applikationen, was zu einer umgekehrten Testpyramide führt. Sobald die Werkzeuge mehr und mehr ausgereift sind, wird sich die Pyramide wahrscheinlich wieder umdrehen, da die standardmäßige Testautomatisierungspyramide auf einer solideren Basis aufgebaut ist (siehe Abb. 5–1). Die standardmäßige Pyramide kann deshalb nicht als Indikator für Testautomatisierung und manuelles Testen in der mobilen Welt benutzt werden.

Abbildung 5–2 zeigt die umgedrehte Testpyramide.

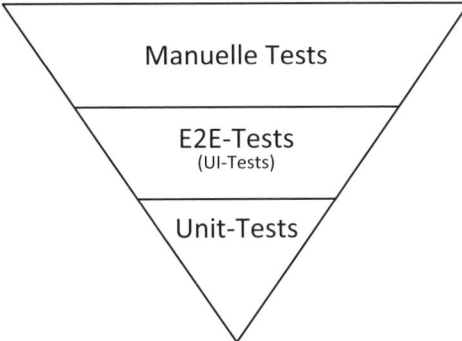

Abb. 5–2   *Die umgedrehte Testpyramide*

In dieser Version der Pyramide bilden die automatisierten Unit Tests die kleinste Schicht, da nicht jede Einheit oder Methode von Apps auf isolierte Art und Weise getestet werden kann. In manchen Fällen müssen eventuell verschiedene APIs, Schichten oder Systeme vorgetäuscht oder nachgeahmt werden, um die einzelne Einheit zum Funktionieren zu bringen. Das trifft zwar auch bei jeder anderen Softwareapplikation zu, aber in bestimmten Fällen ist das Vortäuschen oder das Nachahmen von anderen Systemen für Apps weit komplexer, was aus technischer oder wirtschaftlicher Sicht nicht effizient ist. Allerdings ist das keine Entschuldigung dafür, überhaupt keine Unit Tests zu schreiben. Die Geschäftslogik einer App muss auf der Unit-Testschicht getestet werden.

Die nächste Stufe ist die End-to-End-Testautomatisierungsschicht. Innerhalb dieser Schicht wird die App aus der Nutzerperspektive getestet, um sicherzustellen, dass das komplette System funktioniert, von der UI der App über das Backend-System mittels eines kabellosen Netzwerks und inklusive der Integrationstests mit verschiedenen Bibliotheken und APIs. Die Integrationstestschicht ist somit Teil der End-to-End-Schicht.

Der größte Unterschied in dieser Pyramide ist, dass das manuelle Testen enthalten ist. Mobiles Testen erfordert viel manuelles Testen und das kann im Moment nicht durch Testautomatisierung oder irgendwelche anderen Werkzeuge ersetzt werden.

Dennoch ist Testautomatisierung für Apps ein sehr wichtiges Thema und jeder App-Tester sollte in der Lage sein, automatisierte Regressionstests zu schreiben, die schnelles Feedback über den aktuellen Qualitätsstatus der App bereitstellen können. Darüber hinaus hilft Testautomatisierung dem Team, eine zuverlässige und robuste App zu bauen, was wiederum die Kunden zufriedenstellt.

5.1.1　Die Testpyramide für Apps

Die umgedrehte Testpyramide besitzt keine stabile Basis und mobiles Testen erfordert viel manuelles Testen. Deswegen habe ich meine eigene Testpyramide für Apps, bestehend aus vier Schichten inklusive manuellen und automatisierten Schritten, erstellt (siehe Abb. 5–3). Die größte Schicht der Pyramide, das manuelle Testen, bildet eine solide Basis für jedes App-Projekt, gefolgt von End-to-End-Tests, Betatests und der obersten Schicht, bestehend aus Unit Tests. Die grauen Bereiche der Pyramide geben die automatisierten Schritte an und die weißen Bereiche sind die manuellen Testschritte. Die Betatestschicht ist neu in der Pyramide, aber in jedem App-Projekt essenziell. Erinnern wir uns an die hohen Erwartungen von Mobilnutzern, dann sollte diese Schicht Teil von jedem Mobilprojekt sein, um frühes Feedback von den Mobilkunden zu bekommen. Sie können entweder einen Crowd-Test-Ansatz für Ihre Betatests wählen oder Sie fragen Ihre Kollegen, damit diese einen Betatest mit den ersten Versionen Ihrer App durchführen und wichtiges Feedback liefern.

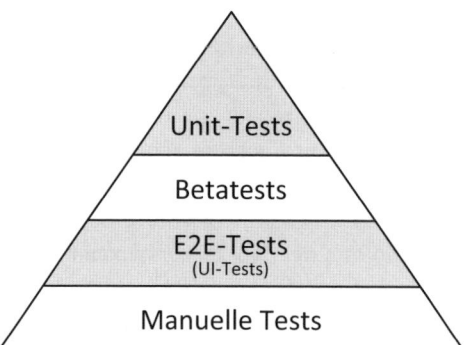

Abb. 5–3　　*Die Testpyramide für APPS*

Ich habe diese Testpyramide in einigen Projekten benutzt und mit ihrer Hilfe einen zuverlässigen, effektiven und wertvollen Testprozess aufgesetzt.

> **Wichtig:**
> Behalten Sie das Problem mit der umgedrehten Pyramide im Kopf und nutzen Sie die Testpyramide für Apps in Ihrem Projekt für einen guten Mix aus manuellen und automatisierten Tests.

In diesem Kapitel liegt der Fokus hauptsächlich auf den End-to-End-Testautomatisierungswerkzeugen, da das die Werkzeuge sind, mit denen App-Tester am ehesten arbeiten werden. Allerdings werden auch einige Unit-Testwerkzeuge erwähnt.

5.2   Unterschiedliche Arten von Testautomatisierungswerkzeugen

Bevor Sie mit der mobilen Testautomatisierung beginnen, ist es wichtig, dass Sie die zugrunde liegende Architektur der verschiedenen Mobilplattformen verstehen. Sie müssen wissen, wie Sie auf verschiedene Objekte von App-artigen Buttons, Labels, Listen, Views und andere Arten von Elementen zugreifen, um mit diesen Elementen während des Testlaufs zu interagieren.

Außerdem müssen Sie Code schreiben können und eine zuverlässige Testautomatisierungssuite aufbauen, die in Ihre Entwicklungspipeline für die App integriert ist.

Wenn Sie ein Werkzeug für Ihre Bedürfnisse und Ihr Projekt auswählen, sollten Sie die verschiedenen Arten und Konzepte von mobilen Testautomatisierungswerkzeugen kennen und wissen, wie diese Werkzeuge auf die verschiedenen Objekte zugreifen. Das ist wichtig, da jeder Ansatz seine Vor- und Nachteile hat.

5.2.1   Bilderkennung

Werkzeuge, die den Bilderkennungsansatz benutzen, vergleichen Bilder, um das User Interface der App zu steuern. Beim Schreiben des Testautomatisierungsskriptes machen Sie Screenshots zum Beispiel von Buttons oder Labels, die in Ihr Skript eingebunden sind. Wenn das Skript ausgeführt wird, vergleicht das Bilderkennungswerkzeug den aktuellen Bildschirm mit dem gespeicherten Ausgangsbild. Wenn das gespeicherte Bild auf dem Bildschirm gefunden wird, wird das Skript die programmierten Schritte ausführen.

Solche Werkzeuge sind sehr nützlich, wenn sich die UI der App nicht allzu oft ändert, für mehrere Mobilplattformen entwickelt wurde und dort genau das gleiche User Interface und die gleichen Bedienelemente hat. In diesem Fall sind Bilderkennungswerkzeuge sehr gut geeignet und bieten eine schnelle Möglichkeit, Testautomatisierung für mobile Cross-Plattform-Apps zu schreiben.

Der größte Nachteil von Bilderkennungswerkzeugen ist der hohe Wartungsaufwand für die Testskripte. Die Skripte werden nicht funktionieren, wenn die Orientierung des Geräts von Hoch- auf Querformat geändert wird, auf größeren Bildschirmen oder wenn sich die Bildschirmauflösung ändert. Ein anderes Manko ist ein Test der App in verschiedenen Sprachen, was nicht möglich ist, solange die aufgenommenen Bilder nur in einer Sprache erhältlich sind und somit nicht mit anderen Sprachen zusammen funktionieren.

Im Folgenden sind einige Beispiele von Bilderkennungswerkzeugen aufgelistet:

▨ eggPlant
(*www.testplant.com/eggplant/testing-tools/eggplant-mobile-eggon/*)

▨ RoutineBot
(*www.routinebot.com/*)

▨ Sikuli
(*www.sikuli.org/*)

▨ TestObject
(*https://testobject.com/*)

5.2.2   Koordinatenbasierte Erkennung

Koordinatenbasierte Erkennungswerkzeuge sind auf zuvor definierte x- und y-Achsenkoordinaten angewiesen, um auf die UI-Elemente der App zuzugreifen und mit ihnen zu interagieren. Wenn sich die Koordinaten des Elements verändern, muss das komplette Skript mit den neuen Koordinaten angepasst werden. Das hat einen wesentlichen Einfluss auf die Wartbarkeit der Skripte und das Erstellen zuverlässiger Tests.

Im Folgenden sind ein paar Beispiele von koordinatenbasierten Erkennungswerkzeugen aufgelistet:

▨ MonkeyTalk
(*www.cloudmonkeymobile.com/monkeytalk*)

▨ Perfecto Mobile
(*www.perfectomobile.com/*)

5.2.3   OCR/Text-Erkennung

Mobile Testautomatisierungswerkzeuge, die den OCR- und Texterkennungsansatz benutzen, beziehen sich auf den Text der Kontrollelemente, die auf dem Bildschirm des Mobilgeräts sichtbar sind. Um festzustellen, ob der Text auf dem Bildschirm sichtbar ist, wird OCR-Technologie benutzt.

OCR- und Texterkennungswerkzeuge können mit verschiedenen Bildschirmauflösungen, Orientierungen und Größen umgehen. Allerdings können solche Werkzeuge nur Textelemente verifizieren, die auf dem Bildschirm sichtbar sind. Wenn sich der Text ändert oder aus der App entfernt wurde, ist das UI-Element sehr schwierig (oder unmöglich) zu identifizieren. Sie sind auch nicht in der Lage, zu prüfen, ob zum Beispiel ein UI-Element sichtbar, eine Liste dargestellt ist oder Elemente ohne Text auf dem Bildschirm angezeigt werden. Ein weiteres Manko von OCR-Erkennungswerkzeugen ist, dass sie sehr langsam sind, da der komplette Bildschirm nach dem Text gescannt werden muss.

Die folgende Liste enthält ein paar Beispiele für OCR/Text-Erkennungswerkzeuge:

▦ eggPlant
  (*www.testplant.com/eggplant/testing-tools/eggplant-mobile-eggon/*)

▦ MonkeyTalk
  (*www.cloudmonkeymobile.com/monkeytalk*)

▦ Robotium
  (*https://code.google.com/p/robotium/*)

▦ SeeTest
  (*http://experitest.com/*)

▦ TestObject
  (*https://testobject.com/*)

5.2.4   Native Objekterkennung

Werkzeuge, die den nativen Objekterkennungsansatz nutzen, erkennen die UI-Objekte innerhalb eines UI-Elementbaumes. Auf die UI-Elemente kann mit XPath (XML Path Language), CSS-Locator (Cascading Style Sheet) oder der nativen Objekt-ID des Elements zugegriffen werden. Der native Objekterkennungsansatz ist sehr verbreitet bei den verschiedenen Testautomatisierungswerkzeugen, die native, hybride oder mobile Web-Apps abdecken. Dieser Ansatz erlaubt Ihnen den Zugriff auf die nativen Elemente, wie Buttons, Labels, Views, Listen, und andere Arten von UI-Elementen. Wenn die IDs oder die Locators gut definiert und geschrieben sind, sind die Testskripte auch bei Änderungen zuverlässig und deswegen auch auf anderen Geräten wiederverwendbar. Das ist ein großer Vorteil gegenüber allen anderen Werkzeugen, da die Skripte nicht von Änderungen an der UI, Auflösung, Orientierung oder dem Gerät selbst abhängig sind. Die Mehrheit der Testautomatisierungswerkzeuge unterstützt diesen Ansatz, um Elemente zu erkennen.

Im Folgenden sind ein paar native Objekterkennungswerkzeuge aufgelistet:

▦ Appium
  (*http://appium.io/*)

▦ Calabash
  (*http://calaba.sh/*)

▦ Espresso
  (*https://code.google.com/p/android-test-kit/*)

▦ Robotium
  (*https://code.google.com/p/robotium/*)

▦ Selendroid
  (*http://selendroid.io/*)

▧ Selenium
  (*http://docs.seleniumhq.org/*)

▧ TenKod EZ TestApp
  (*www.tenkod.com/ez-testapp/*)

5.2.5 Capture & Replay

Viele der Werkzeughersteller werben mit Capture/Replay-Funktionalität. Werkzeuge, die diese Technologie unterstützen, können Aktionen wie Klicks, Scrolls, Swipe oder Eingaben in ein Skript aufnehmen. Mithilfe der Replay-Funktion wird die Software exakt die gleichen Aktionen wieder und wieder ausführen. Diese Technologie klingt in der Theorie super, aber in der Realität und der täglichen Testautomatisierungsarbeit sollten Capture/Replay-Werkzeuge vorsichtig benutzt und behandelt werden. Aber warum?

Ich habe mit verschiedenen Capture/Replay-Werkzeugen gearbeitet und jedes Werkzeug zeigte die gleichen Probleme. Die aufgezeichneten Skripte sind überhaupt nicht zuverlässig. Sie wurden von UI-, Orientierungs- und Bildschirmauflösungsänderungen beeinträchtigt (die meisten von ihnen benutzen koordinatenbasierte oder bildbasierte Erkennung). Die Skripte waren von Gerät zu Gerät oder auf verschiedenen Mobilbetriebssystemversionen derselben Mobilplattform nicht wiederverwendbar.

Häufig konnten die Skripte nicht gestartet werden, da sich das Gerät in einem nicht definierten Zustand befand, sodass das Werkzeug nicht in der Lage ist, das Skript wieder abzuspielen. Häufig mussten die Skripte manuell editiert werden, um stabiler und zuverlässiger zu sein. Ein anderes Problem, das immer auftrat, waren Abstimmungsprobleme, da die Werkzeuge entweder zu schnell oder zu langsam waren, um mit der Applikation zu interagieren, während das Skript wieder abgespielt wurde. Dieses Problem lässt sich nur durch Einfügen von Pausen-Operationen lösen. Das ist aber kein guter Ansatz, Testautomatisierungsskripte zu schreiben. Die Benutzung von Pause- oder Schlaf-Modus ist mit Fehler behaftet und führt zu unzuverlässigen Testergebnissen.

Es gibt aber auch ein paar gute Aspekte, zum Beispiel können mobile Tester ohne Programmiererfahrungen das Werkzeug benutzen, um ohne große Einarbeitungszeiten einfache Testautomatisierungsskripte zu erstellen. Sie sind danach jedoch nicht in der Lage, das Skript anzupassen.

Allerdings sollten Sie keine Capture/Replay-Werkzeuge verwenden, um große Testautomatisierungssuiten für Ihre App aufzubauen, ansonsten werden Sie am Ende eine nicht wartbare Testsuite haben. Ich empfehle, dass Sie diese Art von Werkzeugen als Startpunkt benutzen, um einfache Interaktionen innerhalb der App aufzuzeichnen und die UI-Elemente auf irgendeine Art ansprechen zu können. Die aufgenommenen IDs oder anderen Arten von GUI-Mapping können dann als Basis für die weitere Programmierung dienen, um eine Testautomatisierungssuite anhand Ihrer eigenen Programmierung zu erstellen.

5.2.6   Empfehlung für Werkzeugart

Bevor ich eine Werkzeugart und einen Ansatz vorschlage, möchte ich kurz die Werkzeuglandschaft für mobile Testautomatisierung vorstellen. Die meisten Werkzeuge sind speziell auf eine Mobilplattform ausgerichtet, unabhängig davon, ob sie den Bild-, Koordinaten-, OCR- oder den nativen Objekterkennungsansatz benutzen. Es gibt sehr wenige Werkzeuge, die mehr als eine Mobilplattform, wie Android, iOS, Windows Phone oder BlackBerry, unterstützen. Allerdings ist kein Werkzeug in der Lage, mehrere Mobilplattformen mit einer Testcodebasis zu automatisieren. Es gibt einige Hersteller von Testautomatisierungswerkzeugen, die zwar versprechen, alles auf jeder Plattform automatisieren zu können, aber das stimmt nicht. Jede Mobilplattform hat spezielle Anforderungen an die Benutzbarkeit und die Navigation einer App, d.h., dass Sie mehrere Testcodebasen benötigen, um zu automatisieren.

In den meisten App-Projekten müssen Sie mit mehreren Codebasen mit unterschiedlichen Programmiersprachen und Testautomatisierungswerkzeugen umgehen, um eine Test- und Entwicklungspipeline aufzubauen.

Meiner Meinung nach muss ein mobiles Testautomatisierungswerkzeug Zugriff auf die nativen Objekteigenschaften haben, die benutzt werden, um die nativen Elemente zu identifizieren und mit ihnen zu interagieren. Das ist die beste und effizienteste Art, Testautomatisierungsskripte für eine App zu schreiben. Das erfordert zwar mehr Aufwand und Programmiererfahrung, aber die Skripte sind viel zuverlässiger und robuster für Änderungen und können auf verschiedenen Geräten und Auflösungen durchgeführt werden.

Sie sollten deswegen Werkzeuge mit nativer Objekterkennung in Ihrem Projekt, abhängig von der zu testenden App-Art (nativ, hybrid oder Web-App), benutzen.

Wichtig:
Denken Sie daran, dass manche Testautomatisierungswerkzeuge für Apps mehr als einen Erkennungsansatz unterstützen. Kombinieren Sie diese Ansätze in Ihren Testskripten, behalten Sie aber sowohl die Vor- und Nachteile als auch die Tatsache im Auge, dass kein Werkzeug perfekt ist.

5.3 Was sollte automatisiert werden?

Wenn Sie zu bestimmen haben, welche Tests automatisiert werden sollten und welche nicht, müssen Sie Folgendes wissen: Es ist unmöglich, jedes Feature oder jeden Testfall der App zu automatisieren.

Jetzt müssen Sie die Frage beantworten: Was soll automatisiert werden?

Einen smarten Testautomatisierungsplan für Apps zu erstellen, erfordert sorgfältige Planung und Designarbeiten, die durchgeführt werden sollten, bevor auch nur ein Testfall automatisiert wird. Als Erstes sollten Sie ein Ziel für Ihre mobile Testautomatisierung definieren und bestimmen, welche Arten von Tests Sie automatisieren wollen. Erinnern Sie sich an die Testautomatisierungspyramide für Apps, die Ihnen helfen wird, die Unit Tests und die End-to-End-Tests zu definieren. Sie sollten aber auch daran denken, dass Sie viel manuelles Testen benötigen und dass nicht alles automatisiert werden kann. Allerdings können Sie einige manuelle Tests in automatisierte Tests überführen, um Zeit und Testaufwand zu sparen.

Im Folgenden sind mögliche Ziele für Ihre mobile Testautomatisierung aufgeführt:

- Automatisierung der geschäftskritischen Teile
- Automatisierung von Nutzerworkflows und Nutzerszenarien
- Automatisierung nur für komplexe App-Szenarien
- Automatisierung von Sequenzen, die häufig wiederholt werden müssen
- Automatisierung nur für die Akzeptanzkriterien
- Aufbau einer Regressionstestsuite
- Automatisierung nur, wenn es ökonomisch vernünftig ist

Wenn manche Testfälle nur ein paar Mal durchgeführt werden, ist es wahrscheinlich wirtschaftlicher, diese weiterhin manuell auszuführen. Falls Sie befürchten, diese zu vergessen, fügen Sie sie einer Checkliste hinzu. Tests, die regelmäßig laufen müssen und viele Eingaben und Aktionen benötigen, sollten automatisiert werden. Erstellen Sie aber keine langen und komplexen automatisierten Testszenarien, da solche Testarten schwierig zu warten, zu editieren und zu debuggen sind und wahrscheinlich nicht robust sind. Halten Sie Tests klein bzw. kurz und unabhängig voneinander.

Außerdem ist es wichtig, die kritischen Teile der App, wie den Login- oder den Bezahlprozess, im Blick zu behalten, da diese einen großen Einfluss auf die App, Ihr Geschäft und die Benutzer haben. Wenn die kritischen Teile nicht gut genug getestet oder automatisiert werden, kann dies eventuell zu einem großen Schaden für Ihre Reputation führen.

Weitere wichtige Faktoren sind die investierte Zeit und das investierte Geld, wenn Sie entscheiden, welche Tests zu automatisieren sind. Wenn Sie sehr viel Zeit benötigen, ein Testszenario für Ihre App zu automatisieren, fragen Sie sich, ob die Automatisierung es Wert ist, da die nur für ein Testszenario investierte Zeit viel Geld kosten wird. Und stellen Sie sich von Zeit zu Zeit die Frage, ob die investierte Zeit später wieder eingespart wird, wenn der Test automatisiert anstatt manuell durchgeführt wird. Vielleicht finden Sie es dann okay, manuell zu testen.

Wenn Sie einen Test für eine App automatisieren, denken Sie an die verschiedenen Mobilgeräte. Automatisieren Sie nur die Tests, die auf jedem Zielgerät ausgeführt werden können. Versuchen Sie die Tests so allgemein wie möglich zu automatisieren, damit sie auf etlichen Geräten ausgeführt werden können. Und vergessen Sie nicht, mit verschiedenen Sprachen zu automatisieren, wenn Ihre App in verschiedenen Ländern erhältlich sein wird. Nutzen Sie die IDs der UI-Elemente, um diese Elemente zu identifizieren und zu steuern und so robuste Tests zu implementieren.

Es gibt keine allgemeingültige Antwort auf die Frage: »Was sollte automatisiert werden?« Die Antwort wird für jede App anders ausfallen und hängt von der Art der App, der Mobilplattform und dem App-Ansatz ab.

Jeder Mobiltester sollte an die folgenden Hinweise denken, wenn er diese Frage beantwortet:

- Es ist nicht möglich, das komplette Testen der App und all ihrer Features zu automatisieren.
- Definieren Sie ein Ziel für die Testautomatisierung.
- Definieren Sie End-to-End-Tests.
- Beginnen Sie mit der Testautomatisierung so früh wie möglich und zusammen mit der App-Entwicklung.
- Behalten Sie die Zeit und Kosten, die für die Testautomatisierung benötigt werden, im Blick.
- Halten Sie die Tests kurz bzw. klein, schnell und unabhängig.
- Berücksichtigen Sie die verschiedenen Mobilgeräte.
- Führen Sie die Tests so früh und oft wie möglich durch.

> **Wichtig:**
> Versuchen Sie nicht, alles zu automatisieren. Definieren Sie die Testautomatisierungsziele für Ihre App und beginnen Sie damit, diese Ziele zu automatisieren.

5.4 Emulator, Simulator oder echtes Gerät?

Die nächste Frage, die Sie beantworten müssen, ist, ob Sie mit Emulatoren, Simulatoren oder physischen Geräten automatisieren. In Kapitel 4 habe ich die Unterschiede zwischen Emulatoren, Simulatoren und physischen Geräten beschrieben, wenn das Testen von Apps manuell durchgeführt wird. Meine Empfehlung lautete, Emulatoren und Simulatoren für sehr einfache Tests zu benutzen und manuelles Testen auf physischen Geräten durchzuführen. Aber gilt das auch für mobile Testautomatisierung?

Bevor ich diese Frage beantworte, lassen Sie uns einen Blick auf die Vor- und Nachteile von Emulatoren/Simulatoren und physischen Geräten werfen.

5.4.1   Vorteile von Emulator bzw. Simulator

Der größte Vorteil von Emulatoren und Simulatoren ist der Preis. Beide sind frei zu benutzen und sind Teil der SDK der verschiedenen Mobilplattformen. Außerdem sind sie sehr einfach zu benutzen und bieten vielerlei Möglichkeiten für Entwickler und Tester. Nachdem der Emulator bzw. Simulator installiert ist, können Sie die Emulatoren/Simulatoren erstellen, indem Sie verschiedene Konfigurationen wie Betriebssystemversionen oder Bildschirmauflösungen benutzen.

5.4.2   Nachteile von Emulator bzw. Simulator

Wenn wir auf die Nachteile von Emulatoren und Simulatoren schauen, gibt es einige Punkte, auf die Sie achten müssen. Die Benutzung von Emulatoren bzw. Simulatoren erhöht das Risiko, wichtige Fehler zu übersehen, die auf physischen Geräten auftreten. Emulatoren/Simulatoren sind nicht das Gleiche wie die echte Umgebung, was ein großer Nachteil ist. Zusätzlich bieten Emulatoren/Simulatoren nur ein »einfaches« und »leichtes« mobiles Betriebssystem. Es gibt keine Vielfalt hinsichtlich der verschiedenen Geräte, Betriebssysteme und Adaptionen der Benutzeroberfläche. Das gilt insbesondere für Android, wo viele Gerätehersteller die UI des Android-Systems für ihre Bedürfnisse anpassen. Aus Sicht der Hardware bieten sie außerdem keine physische Geräteumgebung mit all den relevanten Sensoren und Schnittstellen.

Der nächste Nachteil von mobilen Emulatoren und Simulatoren besteht darin, dass die Datennetze nicht echt sind. Die Netzwerkgeschwindigkeit kann zwar simuliert werden, aber das wird die echten Datennetze mit Verbindungsverlusten oder Veränderungen in den Netzgeschwindigkeiten und Technologien nicht ersetzen. Und schließlich bieten Emulatoren und Simulatoren nicht die gleiche Performanz wie physische Geräte in Bezug auf CPU, GPU, Speicher und Sensoren.

Jeder Mobiltester sollte an die folgenden Dinge denken, wenn er Emulatoren oder Simulatoren innerhalb des Projekts benutzt:

- Es ist risikoreich, nicht in der echten Umgebung zu testen.
- Es gibt keine Vielfalt in Bezug auf Hard- und Software.
- Die Netzwerkumgebung wird simuliert.
- Es gibt keine physische Geräteperformanz.
- Es gibt keinen Zugriff auf gerätespezifische Hardwareelemente wie Kamera, GPS oder andere Sensoren.

5.4.3   Vorteile eines echten Geräts

Das Testen auf physischen Geräten bietet im Vergleich zu einem Emulator bzw. Simulator viele Vorteile. Die Tests werden in einer echten Nutzerumgebung ausgeführt und deswegen sind die Ergebnisse näher an den echten Nutzererfahrungen, inklusive irgendwelcher entdeckter Fehler. Das Testen auf physischen Geräten bietet außerdem die Möglichkeit, die komplette Hardware, Software und die gerätespezifischen Features, wie Sensoren, CPU, GPU und Speicher, zu benutzen. Die Nutzung des physischen Geräts für den Test zeigt auch das reelle Verhalten in Bezug auf die Performanz.

Die folgenden Punkte fassen die Vorteile für die Nutzung von physischen Geräten im Test zusammen:

- Testen auf physischen Geräten bietet zuverlässige Testergebnisse.
- Es werden echte Hard- und Softwarefeatures genutzt.
- Es kann das echte Nutzererlebnis und die echte App-Performanz getestet werden.
- Tests werden in echten Datennetzen durchgeführt.

5.4.4   Nachteile eines echten Geräts

Das Testen auf physischen Geräten hat auch ein paar Nachteile. Der größte sind die Kosten, die für den Kauf von all den verschiedenen Mobilgeräten für die Entwicklung und den Test entstehen. Wenn Sie auf physischen Geräten testen wollen, müssen Sie fast jeden Monat neue Geräte kaufen, um zu verifizieren, dass Ihre App mit allen neuen Features (Hard- und Software) funktioniert. Zusätzlich benötigen Sie jemanden, der dafür verantwortlich ist, all diese Geräte zu warten und zu pflegen. Es reicht nicht aus, die Geräte nur zu kaufen, Sie müssen auch eine Strategie entwickeln, wie die Geräte auf neue Versionen aktualisiert und wie sie in Ihrer Firma genutzt werden.

Die folgenden Punkte fassen die Nachteile für die Nutzung von physischen Geräten im Test zusammen:

- Die Kosten für das regelmäßige Kaufen neuer Geräte sind hoch.
- Wartung und Pflege all der Geräte ist zeitintensiv.

5.4.5   Wo wird automatisiert?

Wenn wir uns die Vor- und Nachteile ansehen, ist die Antwort auf die Frage »Wo wird automatisiert?« sehr einfach: auf dem physischen Gerät!

Sehr einfache und grundlegende funktionale Tests und Testautomatisierung können sicherlich auf einem Emulator oder Simulator ausgeführt werden, um schnelles Feedback über den aktuellen Status der App zu bekommen, was insbesondere für die Entwickler sehr nützlich ist.

Wenn Sie als App-Tester aber sicher sein wollen, dass Ihre App all die geräte-spezifischen Elemente, wie Hard- und Softwareressourcen, während der Testsession nutzt, müssen Sie die Tests auf physischen Geräten durchführen. Die Ausführung der Testautomatisierungsskripte auf den physischen Geräten stellt Ihnen viel bessere Ergebnisse in Bezug auf Zuverlässigkeit, Performanz und realem Verhalten der App zur Verfügung. Darüber hinaus sind Sie in der Lage, den Test auf mehreren Geräten zur gleichen Zeit auszuführen, um schnell festzustellen, ob die App auf einem bestimmten Gerät ein Problem hat oder eben nicht.

Ein guter Ansatz besteht in einem gesunden Mix von Emulatoren, Simulatoren und physischen Geräten, um das Beste aus Ihrer Testautomatisierung herauszuholen. Es ist ausreichend, wenn zum Beispiel die Entwickler ihre Testautomatisierung auf Emulatoren und Simulatoren durchführen, da die Skalierung und die parallele Ausführung der Testautomatisierungsskripte auf Emulatoren bzw. Simulatoren deutlich einfacher und günstiger sind als auf physischen Geräten. Wenn Sie skalieren und eine Emulator/Simulator-Matrix für Ihre Testautomatisierung erstellen wollen, schauen Sie den Google TechTalk »Breaking the Matrix – Android Testing at Scale«[2] an.

Sie als App-Tester sollten Testautomatisierungsskripte schreiben, die sowohl auf physischen Geräten als auch auf Simulatoren und Emulatoren laufen.

> **Wichtig:**
> Wenn Sie ein Testautomatisierungswerkzeug für Apps auswählen, verifizieren Sie, dass das Werkzeug die Tests sowohl auf physischen Geräten als auch auf Emulatoren bzw. Simulatoren ausführen kann.

5.5 Wie wählt man das richtige Testautomatisierungswerkzeug aus?

Bis hierher haben Sie sowohl die verschiedenen Arten von Testautomatisierungswerkzeugen kennengelernt als auch erfahren, was automatisiert und wo die Testautomatisierung ausgeführt werden sollte. Jetzt ist es an der Zeit, das richtige mobile Testautomatisierungswerkzeug für Ihre App und Ihre Test- und Entwicklungsumgebung zu finden.

Wenn Sie ein Testautomatisierungswerkzeug auswählen, sollten Sie an ein paar Punkte denken. Der erste Punkt ist, dass kein »one size fits all«-Testautomatisierungswerkzeug auf dem Markt erhältlich ist. Jedes Werkzeug hat seine Vor- und Nachteile und nicht jedes Werkzeug passt zu jeder Entwicklungsumgebung und Pipeline. Werkzeug A kann gut zu Projekt A passen, aber nicht zu Projekt B, d. h., dass die Evaluierung für jedes Projekt erneut durchgeführt werden muss.

---

2.   *www.youtube.com/watch?v=uHoB0KzQGRg*

Um in der Werkzeugevaluierungsphase ein wenig Zeit zu sparen, ist es ein guter Ansatz, eine Beispiel-App zu implementieren, die alle Elemente enthält, die die produktive App haben wird, um zu sehen, ob die Testautomatisierung mit diesen umgehen und interagieren kann. Wenn das Werkzeug all Ihre Anforderungen für die Beispiel-App erfüllt, haben Sie wahrscheinlich das richtige mobile Testautomatisierungswerkzeug für Ihr Projekt gefunden.

Der zweite Punkt, an den Sie denken sollten, ist, dass Testautomatisierung für Apps Programmiererfahrungen voraussetzt, um eine robuste, wartbare und stabile Testautomatisierungssuite aufzubauen. Benutzen Sie kein Capture/Replay-Werkzeug, um das Fehlen von Programmierkenntnissen zu kompensieren. Sie werden sonst in einem echten Alptraumszenario aufwachen, da Sie die kaputten Skripte nicht reparieren können. Wenn Sie keine Programmierkenntnisse haben, versuchen Sie sich diese anzueignen, da Sie diese in der Zukunft brauchen werden.

Zusätzlich zu der Programmierung einer Beispiel-App, um das Testautomatisierungswerkzeug zu evaluieren, können Sie die Checkliste mit einigen Auswahlkriterien im nächsten Abschnitt benutzen. Diese Liste wird Ihnen helfen, das am besten geeignete Werkzeug für Ihren Entwicklungs- und Testprozess zu finden.

5.5.1   Auswahlkriterien für ein Testautomatisierungswerkzeug

Die folgenden Punkte sollten Sie berücksichtigen, wenn Sie ein Testautomatisierungswerkzeug für Apps auswählen:

1. Unterstützt das Werkzeug verschiedene Arten von Apps (nativ, hybrid, Web-Apps)?
2. Welche Mobilplattformen werden unterstützt (Android, iOS, Windows Phone, BlackBerry)?
3. Welche Erkennungstechnologie nutzt das Werkzeug (nativ, Bild, Text, Koordinaten)?
4. Verändert das Werkzeug die zu testende App (zum Beispiel durch das Hinzufügen eines Servers, Instrumentierung)?
5. Kann das Werkzeug die Tests sowohl auf physischen Geräten als auch auf Emulatoren und Simulatoren ausführen?
6. Gibt es am Ende des Testlaufs einen Bericht?
7. Kann das Werkzeug während der Durchführung Screenshots machen und sind diese Screenshots Teil des Berichts?
8. Kann die Testsuite zur gleichen Zeit auf mehreren Geräten ausgeführt werden?
9. Wie lange dauert eine Testdurchführung? Ist das für Ihre Bedürfnisse ausreichend?
10. Unterstützt das Werkzeug alle UI- und Steuerungselemente der mobilen Plattform?
11. Wird der Wechsel der Orientierung von Hoch- auf Querformat und andersherum unterstützt?

12. Kann das Werkzeug das Gerät aus dem Schlaf- oder Stand-by-Modus aufwachen lassen?
13. Werden alle Gesten, wie Swipe, Scroll, Klick, Tap oder Pinch für Zoom, unterstützt?
14. Ist das Werkzeug in der Lage, native Buttons wie den Back- oder den Homebutton zu simulieren?
15. Benutzt das Werkzeug das Softkeyboard des Geräts, um Daten einzugeben?
16. Kann die App in verschiedenen Sprachen getestet werden?
17. Werden für das Werkzeug Modifikationen am Gerät vorgenommen (Jailbreak, Rooting)?
18. Unterstützt das Werkzeug eine Programmiersprache, mit der Sie Testskripte schreiben können?
19. Kann das Werkzeug die Tests von der Kommandozeile aus durchführen?
20. Kann das Werkzeug in Ihre Entwicklungsumgebung (IDE) integriert werden?
21. Kann das Werkzeug in ein Continuous-Integration-System integriert werden?
22. Kann das Werkzeug mit anderen Werkzeugen, wie einem Fehlermanagementsystem oder einem Testmanagementwerkzeug, kombiniert werden?
23. Kann das Werkzeug mit einem Test-Cloud-Anbieter verbunden werden, um Tests in der Cloud auszuführen?
24. Ist das Werkzeug gut dokumentiert?
25. Ist das Werkzeug Open Source oder Closed Source?
26. Gibt es für das Werkzeug eine große Community oder entsprechenden Support?
27. Seit wann ist das Werkzeug am Markt erhältlich und wird es von anderen Unternehmen für die mobile Testautomatisierung eingesetzt?
28. Unterstützt das Werkzeug Cross-Plattform-Tests?

Wie Sie an der Kriterienliste sehen können, gibt es viele Dinge zu beachten, wenn Sie ein Testautomatisierungswerkzeug für Apps auswählen wollen. Die Evaluierungsphase ist sehr wichtig und sollte nicht unterschätzt werden. Wenn Sie das falsche Werkzeug auswählen (aufgrund von Zeitdruck zum Beispiel), bevor das Projekt begonnen hat, werden Sie sich sehr wahrscheinlich mit dem Werkzeug im Projekt quälen. Der Punkt 18 »Unterstützt das Werkzeug eine Programmiersprache, mit der Sie Testskripte schreiben können?« in der Liste ist sehr wichtig. Sie sollten versuchen, ein Werkzeug zu finden, das die Programmiersprache unterstützt, mit der Sie Code schreiben können. Das wird Ihre Lernkurve verringern, da Sie sich nur mit dem Werkzeug, aber nicht mit der Programmiersprache vertraut machen müssen. Sie sparen außerdem viel Zeit und Geld für zusätzliche Schulungen.

Wichtig:
Entwickeln Sie eine Beispiel-App oder nutzen Sie eine Checkliste mit Ihren Kriterien, um das Werkzeug zu finden, dass am besten zu Ihrem Entwicklungs- und Testprozess passt.

5.6   Aktueller Stand der Werkzeuge

Dieser Teil des Kapitels soll Ihnen eine Übersicht über mögliche Testautomatisierungswerkzeuge für Apps geben. Ich habe hauptsächlich End-to-End-Testwerkzeuge in Open Source für die Mobilplattformen iOS und Android und Werkzeuge ausgewählt, die ich in mobilen Projekten benutzt habe. Darüber hinaus habe ich die Werkzeuge ausgewählt, die sich für die Testautomatisierung bei Apps bewährt haben und von vielen Unternehmen benutzt werden. Ich werde einige Empfehlungen und Informationen über die Werkzeuge geben und aufzeigen, wie man diese benutzt. Ich werde aber nicht den Installations- und Konfigurationsprozess erklären oder beschreiben, da diese Informationen eventuell nicht mehr aktuell sind oder bald sein werden. Alle genannten Werkzeuge benötigen Programmierkenntnisse, damit Sie effizient mit ihnen arbeiten können.

Und, wie immer, die Liste der genannten Werkzeuge ist bei Weitem nicht vollständig.

5.6.1   Android-Werkzeuge

Die meisten der Testautomatisierungswerkzeuge für Android basieren auf dem Android Instrumentation Framework[3] von Google. Um mit der Testautomatisierung für Android beginnen zu können, müssen Sie die View-Hierarchie einer Android-App verstehen. Sie müssen außerdem wissen, welche Arten von Komponenten und Elementen die App benutzt, wie all diese Elemente auf dem Bildschirm angeordnet sind und was sie in der logischen Struktur der App repräsentieren.

Google stellt ein sehr nützliches Werkzeug namens UI Automator Viewer[4] zur Verfügung, um die App-View und die Layouthierarchie zu untersuchen. Mit diesem Werkzeug können Sie die Eigenschaften ansehen – den Namen oder die ID von jeder UI-Komponente, die auf dem Bildschirm angezeigt wird. Sie benötigen diese Art von Informationen (Name od47er ID des Elements), um Ihre App-Testskripte zu schreiben.

Sie können den UI Automator Viewer im Android-SDK-Ordner auf Ihrem Computer finden, zum Beispiel:

```
/android/sdk/tools/uiautomatorviewer.sh
```

Dieses Werkzeug ist besonders wichtig, wenn der App-Code nicht vorliegt und Sie nur die kompilierte .apk-Datei zur Verfügung haben, um Ihre Testautomatisierung für Apps zu schreiben. Allerdings bieten einige der genannten Werkzeuge für Android ihren eigenen UI Automator Viewer, der für die Untersuchung der Elemente benutzt werden kann.

---

3.   *http://developer.android.com/tools/testing/testing_android.html*
4.   *http://developer.android.com/tools/testing/testing_ui.html*

Robotium

Robotium[5] ist faktisch das Standard-Open-Source-Werkzeug der Android-Test-automatisierung und war eines der ersten Android-Testautomatisierungswerkzeuge auf dem Markt. Robotium ist ein Blackbox-Werkzeug, das native und hybride Android-Apps voll unterstützt. Es ist eine Erweiterung des vorher genannten Android Instrumentation Framework und stellt eine sehr einfache und grundlegende API für das Schreiben von UI-Tests zur Verfügung. Es liefert das sogenannte `solo`-Objekt, um Methoden wie `clickOnText` oder `enterText` aufzurufen. Probieren Sie den Code aus Listing 5–1 für mögliche Testaktionen aus.

```
/* Robotium wird auf den Text "Welcome" klicken */
solo.clickOnText("Welcome");
/* Robotium wird den Text "MySecretPassword" in das Eingabefeld eingeben mit der ID 2 */
solo.enterText(2, "MySecretPassword");
/* Robotium wird auf den Button mit dem Label "Login" klicken */
solo.clickOnButton("Login");
/* Robotium wird einen Klick auf den nativen Zurück-Button simulieren */
solo.goBack();
```

Listing 5–1   *Codebeispiel für Robotium*

Robotium benötigt nur wenig Wissen über die zu testende App und bietet exzellente Lesbarkeit. Sie wissen sofort, was passiert und was auf dem Bildschirm des Geräts getestet wird, indem Sie lediglich die Testmethoden lesen. Der UI Automator Viewer bietet alle Informationen, die Sie benötigen, um Ihre Tests zu schreiben. Robotium-Tests werden in der Programmiersprache Java geschrieben und können auf dem physischen Gerät oder einem Emulator ausgeführt werden. Tests können zur gleichen Zeit nur auf einem Gerät ausgeführt werden und Robotium kann nur die zu testende App testen. Das bedeutet, dass es keinen Weg gibt, außerhalb der Applikation zu testen. Am Ende des Testdurchlaufs wird ein JUnit-Bericht generiert.

Die geschriebenen Tests können entweder von der Kommandozeile, von einer IDE oder von einem Continuous Integration Server mittels Maven, Gradle oder Ant ausgeführt werden.

Wenn Sie über Robotium mehr erfahren möchten und wissen wollen, wie Sie beginnen sollen, dann besuchen Sie das Robotium Wiki:

▦ Erste Schritte in Robotium
   (*https://github.com/RobotiumTech/robotium/wiki/Getting-Started*)

Besuchen Sie außerdem die Robotium-Projektseiten:

▦ Neueste Robotium-Version und Beispiele
   (*https://github.com/robotiumtech/robotium*)

---

5.   *https://code.google.com/p/robotim/*

Robotium-Erweiterungen

Der Entwickler von Robotium, Renas Reda, gründete 2014 das Unternehmen Robotium[6], um den sogenannten Robotium Recorder zur Verfügung zu stellen, der Entwicklern und Testern die Möglichkeit gibt, Robotium-Tests aufzunehmen, anstatt den Code manuell zu schreiben.

Eine andere gute Erweiterung für Robotium ist das ExtSolo[7]-Projekt des Unternehmens Bitbar. ExtSolo fügt Robotium einige sehr nützliche Testmethoden wie die folgenden hinzu:

- `changeDeviceLanguage(java.util.Locale locale)`
  Ändert während der Testdurchführung die aktuelle Sprache des Geräts.

- `setGPSMockLocation(double latitude, double longitude, double altitude)`
  Stellt die aktuelle GPS-Position des Geräts ein.

- `turnWifi(boolean enabled)`
  Schaltet Wi-Fi aus und ein, um zu sehen, wie die App mit dem Verbindungsverlust umgeht.

Die komplette API-Dokumentation ist hier erhältlich:

- ExtSolo-API-Dokumentation
  (http://docs.testdroid.com/_static/extSolodocs/com/bitbar/recorder/extensions/ExtSolo.html)

Spoon

Spoon[8] ist ein weiteres mächtiges Android-Testautomatisierungsframework, das vom Unternehmen Square[9] entwickelt wurde. Spoon ist ebenfalls eine Erweiterung des existierenden Android Instrumentation Framework. Der Hauptunterschied zu Robotium besteht darin, dass Spoon die gleichen Tests auf mehreren Geräten oder Emulatoren gleichzeitig ausführen kann. Spoon kann die Tests auf jedem Ziel (Gerät oder Emulator) ausführen, das von der adb (Android Debug Bridge) gesehen werden kann und mit dem Testserver verbunden ist.

Die Tests werden auch in Java geschrieben und können von der Kommandozeile, von einer IDE oder von einem Continuous Integration Server ausgeführt werden. Die Struktur und der Testcode von Spoon sind ebenfalls sehr einfach, wie Sie in Listing 5–2 sehen können.

---

6.   *http://robotium.com/*
7.   *http://docs.testdroid.com/_pages/extsolo.html*
8.   *http://square.github.io/spoon/*
9.   *https://squareup.com*

```
Spoon.screenshot(activity, "Login_Screen");
assertThat(password).hasNoError();
instrumentation.runOnMainSync(new Runnable() {
    @Override public void run() {
        password.setText("MySecretPassword");
    }
});
```

Listing 5–2   *Codebeispiel für Spoon*

Nachdem alle Tests auf jedem Gerät ausgeführt wurden, generiert Spoon einen statischen HTML-Bericht mit detaillierten Informationen über jedes Gerät und jeden Test (siehe Abb. 5–4). Der Bericht vergleicht die Testergebnisse in einer schönen Übersicht auf den verschiedenen Geräten. Wenn während der Testdurchführung Screenshots gemacht wurden, generiert Spoon daraus ein animiertes GIF-Bild, sodass Sie die ausgeführten Testschritte auch im Testbericht sehen können.

Spoon benötigt ebenfalls sehr wenig Wissen über den Code der zu testenden App. Spoon kann mit anderen Android-Testautomatisierungswerkzeugen kombiniert werden, sodass Sie zum Beispiel die Screenshot-Funktion von Spoon und andere Testmethoden von Robotium oder Espresso gemeinsam nutzen können.

Abb. 5–4   *Spoon-Beispielbericht*

Die neueste Version von Spoon und eine Beispiel-Test-App können auf GitHub heruntergeladen werden:

▓ Spoon-Beispiele und neueste Version
(*https://github.com/square/spoon*)

Selendroid

Selendroid[10] ist ein Testautomatisierungswerkzeug für native Android-Apps sowie hybride oder mobile Web-Apps. Der Name Selendroid setzt sich aus den Wörtern **Selen**ium und An**droid** zusammen. Selendroid ist zum JSON Wire Protocol[11] voll kompatibel und die Tests werden mittels der Selenium 2 Client API[12] geschrieben.

Falls Sie mit dem Schreiben von automatisierten Tests mit Selenium 2 für browserbasierte Applikationen vertraut sind, wird es für Sie sehr einfach, mit Selendroid automatisierten Code für Android-Apps zu schreiben. Selendroid ist in der Lage, gleichzeitig mit mehreren Android-Geräten zu interagieren und Tests durchzuführen (physische Geräte oder Emulatoren).

Listing 5–3 zeigt ein Codebeispiel.

```
WebElement loginButton = driver().findElement(By.id("startLogin"));
WebElement passwordInput = driver().findElement(By.id("password"));
passwordInput.sendKeys("MySecretPassword");
loginButton.click();
```

Listing 5–3   *Codebeispiel für Selendroid*

Die UI-Elemente der App können mithilfe verschiedener Locator-Typen identifiziert werden, zum Beispiel mit der ID, dem Namen, dem Linktext, der Klasse, dem Tag-Namen oder dem XPath. Um die UI-Komponenten der zu testenden App zu untersuchen, bietet Selendroid ein sehr nützliches Werkzeug namens Selendroid Inspector[13], in dem die Eigenschaften der UI-Komponenten innerhalb einer hierarchischen Ansicht angesehen werden können. Es kann mit dem View Locator Screenshots machen, die geklickten Interaktionen auf der App aufzeichnen, den HTML-Code einer Web-View anzeigen und stellt eine sehr nützliche XPath-Hilfe zur Verfügung, um die Webelemente zu identifizieren.

Für die Unterstützung der verschiedenen Gesten nutzt Selendroid die Advanced User Interactions API[14]. Die geschriebenen Tests können von der Kommandozeile, von einer IDE oder von einem Continuous Integration Server ausgeführt werden.

10.   *http://selendroid.io/*
11.   *https://code.google.com/p/selenium/wik i/JsonWireProtocol*
12.   *http://docs.seleniumhq.org/docs/03_webdriver.jsp*
13.   *http://selendroid.io/inspector.html*
14.   *https://code.google.com/p/selenium/wiki/AdvancedUserInteractions*

Für skalierbare und parallele Tests kann Selendroid komplett als Knoten in ein Selenium-Grid integriert werden. Und schließlich wird die zu testende App für die Automatisierungszwecke nicht modifiziert.

Zusätzliche Informationen über Selendroid können Sie auf den folgenden Webseiten finden:

- Erste Schritte in Selendroid
  (*http://selendroid.io/setup.html*)
- Skalierung Selendroid
  (*http://selendroid.io/scale.html*)
- Neueste Selendroid-Version und Beispiele
  (*https://github.com/selendroid/selendroid*)

Calabash für Android

Calabash[15] ist ein Cross-Plattform-Testautomatisierungswerkzeug für native und hybride Android- und iOS-Apps. Das Werkzeug ermöglicht es, automatisierte UI-Akzeptanztests in Cucumber[16] zu schreiben. Mithilfe von Cucumber können Sie das Sollverhalten der zu testenden App in natürlicher Sprache ausdrücken. Dieser Ansatz wird Behavior-Driven Development (BDD) genannt und kann sehr hilfreich sein, wenn Experten aus der Fachabteilung oder technisch nicht so versierte Kollegen in den Prozess für die Akzeptanzkriterien eingebunden sind.

Cucumber benutzt Gherkin[17] als domänenspezifische Sprache (Domain-Specific Language, DSL), um das Verhalten der Applikation zu beschreiben.

Für Beispiele verweise ich auf die Listing 5–4 und 5–5. Listing 5–4 zeigt ein Cucumber/Gherkin-Szenario, in dem echter Text benutzt wird, um das Verhalten der Applikation zu beschreiben.

```
Feature: As a user I want to login
    Scenario: Login using valid credentials
        Given I am on the login screen
        When I enter "Username" into the user field
        And I enter "PWD" into the password field
        And I click the login button
        Then I must see my user account
```

Listing 5–4   *Codebeispiel für Gherkin*

Listing 5–5 zeigt den Ruby-Code, der dafür benötigt wird, den echten Text in Kommandos abzubilden, die der Computer versteht. Damit ist es dann möglich, mit der App zu kommunizieren und zu interagieren.

---

15. *http://calaba.sh/*
16. *http://cukes.info/*
17. *https://github.com/cucumber/cucumber/wiki/Gherkin*

```
When(/^I enter "(.*?)" into the user field$/)
do | username |
      fill_in("IDUserName", :with => "username")
end
```

Listing 5–5   *Codebeispiel für einen Schritt für Gherkin*

Wie Sie sehen können, wird die aktuelle Testautomatisierung mit Ruby und innerhalb der sogenannten Schrittdefinitionen durchgeführt. Gherkin ist für die Beschreibung des Verhaltens der Applikation verantwortlich, Ruby wird für den aktuellen Code benötigt und Cucumber ist das Framework, das alles gemeinsam auf dem physischen Gerät oder dem Emulator ausführt. Die Calabash-Tests können von der Kommandozeile, von einer IDE oder von einem Continuous Integration Server ausgeführt werden.

Calabash unterstützt eine Screenshot-Funktion, kann die Lokalisierung innerhalb der App benutzen und kennt verschiedene Gesten.

Zusätzliche Informationen über Calabash, Gherkin und Cucumber können auf der GitHub-Projektseite gefunden werden:

▦ Calabash für Android
(*https://github.com/calabash/calabash-android*)
▦ Vordefinierte Schritte für Android
(*https://github.com/calabash/calabash-android/blob/master/ruby-gem/lib/*
calabash-android/canned_steps.md)

Appium

Appium[18] ist ein Cross-Plattform-Testautomatisierungswerkzeug in Open Source für native, hybride und mobile Web-Apps. Appium unterstützt die Mobilplattformen Android, iOS und FirefoxOS. Wie Selendroid benutzt Appium das WebDriver JSON Wire Protocol, um die UI der Apps zu steuern und zu testen. Sie können die Testautomatisierung in verschiedenen Programmiersprachen schreiben. Aktuell unterstützt Appium die folgenden Sprachen:

▦ C#
▦ Clojure
▦ Java
▦ JavaScript
▦ Objective-C
▦ Perl
▦ PHP
▦ Python
▦ Ruby

---

18.   *http://appium.io/*

Die geschriebenen Tests können auf Emulatoren/Simulatoren oder physischen Geräten ausgeführt werden. Der Code in Listing 5–6 zeigt einige der Testschritte.

```
WebElement loginText = driver.findElement(By.name("TextLogin"));
assertEquals("TextLogin", loginText.getText());
WebElement loginTextView =
    driver.findElementByClassName("android.widget.TextView");
assertEquals("TextLogin", loginTextView.getText());
WebElement button =
    driver.findElement(By.name("Login"));
button.click();
```

Listing 5–6   *Codebeispiel für Appium*

Einer der Hauptvorteile von Appium ist, dass das Werkzeug nicht nur mit der zu testenden App kommunizieren kann, sondern aus der zu testenden App heraus eine andere App, wie die Kamera-App oder die Kontakte-App, starten kann. Darüber hinaus wird die zu testende App für die Automatisierung nicht durch Appium modifiziert.

Weitere Informationen über Appium können sowohl auf der GitHub-Webseite als auch auf der Webseite vom Hersteller gefunden werden:

▓ Appium auf GitHub
(*https://github.com/appium/appium*)

▓ Appium-Einführung
(*http://appium.io/introduction.html*)

▓ Referenzdokumentation zur Appium-API
(*http://appium.io/slate/en/master*)

Espresso

Espresso[19] ist der Android-Testkoffer. Er wird von Google zur Verfügung gestellt. Espresso basiert auf dem verbesserten Instrumentation Test Runner namens Google Instrumentation Test Runner[20], der die Android-Testautomatisierung zuverlässiger und schneller macht.

Espresso stellt eine kleine und einfach zu lernende API zur Verfügung, um mit den UI-Elementen der nativen Android-App zu interagieren. Espresso ist hauptsächlich für Entwickler gedacht, die Zugriff auf die Codebasis haben, um schnelle und zuverlässige Tests zu schreiben. Allerdings kann Espresso auch ein schönes kleines Werkzeug für das Schreiben von Testautomatisierung sein, wenn Sie Java-Code schreiben können und Zugriff auf die Codebasis der zu testenden App haben. Sehen Sie sich als Beispiel das Listing 5–7 an.

---

19. *https://code.google.com/p/android-test-kit/wiki/Espresso*
20. *https://code.google.com/p/android-test-kit/wiki/GoogleInstrumentationTestRunner*

```
onView(withId(R.id.login)).perform(click());
onView(withId(R.id.logout)).check(doesNotExist());
onView(withId(R.id.input)).perform(typeText("Hello"));
```

Listing 5–7   *Codebeispiel für Espresso*

Espresso kann Tests entweder von der Kommandozeile, von einer IDE oder von einem Continuous Integration Server auf physischen Geräten oder Emulatoren ausführen, aber nicht parallel. Allerdings ist die Testdurchführung im Vergleich zu irgendeinem anderen Android-Testautomatisierungswerkzeug viel schneller.

Zusätzliche nützliche Informationen über Espresso können Sie auf der Google-Projektseite finden:

- Erste Schritte in Espresso
  (*https://google.github.io/android-testing-support-library/docs/espresso/index.html*)
- Espresso-Beispiele
  (*https://google.github.io/android-testing-support-library/docs/espresso/advanced/index.html*)

Weitere Android-Testwerkzeuge

Wie ich zu Beginn dieses Kapitels erwähnt habe, ist die Liste der in diesem Buch genannten Android-Testautomatisierungswerkzeuge keineswegs vollständig. Es sind sehr viele Open- und Closed-Source-Werkzeuge auf dem Markt erhältlich und es werden weitere folgen. Die folgende Liste führt die Namen von einigen anderen Android-Testautomatisierungswerkzeugen auf, die Sie ausprobieren sollten. Diese Liste enthält sowohl Closed-Source-Enterprise-Werkzeuge als auch einige Unit-Test-Werkzeuge.

- eggPlant
  (*www.testplant.com/eggplant/*)
- Experitest
  (*http://experitest.com/*)
- Jamo Solutions
  (*www.jamosolutions.com/*)
- Keynote
  (*www.keynote.com/solutions/testing/mobile-testing*)
- MonkeyTalk
  (*www.cloudmonkeymobile.com/monkeytalk*)
- Perfecto Mobile
  (*www.perfectomobile.com/*)

▥ Ranorex
(*www.ranorex.com/*)

▥ Robolectric
(*http://robolectric.org/*)

▥ Siesta
(*https://market.sencha.com/extensions/siesta*)

▥ Silk Mobile
(*www.borland.com/products/silkmobile/*)

▥ SOASTA
(*www.soasta.com/products/soasta-platform/*)

▥ TenKod EZ TestApp
(*www.tenkod.com/ez-testapp/*)

▥ TestObject
(*https://testobject.com/*)

▥ UI Automator
(*http://developer.android.com/tools/help/uiautomator/index.html*)

Werkzeugempfehlung für Android

Es ist nicht einfach, ein Testautomatisierungswerkzeug für Apps zu empfehlen. Es gibt so viele Faktoren, die berücksichtigt werden müssen, wenn Sie ein Testautomatisierungswerkzeug auswählen, und diese Faktoren sind für jede App und jedes Projekt unterschiedlich. Aus meiner Sicht, die sich an den Apps orientiert, mit denen ich gearbeitet habe (Apps für Social Media und Buchungen), würde ich empfehlen, Robotium, Spoon, Appium und Selendroid näher zu betrachten.

Mit all diesen Werkzeugen kann man prima arbeiten. Sie bieten volle Unterstützung für native, hybride und webbasierte Apps. Zusätzlich bringen alle diese Werkzeuge eine gute Dokumentation und Codebeispiele mit und haben eine großartige Community, für den Fall, dass Sie Fragen stellen wollen. Und nicht zuletzt ist das Schreiben von Testcode mit diesen Werkzeugen sehr einfach und macht viel Spaß.

Falls Sie Robotium als Testautomatisierungswerkzeug auswählen, sollten Sie es unbedingt in Kombination mit Spoon einsetzen. Spoon's Testberichterstellung ist exzellent und die Option, die Tests auf mehreren Geräten gleichzeitig laufen zu lassen, ist unschlagbar. Robotium ist ein sehr gut entwickeltes Android-Testautomatisierungswerkzeug mit einer riesigen Community mit viel Unterstützung.

Appium und Selendroid sind ebenfalls Werkzeuge, die Sie in Betracht ziehen sollten. Beide bieten eine gute Möglichkeit, Ihre automatisierten Tests in verschiedenen Programmiersprachen zu schreiben. Beide Werkzeuge haben geniale Optionen für die Skalierung des Testprozesses in der Cloud oder dem Selenium-Grid.

> **Wichtig:**
> Denken Sie immer daran: Egal, welches Werkzeug Sie für die Testautomatisierung
> verwenden, nutzen Sie, wenn möglich, die IDs von UI-Komponenten, da die
> Testautomatisierung dadurch schneller und zuverlässiger wird.

5.6.2   iOS-Werkzeuge

Gehen wir nun weiter zu den iOS-Testwerkzeugen. Was ich bereits bei den Android-Werkzeugen erwähnt habe, trifft auch auf die iOS-Werkzeuge zu:

- Die Liste der ausgewählten Werkzeuge ist nicht vollständig.
- Ich habe End-to-End-Testautomatisierungswerkzeuge einbezogen.
- Alle genannten Werkzeuge erfordern Programmierkenntnisse.
- Bevor Sie mit der iOS-Testautomatisierung beginnen, stellen Sie sicher, dass Sie sich mit der iOS-UI-Struktur von iOS-Apps auskennen.

UI Automation

UI Automation[21] ist das iOS-Testwerkzeug, das Teil von Instruments[22] ist und von Apple zur Verfügung gestellt wird. Mithilfe von UI Automation sind Sie in der Lage, die Tests entweder aufzuzeichnen oder sie manuell mit JavaScript zu schreiben. Falls Sie sich mit iOS-Apps auskennen, wissen Sie, dass iOS-Apps sogenannte Accessibility Labels für die Beschreibung der UI-Elemente benutzen und diese zum Beispiel für Bildschirmleser zugreifbar machen. Die meisten iOS-Testwerkzeuge und auch UI Automaten benutzen diese Accessibility Labels, um mit der zu testenden App zu kommunizieren und zu interagieren. Wenn Ihre App keine definierten Accessibility Labels hat, können Sie keine Testautomatisierung für sie schreiben.

UI Automation kann reale Benutzerinteraktionen wie Tap, Swipe, Scrollen, Pinch oder Tippen entweder auf dem physischen Gerät oder auf einem iOS-Simulator simulieren. Der Code in Listing 5–8 zeigt einige ausführbare Testaktionen.

```
app.keyboard().typeString("Some text");
rootTable.cells()["List Entry 7"].tap();
alert.buttons()["Continue"].tap();
```

Listing 5–8   *Codebeispiel für UI Automation*

---

21.   *https://developer.apple.com/library/ios/documentation/DeveloperTools/Conceptual/
      InstrumentsUserGuide/UIAutomation.html*
22.   *https://developer.apple.com/library/watchos/documentation/DeveloperTools/Conceptual/
      InstrumentsUserGuide/index.html*

UI Automation kann die Orientierung des Geräts vom Hoch- zum Querformat und zurück ändern. Es kann außerdem mit verschiedenen Alarmen umgehen, die eventuell während des Testlaufs auf dem Mobilgerät auftreten. Die automatisierten Tests können von der Kommandozeile, einer IDE oder einem Continuous Integration Server ausgeführt werden.

Weitere Informationen über UI Automation kann auf den Apple-Entwicklerseiten gefunden werden:

▪ JavaScript-Referenz zu UI Automation
(*https://developer.apple.com/library/ios/documentation/DeveloperTools/Reference/UIAutomationRef/*)

Calabash für iOS

Calabash[23] ist ein Cross-Plattform-Testautomatisierungswerkzeug für native und hybride Android- und iOS-Apps (falls Sie bereits den entsprechenden Abschnitt für Android gelesen haben, können Sie diesen Teil überspringen). Das Werkzeug ermöglicht es, automatisierte UI-Akzeptanztests in Cucumber[24] zu schreiben. Mithilfe von Cucumber können Sie das Sollverhalten der zu testenden App in natürlicher Sprache ausdrücken. Dieser Ansatz wird Behavior-Driven Development (BDD) genannt und kann sehr hilfreich sein, wenn Experten aus der Fachabteilung oder technisch nicht so versierte Kollegen in den Prozess für die Akzeptanzkriterien eingebunden sind.

> **Wichtig:**
> Ich habe die Features von Calabash bereits im Abschnitt für die Android-Werkzeuge beschrieben. Dort können Sie alles Weitere darüber nachlesen. Die Vorgehensweise ist fast identisch, ob Sie nun die Feature- und Schrittdefinitionsdateien für Android oder iOS schreiben.

Um weitere Informationen über Calabash für iOS zu bekommen, besuchen Sie die Calabash-Projektseite für iOS:

▪ Calabash für iOS
(*https://github.com/calabash/calabash-ios*)
▪ Erste Schritte in Calabash für iOS
(*https://github.com/calabash/calabash-ios/wiki/01-Getting-started-guide*)
▪ Vordefinierte Schritte für Calabash iOS
(*https://github.com/calabash/calabash-ios/wiki/02-Predefined-steps*)

---

23. *http://calaba.sh/*
24. *http://cukes.info/*

ios-driver

ios-driver[25] kann native iOS-, hybride und mobile Web-Apps automatisieren. Dafür wird die Selenium WebDriver API benutzt. Es verwendet den gleichen Ansatz wie Selendroid, aber für iOS-Apps. Es implementiert das JSON Wire Protocol, um mit den iOS-Apps mittels Instruments zu kommunizieren und diese zu testen. Das Werkzeug kann die Tests entweder auf einem physischen Gerät oder einem Simulator ausführen. Wie Appium und Selendroid bietet ios-driver Ihnen verschiedene Programmiersprachen, mit denen Sie Ihre Testskripte schreiben können. Sie können aus den folgenden wählen:

- C#
- Clojure
- Java
- JavaScript
- Objective-C
- Perl
- PHP
- Python
- Ruby

Der Code in Listing 5–9 zeigt einige mögliche Testkommandos für eine in Java geschriebene native iOS-App.

```
By button = By.id("Login");
WebElement loginButton = driver.findElement(button);
Assert.assertEquals(loginButton.getAttribute("name"), "Login");
loginButton.click();
```

Listing 5–9 *Codebeispiel für ios-driver*

Um die UI-Elemente der App zu identifizieren, bietet ios-driver den UI inspector[26] ähnlich zu Selendroid, der die Eigenschaften der UI-Elemente identifiziert und einsehen kann. ios-driver kann mit lokalisierten Apps umgehen und benötigt keine Änderungen an der zu testenden App. Die Tests können von der Kommandozeile oder einem Continuous Integration Server ausgeführt werden. Darüber hinaus kann das Werkzeug als Knoten innerhalb eines Selenium-Grids benutzt werden, um das Testen zu skalieren und zu parallelisieren.

Weitere Informationen über ios-driver können auf der Webseite des Herstellers sowie auf der GitHub-Projektseite gefunden werden:

---

25. *http://ios-driver.github.io/ios-driver/*
26. *http://ios-driver.github.io/ios-driver/?page=inspector*

▨ Erste Schritte in ios-driver
   (*http://ios-driver.github.io/ios-driver/?page=setup*)

▨ Sourcecode und Beispiele
   (*https://github.com/ios-driver/ios-driver*)

Keep It Functional

Keep It Functional[27] (KIF) ist ein iOS-Testwerkzeug in Open Source, das von dem Unternehmen Square[28] entwickelt wird. KIF kann native iOS-Apps automatisieren, indem es die Accessibility Labels benutzt, die von der App zur Verfügung gestellt werden. Das Werkzeug verwendet das sogenannte *tester*-Objekt, um Nutzereingaben wie Touch, Swipe, Scrollen und Tippen zu simulieren. In KIF wird Objective-C benutzt, um automatisierte Testskripte zu schreiben, und KIF kann Tests auf physischen Geräten oder einem iOS-Simulator ausführen.

Schauen Sie sich den Beispielcode von Keep It Functional in Listing 5–10 an.

```
[tester enterText:@"user one" intoViewWithAccessibilityLabel: @"User
Name"];
[tester enterText:@"Mypassword" intoViewWithAccessibilityLabel:
@"Login Password"];
[tester tapViewWithAccessibilityLabel:@"Login"];
```

Listing 5–10   *Codebeispiel für Keep It Functional*

KIF kann komplett in Xcode integriert werden, um die Testautomatisierungsskripte zu starten und zu debuggen. Darüber hinaus können die automatisierten Tests von der Kommandozeile oder einem Continuous Integration Server, wie Bots[29], ausgeführt werden.

   An eines müssen Sie aber denken, falls Sie Tests mit KIF automatisieren: Es nutzt undokumentierte Apple-APIs. Das ist kein Problem, wenn Sie die App testen, aber es ist wichtig, dass Ihre Tests nicht Teil des Produktivcodes sind. Denn ansonsten wird Apple die App ablehnen, weil nicht dokumentierte APIs benutzt werden. Wenn Sie die Installationsanweisungen von KIF beachten, sollte das kein Problem sein.

---

27. *https://github.com/kif-framework/KIF*
28. *http://corner.squareup.com/2011/07/ios-integration-testing.html*
29. *https://developer.apple.com/library/ios/documentation/IDEs/Conceptual/xcode_guide-continuous_integration/*

Appium

Appium[30] ist ein Cross-Plattform-Testautomatisierungswerkzeug in Open Source für native, hybride und mobile Web-Apps (falls Sie bereits den entsprechenden Abschnitt für Android gelesen haben, können Sie diesen Teil überspringen). Appium unterstützt die Mobilplattformen Android, iOS und FirefoxOS. Wie Selendroid benutzt Appium das WebDriver JSON Wire Protocol, um die UI der Apps zu steuern und zu testen.

> **Wichtig:**
> Ich habe die Features von Appium bereits im Abschnitt für die Android-Werkzeuge beschrieben. Dort können Sie alles Weitere darüber nachlesen.

Weitere iOS-Testwerkzeuge

Wie für Android möchte ich Ihnen auch für iOS eine Liste mit weiteren Testwerkzeugen zur Verfügung stellen. Die folgende Liste, die keineswegs vollständig ist, enthält Unit-Test-Werkzeuge sowie End-to-End-Testwerkzeuge in Open und Closed Source:

- Experitest
  (*http://experitest.com/*)
- Frank
  (*www.testingwithfrank.com/*)
- GHUnit
  (*https://github.com/gh-unit/gh-unit*)
- Jamo Solutions
  (*www.jamosolutions.com/*)
- Keynote
  (*www.keynote.com/solutions/testing/mobile-testing*)
- Kiwi
  (*https://github.com/kiwi-bdd/Kiwi*)
- MonkeyTalk
  (*www.cloudmonkeymobile.com/monkeytalk*)
- OCMock
  (*http://ocmock.org/*)
- Perfecto Mobile
  (*www.perfectomobile.com/*)

---

30. *http://appium.io/*

- Ranorex
  (*www.ranorex.com/*)
- Silk Mobile
  (*www.borland.com/products/silkmobile/*)
- SOASTA
  (*www.soasta.com/products/soasta-platform/*)
- Specta
  (*https://github.com/specta/specta*)
- Subliminal
  (*https://github.com/inkling/Subliminal*)
- XCTest
  (*https://developer.apple.com/library/ios/documentation/DeveloperTools/ Conceptual/testing_with_xcode/chapters/01-introduction.html*)
- Zucchini
  (*www.zucchiniframework.org/*)

iOS Werkzeugempfehlung

Ein iOS-Testautomatisierungswerkzeug zu empfehlen, ist auch keine leichte Aufgabe. Wie bei Android sind sehr viele Faktoren zu berücksichtigen, wenn man ein iOS-Testautomatisierungswerkzeug auswählt. Ich empfehle Ihnen, sich ios-driver, Appium und Keep It Functional genauer anzusehen.

All diese Werkzeuge haben wirklich gute und mächtige Features, um zuverlässige und robuste Testautomatisierungsskripte für iOS-Apps zu erstellen. Falls Sie nur eine native iOS-App automatisieren wollen, wäre KIF eine gute Wahl, weil Sie damit sehr schnell zuverlässige und robuste automatisierte Tests erstellen und schreiben können. Ein weiterer Vorteil von KIF ist, dass die Testskripte in Objective-C und Swift geschrieben werden können, die gleiche Sprachen, mit denen die App programmiert werden wird. Falls Sie Probleme mit Objective-C haben, können Sie einfach Ihre Entwickler um Unterstützung bitten oder sie die Testautomatisierung schreiben lassen.

Wenn Sie eine hybride iOS-App oder Web-App automatisieren wollen, sollten Sie entweder ios-driver oder Appium benutzen, da beide gute Unterstützung für verschiedene Programmiersprachen bieten und außerdem beide in der Cloud oder einer Selenium-Grid-Umgebung benutzt werden können. So können Sie sehr gut skalieren und die Tests parallel auf vielen verschiedenen Geräten und Betriebssystemen durchführen.

Alle drei Werkzeuge besitzen eine gute Dokumentation und sehr gute Codebeispiele, sind einfach zu benutzen und haben eine riesige Community, die Ihnen hilft, wenn Sie auf Probleme stoßen.

5.6.3   Zusammenfassung »Automatisierungswerkzeuge für Mobile Testing«

Wie Sie gesehen haben, sind auf dem Markt viele verschiedene Testautomatisierungsframeworks für Apps erhältlich. Jedes Werkzeug hat seinen eigen Stil, Testskripte zu schreiben, und unterstützt eine Reihe von verschiedenen Features, verschiedenen Mobilplattformen und unterschiedliche App-Arten. Jedes aktuell auf dem Markt erhältliche Werkzeug hat seine Vor- und Nachteile. Sie sollten auf keinen Fall vergessen, dass kein Werkzeug perfekt ist, sei es ein Open- oder Closed-Source-Werkzeug. Bevor Sie ein Testautomatisierungswerkzeug wählen, suchen Sie im Markt nach möglichen Werkzeugen und Lösungen, das sollte Ihnen helfen, die richtige Entscheidung zu treffen. Nutzen Sie eine Beispiel-App oder eine Checkliste, um die verschiedenen Werkzeuge zu evaluieren.

Und nicht zuletzt ist es wichtig, dass Sie einfach mit einem Testautomatisierungswerkzeug mal anfangen. Versuchen Sie nicht die EINE Testautomatisierungslösung für Ihr mobiles Projekt zu finden. Vielleicht müssen Sie mehr als ein Werkzeug benutzen oder Werkzeuge kombinieren, um eine Testautomatisierungssuite zu erstellen, die Ihre Bedürfnisse und Anforderungen abdeckt. Es ist besser, nur ein gewisses Maß an Testautomatisierung zu haben, das zum Beispiel die kritischen Teile von Ihrer App abdeckt anstatt alle Teile. Wenn Sie ein Werkzeug auswählen, stellen Sie sich selbst die Frage: »Was sollte automatisiert werden?«

5.7   Continuous Integration System

Continuous Integration (CI) ist nichts Neues und die Entwicklungspraxis, den Code von einem zentralen geteilten Code-Repository aus mehrere Male am Tag einzubinden und zu testen, wird nun bereits seit einigen Jahren eingesetzt. Jeder Check-in wird dann von einem Satz unterschiedlicher automatisierter Build-Schritte verifiziert, um sicherzustellen, dass die letzten Codeänderungen die Software und die Integration mit anderen Modulen nicht zerstören.

Ein CI-Server sollte in jedem Projekt vorhanden sein, ganz gleich ob die Software eine Desktop-, Web- oder mobile Applikation ist, da er dem Team helfen wird, das Risiko für beschädigte Software zu reduzieren, schnelles Feedback an alle Projektbeteiligten gibt und kleinere Softwareteile so früh wie möglich innerhalb des Prozesses in andere einbinden kann.

Heutzutage sind auf dem Markt genügend CI-Systeme in Open und Closed Source erhältlich. Falls Sie ein CI-System in Ihrem Team haben, integrieren Sie die automatisierten mobilen Tests. Fast jedes Testautomatisierungswerkzeug für Apps kann in ein CI-System integriert werden. Wenn das mit dem von Ihnen benutzten Werkzeug nicht möglich ist, müssen Sie einen Weg finden, es mit einzubeziehen, wie z. B. mit externen Build-Skripten, die außerhalb der CI-Umgebung laufen, um die Aufgabe zu erfüllen. Das ist insgesamt für das Projekt sehr wichtig, damit eine vollständige Build-Pipeline inklusive aller Build- und Testskripte etabliert werden kann.

Wenn das Testautomatisierungswerkzeug integriert ist, definieren Sie gemeinsam mit Ihrem Team eine Build- und Teststrategie. Sprechen Sie mit Ihren Entwicklern und definieren Sie, welche Tests nach jedem Commit und während der Nacht ausgeführt werden sollen.

Sobald sich bei Ihren automatisierten Tests das schnelle Feedback von Ihrem CI-System in langsames Feedback zu verwandeln beginnt, teilen Sie sie in separate Testsuiten auf. Sie können zum Beispiel eine Smoke-Testsuite definieren, die die Tests enthält, die überprüfen, ob die Hauptteile der Applikation immer noch funktionieren. Diese Testsuite läuft nur für einige Sekunden oder Minuten und sollte nach jedem Commit ausgeführt werden. Eine andere Testsuite kann eine Regressionstestsuite sein, die beispielsweise vier Mal pro Tag läuft, um die App genauer zu überprüfen. Und wiederum eine andere Suite kann eine vollumfängliche Testsuite sein, die jeden Test jede Nacht ausführt, um sicherzustellen, dass die Codeänderungen vom Tag davor nicht die existierenden Teile der App beeinträchtigt haben.

Wenn Sie ein Testautomatisierungswerkzeug zu Ihrem CI-System hinzufügen, ist ein weiterer wichtiger Punkt die Testberichterstattung. Das CI-System muss in der Lage sein, verschiedene Arten an Formaten von Testberichten anzuzeigen, um dem gesamten Team visuelles Feedback zur Verfügung zu stellen. Die Berichtskomponente des Systems sollte einfach zu lesen und zu verstehen sein.

Sobald das CI-System und alle Test- und Entwicklungswerkzeuge für Apps integriert sind, definieren Sie eine vollständige Build- und Test-Pipeline für Ihre mobile Applikation. Die Build-Pipeline sollte in der Lage sein, automatisch ohne irgendwelche Nutzereingaben zu starten, zum Beispiel durch die Überwachung eines zentralen Code-Repositorys, oder die Builds zu einer bestimmten Zeit in der Nacht zu triggern.

Darüber hinaus sollten die Build-Schritte andere Build-Schritte triggern, um Unit Tests oder End-to-End-Tests durchzuführen, die Applikation auf verschiedenen Staging-Systemen zu erstellen, Alpha- oder Betaversionen der App zu bauen oder die Applikation auf einen Beta Distribution Server hochzuladen.

Hier ist ein Beispiel einer sehr einfachen mobilen Build-Pipeline:

1. Durchführung statischer Codeanalyse, wie mit PMD, FindBugs, Lint oder Checkstyle
2. Durchführung von Unit Tests
3. Durchführung von End-to-End-UI-Tests
4. Erstellen einer App-Version auf verschiedenen Staging-Systemen
5. Erstellen einer Betaversion der App
6. Hochladen der Betaversion in ein Beta-Distribution-System
7. Signieren und Erstellen eines Releasekandidaten der App (der einzige Build-Schritt, der manuell getriggert werden sollte)

Build-Schritte 1 und 2 sollten auf dem Entwicklercomputer ausgeführt werden, bevor er oder sie den Code in das zentrale Repository einspielt.

Wenn Sie ein CI-System für Ihre App haben, vergessen Sie nicht, die physischen Geräte mit dem Server zu verbinden, um die komplette Testautomatisierung auf dem physischen Gerät auszuführen.

Im Folgenden sind einige der erhältlichen CI-Systeme aufgelistet:

- Bamboo
  (*www.atlassian.com/de/software/bamboo*)
- Bots
  (*https://developer.apple.com/library/ios/documentation/IDEs/Conceptual/xcode_guide-continuous_integration/*)
- Buildbot
  (*http://buildbot.net/*)
- CruiseControl
  (*http://cruisecontrol.sourceforge.net/*)
- Janky
  (*https://github.com/github/janky*)
- Jenkins
  (*http://jenkins-ci.org/*)
- TeamCity
  (*www.jetbrains.com/teamcity/*)
- Travis CI
  (*https://travis-ci.org/*)

Wichtig:
Setzen Sie ein CI-System ein und integrieren Sie Ihr Testautomatisierungswerkzeug, um nach jeder Codeänderung schnelles Feedback über die Qualität der App zu bekommen.

5.8 Beta-Auslieferungswerkzeuge

Wie Sie aus den vorherigen Kapiteln erfahren haben, haben Mobilgerätenutzer hinsichtlich der Benutzbarkeit, Performanz und Features der App Erwartungen. Sie und Ihr Team müssen deswegen sicher sein, dass Ihre App eine großartige Benutzererfahrung bietet, schnell und zuverlässig ist und es Spaß macht, sie zu benutzen. Sie und Ihr Team haben eine anspruchsvolle Aufgabe, um all diese Erwartungen zu erfüllen, und müssen die App mit anderen Leuten testen, um so früh wie möglich im Entwicklungsprozess Feedback zu bekommen.

Um dieses Feedback von anderen Nutzern, wie Kollegen oder Nutzern aus Ihrer Kundenzielgruppe, zu bekommen, benötigen Sie ein Werkzeug, das Betaversionen Ihrer App verteilt. Mithilfe dieses Werkzeugs können Sie potenziellen Nutzern Zugriff auf eine Betaversion des nächsten Releasekandidaten geben.

Beta-Auslieferungswerkzeuge haben einige nützliche Features, wie z.B. die App-Verteilung Over-the-Air, Absturzberichterstattung, Fehlerberichterstattung und direktes In-App-Feedback. Manche Werkzeuge stellen sogenannte Checkpoints innerhalb der App zur Verfügung, an denen Sie den Nutzern Fragen über das Feature stellen können, welches er oder sie gerade verwendet hat. Ein anderes schönes Feature sind sogenannte Sessions, die mit einbezogen werden können, um zu tracken, wie der Betatester die App oder das Feature genutzt hat. Das hilft Ihnen, unerwartete App-Nutzung zu identifizieren. Die Werkzeuge stellen außerdem Daten und Statistiken über die mobilen Betriebssystemversionen, Gerätehardware und die Sprache der Benutzeroberfläche zur Verfügung.

Jede dieser von einem Beta-Auslieferungswerkzeug zur Verfügung gestellten Informationen ist wirklich wichtig, bevor die App von der Mehrheit Ihrer Kundenzielgruppe genutzt wird. Sie können mit diesen Informationen die App verfeinern und in die richtige Richtung entwickeln. Das macht sie zuverlässiger und robuster. Außerdem wird der Spaß bei der Benutzung erhöht.

Wenn Sie ein Beta-Auslieferungswerkzeug einsetzen, ist es wichtig, die potenziellen Betatester über alle Features zu informieren. Außerdem müssen sie wissen, dass Informationen über das Gerät und den Nutzer selbst gesammelt werden.

Als Ausgangspunkt nutzen Sie ein Beta-Auslieferungswerkzeug innerhalb des Unternehmens, indem Sie Ihre Kollegen bitten, die App zu testen und Feedback zu geben. Nicht jede App kann aufgrund von Netzwerkrestriktionen, Unternehmensrichtlinien oder entsprechenden Gesetzen als Betaversion an die Welt da draußen verteilt werden.

Hier ist eine Liste von Beta-Auslieferungswerkzeugen:

- Appaloosa
  (*www.appaloosa-store.com/*)
- AppBlade
  (*https://appblade.com/*)
- Applause SDK
  (*www.applause.com/mobile-sdk*)
- Beta by Crashlytics
  (*http://try.crashlytics.com/beta/*)
- BirdFlight
  (*www.birdflightapp.com/*)
- Google Play native App Beta Testing
  (*https://support.google.com/googleplay/android-developer/answer/3131213?hl=de*)
- HockeyApp
  (*http://hockeyapp.net/*)

░ HockeyKit
  (*http://hockeykit.net/*)

░ TestFlight
  (*https://developer.apple.com/testflight/index.html*)

Google und Apple stellen ebenfalls eine Möglichkeit zur Verfügung, eine Betaversion einer App an eine breite Nutzerbasis zu verteilen. Innerhalb von Google Play[31] können Sie Betatester mit ihren Gmail-Adressen hinzufügen, die dann die Betaversion vom Google Play Store herunterladen können. Alternativ können Sie ein stufenweises Rollout definieren, bei dem eine neue Version der App nur für eine bestimmte Anzahl von Usern erhältlich ist, zum Beispiel 10 % der aktuellen Nutzerbasis. Wenn die App wie erwartet funktioniert, können Sie das Rollout der App entweder auf die ganze Nutzerbasis oder durch ein weiteres Inkrement erhöhen.

Auf der Apple[32]-Seite sind Sie ebenfalls in Lage, eine Betaversion einer App zu erstellen und diese an registrierte Betatester zu verteilen. Die Betatester müssen mit ihrer eindeutigen Geräte-ID (UDID) registriert sein und ein Ad-hoc-Bereitstellungsprofil benutzen. Allerdings können Sie nur 100 Testgeräte innerhalb eines Mitgliedsjahres registrieren. Sie können diese Testgeräteregistrierung aber umgehen, falls Ihr Unternehmen Teil von Apple's Enterprise-Programm ist.

> **Wichtig:**
> Nutzen Sie ein Beta-Auslieferungswerkzeug, um frühes Feedback von Betatestern einzuholen, wo immer möglich, um eine bessere App zu entwickeln.

5.9 Zusammenfassung

Das fünfte Kapitel dieses Buches konzentrierte sich auf Testautomatisierung von Apps. Am Anfang des Kapitels wurde das Problem mit der traditionellen Testautomatisierungspyramide und Apps erklärt. Es wurde die umgedrehte Testpyramide vorgestellt und erläutert sowie eine neue Pyramide gezeigt – die Testpyramide für Apps. Diese Pyramide enthält automatisiertes, aber auch manuelles Testen, um für alle Anforderungen des aktuellen Stands von Apps geeignet zu sein.

Im nächsten Abschnitt des Kapitels wurden die verschiedenen Ansätze und Arten von Testautomatisierungswerkzeugen für Apps beschrieben. Das sind Werkzeuge, die Bilderkennung, koordinatenbasierte Erkennung, Texterkennung oder native Objekterkennung nutzen. Dabei wurde jeder Ansatz mit seinen Vor- und Nachteilen erläutert. Darüber hinaus wurden die am Markt erhältlichen

---

31. *https://support.google.com/googleplay/android-developer/answer/3131213?hl=de*
32. *https://developer.apple.com/library/ios/documentation/IDEs/Conceptual/
     AppDistributionGuide/TestingYouriOSApp/TestingYouriOSApp.html*

Werkzeuge den verschiedenen Ansätzen zugewiesen und Ihnen so eine Übersicht zur Verfügung gestellt.

In einem anderen Abschnitt wurde beschrieben, warum es eine schlechte Idee ist, nur Capture/Replay-Werkzeuge für Ihre Testautomatisierung zu benutzen. Diese Werkzeuge bieten zwar einen guten Ausgangspunkt, um erst einmal ein wenig Testautomatisierung aufzubauen und laufen zu lassen. Langfristig erzeugen sie aber viel Ärger mit der Wartung und außerdem sind diese Tests überhaupt nicht zuverlässig.

Im Abschnitt 5.3 wurde erklärt, welche Teile Ihrer App Testautomatisierung benötigen und welche nicht. Es ist zum Beispiel ein guter Ansatz, die geschäftskritischen Teile der App zu automatisieren. Auf der anderen Seite sind die Teile, die wahrscheinlich oft in der nahen Zukunft geändert werden, gut geeignet für manuelles Testen, da die Testautomatisierung nicht so stabil laufen wird, wenn diese Teile mit einbezogen werden.

Um Ihnen zu helfen, das richtige Testautomatisierungswerkzeug für Ihre App auszuwählen, haben Sie eine Liste mit Entscheidungskriterien zur Verfügung gestellt bekommen, um das Werkzeug zu finden, das am besten in Ihre Entwicklungs- und Testumgebung passt.

Der größte Teil dieses Kapitels handelte vom aktuellen Stand von Testautomatisierungswerkzeugen für iOS- und Android-Plattformen. Es wurden folgende Werkzeuge mit Codebeispielen und ihren Vor- und Nachteilen erläutert:

- Robotium
- Spoon
- Selendroid
- Calabash für Android und iOS
- Appium
- Espresso
- UI Automation
- ios-driver
- Keep It Functional

Der abschließende Abschnitt dieses Kapitels handelte von den Themen Continuous Integration und Beta-Auslieferungen von Apps. Beispielhaft wurde eine mobile CI-Build-Pipeline skizziert, die einfach in Ihre Umgebung übertragen werden kann. Außerdem wurde eine Liste von CI-Werkzeugen zur Verfügung gestellt, die für Apps genutzt werden können. Im Abschnitt über Beta-Auslieferung wurde der Zweck der Verteilung einer Betaversion der App an Kollegen oder Betatester erklärt, nämlich um frühes Feedback und Fehlermeldungen zu erhalten.

6 Weitere Testmethoden für Apps

Bis hierher haben Sie etwas über mobile Technologien gelernt und erfahren, wie man Apps in unterschiedlichen Szenarien manuell und von unterwegs aus testet. Sie haben Informationen über die Automatisierung beim App-Test erhalten und die Konzepte für die verschiedenen Automatisierungswerkzeuge kennengelernt. Sie kennen nun einige Werkzeuge für die unterschiedlichen Mobilplattformen und wissen, wie Sie das richtige Werkzeug für Ihren Testprozess auswählen.

Um Ihr Wissen und Ihren Werkzeugkasten zu erweitern, werde ich in diesem Kapitel andere mögliche Vorgehensweisen zum mobilen Test vorstellen: sogenannte Crowd- und Cloud-Tests. Beide Ansätze können für Ihre tägliche Arbeit in einem App-Team nützlich sein.

6.1 Crowd-Tests

Ein Unternehmen hat drei Möglichkeiten, Softwaretests in der Organisation zu etablieren. Tests können mithilfe einer internen Qualitätssicherungsabteilung, mittels Outsourcing (Nearshore/Offshore) oder über den Ansatz des Crowd-Tests durchgeführt werden. Interne Tests und Outsourcing sind nicht neu, beides sind fundierte und etablierte Vorgehensweisen in vielen Organisationen und Firmen.

Bei Crowd-Tests ist das nicht der Fall. Der Begriff *crowdsourcing* wurde 2006 von Jee Howe[1] eingeführt und ist eine Kombination aus den Wörtern *crowd* und *outsourcing*. Im Bereich des Softwaretests wurde aus *Crowdsourcing* das Wort *Crowdtesting*.

Mit Unterstützung einer Community von externen Softwaretestern bieten mehrere Crowd-Test-Anbieter eine neue Möglichkeit, Softwaretests durchzuführen. Die externen Softwaretester haben unterschiedliche technische Kenntnisse und kommen aus verschiedenen geografischen Regionen. Je nach Crowd-Anbieter können nur wenige oder auch mehrere Tausend Tester weltweit in der Crowd vorhanden sein. Es können auch Softwaretestexperten, Personen unterschiedlichen Alters und Geschlechts, Leute aus verschiedenen Berufen und mit unter-

---

1.   *www.crowdsourcing.com/*

schiedlichem Bildungsniveau zur Crowd gehören. Außerdem stehen den Crowd-Testern viele verschiedene Geräte mit diversen Hard- und Softwarekombinationen zur Verfügung und sie haben Zugriff auf verschiedene Datennetzwerke. Crowdtesting bedeutet das Gleiche wie »Testing in the Wild« bzw. Tests in freier Wildbahn.

Mithilfe von Crowd-Testern kann eine App unter verschiedenen realistischen Bedingungen getestet werden. Diese Bedingungen können von einem internen Testteam entworfen und vorgegeben werden. Die App wird unter realen Bedingungen mit unterschiedlichen Datennetzwerken, unterschiedlicher Hard- und Software und auch unterschiedlichen Nutzern getestet. Externe Tester gehen unvoreingenommen an die zu testende App heran und werden zweifellos eine Menge Fehler und Abweichungen finden, aber auch etwas zur Performanz, zur Benutzerfreundlichkeit und zur Funktionalität sagen können.

Crowd-Test-Anbieter stellen eine Plattform zur Verfügung, auf der man sich als Crowd-Tester registrieren und ein Profil mit seinen Geräten, seinen Fähigkeiten und seinem demografischen Hintergrund erstellen kann. Der Kunde kann die zu untersuchende App, die Vorbedingungen, Beispielszenarien, Instruktionen, bekannte Fehler und detaillierte Testpläne hinzufügen. Außerdem kann er die Altersgruppe, die Zielkundengruppe, die gewünschten Fähigkeiten und die Geräte, auf denen die Tests durchgeführt werden sollen, angeben.

Manche Crowd-Test-Anbieter haben ein Projektmanagement-Framework eingerichtet, um die Testphase zu steuern und Rahmenbedingungen festzulegen. Die Anbieter stellen außerdem einen Projektmanager, der für den Testzyklus verantwortlich ist. Der Projektmanager filtert, bewertet und kategorisiert auch die in der Crowd gefundenen Fehler und fasst den Testzyklus für den Kunden zusammen.

Andere Crowd-Test-Anbieter unterhalten ein Assessment-Center oder ein Versuchsprojekt, in dem die möglichen Crowd-Tester ihr Können unter Beweis stellen müssen, um in die Test-Community aufgenommen zu werden.

Die meisten Anbieter lassen sich den Service bezahlen. Allerdings ist der Crowd-Test relativ günstig, da man nur für das mit dem Crowd-Test-Anbieter abgestimmte Paket bezahlt. Es sind verschiedene Pakete erhältlich, wie simples Bug-Reporting, exploratives Testen und/oder Testdurchführung von definierten Testfällen.

Abbildung 6–1 zeigt den typischen Crowd-Test-Prozess vom ersten Vorgespräch mit dem Crowd-Test-Anbieter bis zur finalen Ergebnispräsentation. Während der Testzyklen kann der Kunde jederzeit den Fortschritt der Crowd-Tester nachvollziehen.

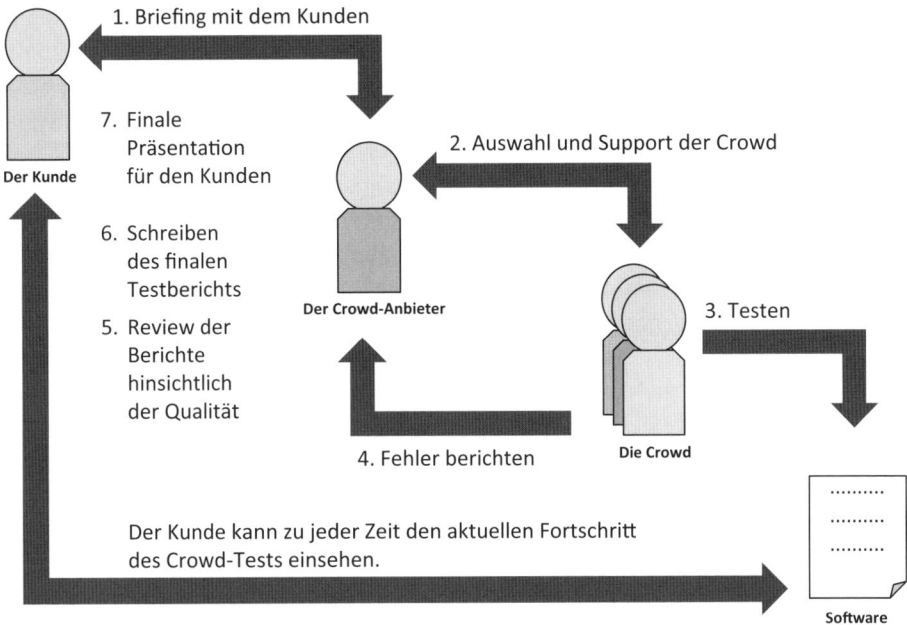

Abb. 6–1 *Typischer Crowd-Test-Prozess*

1. Der erste Schritt ist ein Vorgespräch zwischen dem Crowd-Test-Anbieter und dem Kunden.
2. Der Anbieter wählt nach den Anforderungen des Kunden die Tester aus der Crowd aus.
3. Die Crowd testet die Software.
4. Die Crowd-Tester melden je nach Ziel des Testzyklus Fehler oder Auffälligkeiten oder geben sonstiges Feedback zur Software.
5. Der Crowd-Test-Anbieter sorgt für eine einheitliche und gute Qualität der Berichte. Wenn weitere Informationen über den Fehler benötigt werden, werden die Tester erneut kontaktiert.
6. Am Ende schreibt der Crowd-Test-Anbieter einen Testbericht.
7. Der Bericht wird dem Kunden präsentiert.

Allerdings muss man sich einigen Herausforderungen bewusst sein, wenn man den Crowd-Test im Projekt einsetzen will.

Die Vorbereitung und Organisation eines Crowd-Test-Zyklus können viel Zeit in Anspruch nehmen. Man muss das genaue Ziel des Testzyklus definieren und alle benötigten Informationen sammeln bzw. für die Tester aufbereiten, um verwertbare Ergebnisse zu erhalten. Außerdem muss der Crowd-Test-Anbieter über alles informiert werden und am Ende eines Testzyklus müssen alle Ergebnisse und Fehler analysiert werden. Allerdings wären all diese Schritte genauso notwendig, wenn ein neuer interner Tester für ein neues Projekt eingestellt werden würde.

Die gemeldeten Fehler können aufgrund von mangelndem Wissen der Crowd qualitativ minderwertig sein. Der Crowd-Test-Anbieter wird die Fehler natürlich filtern und kategorisieren und die Tester nur für echte, wichtige Fehler bezahlen. Aber es kann trotzdem sein, dass die Fehlerberichte nicht detailliert oder präzise genug sind.

Es kann für die Crowd-Tester sehr schwierig sein, auf die Entwicklungs- und Testumgebungen zuzugreifen. Die Datenschutz- und Sicherheitsbestimmungen können die externe Bereitstellung der internen Umgebungen verhindern. Die Crowd-Tester müssen dann die Produktivumgebung benutzen, die dann wiederum mit einer Betaversion der App interagieren muss. Vielleicht muss für den Crowd-Test-Zyklus ein isolierter Bereich innerhalb der Produktivumgebung erstellt werden, der die Anfragen der Beta-App verarbeiten kann. Am Ende des Testzyklus müssen Sie sicher sein, dass alle Crowd-Tester keinen Zugriff mehr auf die Produktivumgebung haben und die App bei ihnen nicht mehr funktioniert.

Weitere Herausforderungen sind gesetzliche Bestimmungen und Geheimhaltungsvereinbarungen (Non-disclosure Agreements, NDAs). Wenn Ihre App z.B. Vertraulichkeitsbestimmungen unterliegt, können Sie das Crowd-Testing nicht einsetzen.

Die Vorteile von Crowd-Tests sind:

- Die Crowd besteht aus verschiedenen Testern aus unterschiedlichen Bevölkerungsschichten und mit unterschiedlichem Wissensstand aus der ganzen Welt.
- Im Test können viele unterschiedliche Mobilgeräte mit unterschiedlichen Hard- und Softwarekombinationen eingesetzt werden.
- Die App wird unter realen Bedingungen von echten Nutzern getestet.
- Die Crowd ermöglicht es, einen Eindruck von Außenstehenden über die App zu erhalten.
- Es werden viele Fehler bzw. Auffälligkeiten gefunden.
- Die Fehler werden von dem Crowd-Test-Anbieter kategorisiert und gefiltert.

Die Nachteile von Crowd-Tests sind:

- Die Crowd-Tester sind meist keine Testexperten.
- Man weiß nicht hundertprozentig, mit wem man zusammenarbeitet.
- Die Fehlerberichte können schlecht geschrieben sein.
- Die Zugriffe auf die Test- bzw. Entwicklungsumgebungen können aufgrund von gesetzlichen Bestimmungen, Datenschutz- oder Sicherheitsbestimmungen sehr schwierig zu gestalten sein.
- Die Vorbereitung eines Crowd-Tests kann sehr viel Zeit in Anspruch nehmen.
- Die Kommunikation mit der Crowd kann schwierig sein.
- Die Reproduzierung der Fehler kann schwierig sein.
- Es besteht das Risiko, dass die Crowd die App nach dem Testzyklus weiter benutzt.

> **Wichtig:**
> Manche Crowd-Test-Anbieter haben einen Mechanismus, der die zu testende App
> automatisch von den Testgeräten entfernt.

Im Folgenden sind einige Crowd-Test-Anbieter aufgeführt (die Liste ist nicht
unbedingt vollständig):

- 99tests
  (*http://99tests.com/*)
- Applause
  (*www.applause.com/*)
- crowdsourcedtesting
  (*https://crowdsourcedtesting.com/*)
- Global App Testing
  (*http://globalapptesting.com/*)
- Mob4Hire
  (*www.mob4hire.com/*)
- passbrains
  (*www.passbrains.com/*)
- Testbirds
  (*www.testbirds.de/*)
- testCloud
  (*www.testcloud.io/*)
- TestPlus
  (*www.testplus.at/*)

> **Wichtig:**
> Der Crowd-Test-Ansatz ist eine gute Ergänzung zu Ihrem internen Testteam. Allerdings
> wird und sollte das Crowdtesting nicht die eigenen Testaktivitäten ersetzen.

6.1.1 Private Crowd-Tests

Wenn Sie aufgrund von gesetzlichen Bestimmungen, NDAs oder Datenschutz-
bzw. Sicherheitsbestimmungen oder weil Sie keinen Zugriff auf die Entwicklungs-
und Testumgebungen geben können, keine öffentlichen Crowd-Test-Anbieter
einsetzen können, können Sie einen privaten Crowd-Test-Ansatz wählen.

Sie können zusammen mit Ihren Kollegen einen eigenen Crowd-Test starten
und erweitern. Je nachdem, wie groß Ihr Unternehmen ist, sind Sie von vielen
Leuten mit unterschiedlichem Wissensstand und aus verschiedenen Abteilungen
umgeben. Sie können also Feedback von Entwicklern, Designern, Produktmana-

gern, Projektleitern, dem Management, dem Vertrieb und aus dem Marketing sammeln. Aus diesem Pool von Kollegen können Sie reale Nutzer und unterschiedliche Nutzungsszenarien simulieren, um einen ersten Eindruck der App zu bekommen.

Sie werden feststellen, dass einer der wichtigsten Pluspunkte, eine private Crowd einzusetzen, ist, dass Sie weniger Zeit benötigen, den Crowd-Test aufzusetzen und zu organisieren. Denn im Gegensatz zur öffentlichen Crowd kennen Ihre Kollegen bereits das Unternehmensumfeld, das Produkt und die Features der App. Angestellte können außerdem Zugriff auf die Entwicklungs- und Testumgebungen bekommen, was Ihnen erlaubt, die rechtlichen Bestimmungen und NDAs zu umgehen.

Außerdem ist es sehr viel einfacher, mit Ihren Kollegen während eines Testzyklus zu kommunizieren und sie bei der Benutzung der App zu beobachten. So erhalten Sie und Ihr Team wichtige Erkenntnisse bei der Interaktion mit der App in Bezug auf Benutzbarkeit und Funktionalität. Am Ende eines Testzyklus können Sie die Kollegen über die App und die Neuerungen interviewen, um weitere Meinungen, auch über Auffälligkeiten einzuholen, die beim Testen entdeckt wurden.

Während der Entwicklungsphase der App können interne Crowd-Test-Sessions mehrmals stattfinden und trotzdem kurz gehalten werden. Dadurch erhalten Sie mehr Flexibilität und können besser auf Benutzbarkeits-, Funktionalitäts- oder Performanzprobleme reagieren.

Damit Ihre Kollegen engagiert und motiviert bleiben, können Sie die interne Testsession als Wettkampf gestalten. Sie können Wettkampfkategorien erstellen und innerhalb dieser Kategorien Preise verteilen. Im Folgenden sind einige mögliche Kategorien aufgeführt:

- Bester Fehler in der Benutzbarkeit
- Bester funktionaler Fehler
- Bester Performanzfehler
- Bester Sicherheitsfehler
- Bestes Feedback
- Bester Fehlerbericht
- Bestes Engagement

Passende Preise dazu:

- Unternehmenstassen
- Lustige Aufkleber
- T-Shirts mit lustigen Slogans
- Gutscheine

Die Preise müssen nicht teuer sein. Sie müssen nur die Leute motivieren, so viele Fehler wie möglich zu finden und zu berichten. Des Weiteren gibt ein Wettbewerb den Kollegen den Anreiz, an zukünftigen Testzyklen mitzumachen.

> **Wichtig:**
> Versuchen Sie, eine private Crowdtesting-Session in Ihrem Unternehmen durchzuführen,
> und finden Sie heraus, wie gut Ihre Kollegen testen können. Sie werden überrascht sein
> über die berichteten Fehler und Testergebnisse.

6.2   Cloud-Tests für Apps

Anbieter von Cloud-Test-Lösungen für Apps stellen ein breites Spektrum der aktuellen Mobilgeräte mit unterschiedlichen Hard- und Softwarekombinationen in der Cloud zur Verfügung. Cloud-Test-Anbieter nutzen u.a. die folgenden Eigenschaften vom Cloud Computing, um den Service für die Mobilunternehmen, Teams und App-Tester zur Verfügung zu stellen:

- Die Cloud nutzt eine dynamische, verteilte und virtualisierte IT-Infrastruktur.
- Die Cloud stellt einen On-Demand-Dienst zur Verfügung.
- Die Cloud ist je nach Belastung skalierbar.
- Die Cloud wird nach realer Nutzung abgerechnet.
- Die Cloud ist über verschiedene Netzwerkverbindungen zu erreichen.

Cloud-Test-Lösungen sind via Web erreichbar und man kann verschiedene Tests wie die folgenden auf realen oder emulierten/simulierten Geräten durchführen:

- Funktionale Tests
- Performanztests
- Stresstests
- Testen auf dem Mobilgeräten
- Cross-Browser-Tests

Wie bei den Open Device Labs stellt die Cloud Ihnen und Ihrem Team ein umfangreiches Sortiment der aktuellen Mobilgeräte mit vielen unterschiedlichen Plattformen und mit einem einfachen Zugang zur Verfügung, egal, wo Sie gerade auf der Welt sind. Wenn Sie Ihre App in der Cloud testen wollen, müssen Sie nur ein physisches Gerät reservieren, die App hochladen und installieren und dann den manuellen oder automatisierten Test durchführen. Die Anbieter haben zusätzliche Angebote, wie spezielle Berichtsfunktionen, Screenshots und Videos der Testsession oder eine API, um Ihre automatisierten Testskripte parallel auf verschiedenen Geräten durchzuführen.

Da die Test-Clouds über verschiedene geografische Gebiete auf der ganzen Welt verteilt sind, können hier Szenarien von möglichen App-Nutzern mit unterschiedlichen Netzwerktechnologien simuliert werden.

Ein wichtiger Vorteil der Test-Cloud ist, dass Sie keine neuen Geräte für die Entwicklung oder den Test kaufen müssen, da dies der Cloud-Anbieter übernimmt. Außerdem müssen Sie all die verschiedenen Geräte nicht warten, was einen positiven Einfluss auf die Projektkosten haben kann.

Allerdings gibt es Grenzen für das Testen von Apps in der Cloud. Wenn die App z. B. Bluetooth benutzt, um sich mit anderen echten Geräten wie Lautsprechern zu verbinden, können Sie das nicht in der Cloud testen. Es ist auch nicht möglich, alle Sensoren und Schnittstellen, wie den Näherungssensor, den Raumhelligkeitssensor, den Beschleunigungssensor oder den Lagesensor, in der Cloud zu benutzen, da die Geräte fest verbaut und innerhalb eines Rechenzentrums mit dem Server verbunden sind. Und Sie können Ihre App nicht auf Unterbrechungen durch oder Mitteilungen von anderen Apps oder dem Gerät selbst testen.

Ein weiteres Manko beim manuellen Testen der App innerhalb der Cloud ist die Bedienung mit der Computermaus. Sie haben keinen echten Kontakt zu dem Gerät oder der App mit Ihren Händen oder Fingern, was es schwierig macht, ein Gefühl für die Benutzbarkeit und die Reaktion der App zu bekommen. Außerdem können keine Multitouch-Gesten auf dem Touchscreen gemacht werden.

Und nicht zuletzt sollten Sicherheitsfragen und Datenschutzbestimmung nicht unterschätzt werden, wenn Sie die Cloud für Ihren Test nutzen. Sie müssen sicher sein, dass der Anbieter all Ihre Daten und die App selbst vom Testgerät löscht, nachdem die Testsession beendet wurde. Sonst könnte der nächste Cloud-Tester Ihre App und Ihre Daten sehen und nutzen.

Bevor Sie einen Anbieter auswählen, prüfen Sie die angebotenen Features und vergleichen Sie diese mit denen von anderen Anbietern. Außerdem sollten Sie die Vor- und Nachteile des Cloud-Tests abwägen, um zu sehen, ob dieser Ansatz zu Ihrem Projekt und Ihrer Entwicklungs- bzw. Testumgebung passt.

Die Vorteile von Cloud-Tests sind:
- Einfacher Zugriff auf physische Geräte
- Einfacher Zugriff auf Emulatoren und Simulatoren
- Schnelles und einfaches Aufsetzen der Mobilgeräte
- Zugriffsmöglichkeiten von überall auf der Welt
- Geringere Kosten, da keine neuen Geräte gekauft werden müssen
- Keine Wartungskosten
- Unterschiedliche Testarten
- Simulierte Netzwerkanbieter von überall auf der Welt
- Gute Berichtsfunktionen, wie Berichte, Screenshots und Videos

Die Nachteile von Cloud-Tests sind:
- Sie haben weniger Kontrolle über die Mobilgeräte.
- Netzwerkprobleme können die Erreichbarkeit und die Funktionalitäten der Test-Cloud beeinflussen.
- Sicherheits- und Datenschutzprobleme: Andere Unternehmen benutzen dieselben Geräte. Sie müssen sicher sein, dass die App komplett gelöscht wird, nachdem die Testsession beendet ist.
- Performanzprobleme: Das Testen der App via Internet kann Einfluss auf die Reaktionszeit der App und die Testergebnisse haben.

▨ Firewalleinstellungen: Sie müssen einige der Firewallregeln ändern, damit Sie Zugriff auf die Entwicklungs- und Testumgebungen haben.

▨ Wenn die Cloud Systemprobleme oder Ausfälle hat, kann Ihre Testumgebung für die App schlechte Performanz oder Ausfälle aufweisen.

▨ Es ist schwierig, wiederkehrende Probleme zu untersuchen, da Sie keinen Zugriff auf das System haben.

▨ Es kann nicht alles in der Cloud getestet werden, Beispiele sind Sensoren, Schnittstellen, Unterbrechungen und Mitteilungen.

▨ Sie haben keinen physischen Kontakt mit dem Gerät.

Im Folgenden sind Anbieter von Cloud-Tests aufgelistet (die Liste ist keineswegs vollständig):

▨ AWS Device Farm
(*https://aws.amazon.com/de/device-farm/*)

▨ Firebase Test Lab for Android
(*https://firebase.google.com/docs/test-lab/*)

▨ CloudMonkey
(*www.cloudmonkeymobile.com/*)

▨ Experitest
(*http://experitest.com/cloud/*)

▨ Keynote
(*www.keynote.com/*)

▨ Neotys
(*www.neotys.com/product/neotys-cloud-platform.html*)

▨ Perfecto Mobile
(*www.perfectomobile.com/*)

▨ Ranorex
(*www.ranorex.com/*)

▨ Sauce Labs
(*https://saucelabs.com/*)

▨ TestChameleon
(*www.testchameleon.com/*)

▨ Testdroid
(*http://testdroid.com/*)

▨ Testmunk
(*www.testmunk.com/*)

▨ TestObject
(*https://testobject.com/*)

▨ Xamarin Test Cloud
(*http://xamarin.com/test-cloud*)

Wichtig:
Mobiles Testen in der Cloud ist eine gute Ergänzung zu Ihrem Testen intern, stößt aber an Grenzen, die berücksichtigt werden müssen.

6.2.1   Private Cloud

Wenn die Nachteile gegenüber den Vorteilen einer Public Cloud überwiegen, Sie aber nach wie vor Interesse am Cloud-Test-Ansatz haben, prüfen Sie die Nutzung einer privaten Test-Cloud. Fast jeder Anbieter in der Liste oben bietet eine private Test-Cloud an.

Eine Private Cloud kann als gehostete oder lokal installierte Lösung angeboten werden. Die gehostete Lösung ist häufiger anzutreffen, da der Aufwand für die Logistik und die Kosten für das Kaufen der neuen Telefone und die Wartung, wie Aktualisierungen einspielen und Konfigurationen durchführen, wegfallen. Anbieter von Private Clouds stellen eine sichere Umgebung innerhalb des Datencenters zur Verfügung, die einen exklusiven Zugriff auf die physischen Geräte ermöglicht. Zusätzlich bieten sie verschiedene Sicherheitsmechanismen, um die Unternehmensrichtlinien und die Unternehmensanforderungen bezüglich Sicherheit zu erfüllen.

Die lokal installierte Version ist auch bekannt als privates mobiles Testlabor. Wenn Sie sich entscheiden, diese Lösung zu nutzen, wird der Cloud-Anbieter Ihnen ein Mobilgeräte-Testrack inklusive der Software für das Gerätemanagement, mit der Sie die Testgeräte warten und in Ihrem Unternehmen den Entwicklern oder den Testern zuweisen, zur Verfügung stellen. Außerdem können Sie das Rack mit neuen Geräten erweitern.

Dieses Geräterack wird hinter Ihrer Firewall untergebracht und die Geräte sind mit der Entwicklungsumgebung verbunden, was alle Probleme bezüglich Geschwindigkeit und Verbindung einer Public Cloud vergessen macht. Sicherheits- und Datenschutzbelange sind mit dieser Lösung kein Thema mehr. Als ein Beispiel verweise ich hier auf das Testlabor von Mobile Labs.[2]

Eine lokal installierte Lösung hat das Problem, dass Sie verantwortlich sind, neue Geräte für das Geräterack zu kaufen und zu warten. Außerdem kann eine Private Cloud zum App-Testen wirklich teuer sein, wenn Sie exklusiven Zugriff auf die Testgeräte haben, der Cloud-Anbieter Ihnen exklusiven Support bietet und Sie und Ihre Firma Ihre Kollegen einarbeiten müssen, damit sie in der Lage sind, mit der Software und dem System für die Private Cloud zu arbeiten.

---

2.   *http://mobilelabsinc.com/products/deviceconnect/*

Im Folgenden sind die Vorteile einer Private Cloud zum App-Testen aufgelistet:

- Einfacher Zugriff auf die physischen Geräte
- Schnelle und einfache Einrichtung der Mobilgeräte
- Erreichbar von überall auf der Welt
- Keine Kosten für die Wartung der Geräte (nur für gehostete Lösung)
- Unterschiedliche Testarten
- Simulation von verschiedenen Netzanbietern von überall auf der Welt (nur für gehostete Lösung)
- Exklusiver Zugriff auf die Testgeräte
- Keine Sicherheitsbedenken

Es gibt aber auch eine Menge Nachteile einer Private Cloud zur App-Testen:

- Sie ist deutlich teurer als eine Public Cloud.
- Netzprobleme können auch hier die Erreichbarkeit und die Funktionalität der Test-Cloud beeinträchtigen.
- Firewalleinrichtung: Sie müssen einige Firewalleinstellungen ändern, um Zugriff auf die Entwicklungs- und Testumgebungen zu bekommen (nur für gehostete Lösung).
- Wenn die Cloud irgendwelche Systemprobleme oder Ausfälle hat, wird Ihre App eine schlechte Performanz aufweisen und ebenfalls Ausfälle haben (nur für gehostete Lösung).
- Es ist schwierig, wiederkehrende Probleme zu untersuchen, da Sie keinen Zugriff auf das System haben (nur für gehostete Lösung).
- Es kann nicht alles in der Cloud getestet werden, z.B. Sensoren und Schnittstellen.
- Es ist eine zusätzliche Einarbeitung nötig, um mit der Cloud-Anbieter-Software und dem System arbeiten zu können.

> **Wichtig:**
> Wegen der Einschränkungen im manuellen Test sollten Sie Test-Clouds nur mit dem Ziel einsetzen, automatisierte Tests auf vielen verschiedenen Geräten durchführen zu können, um das Problem der Fragmentierung zu lösen. Manuelles Testen sollte nach wie vor auf physischen Geräten, in echten Umgebungen und während Sie unterwegs sind durchgeführt werden.

6.3 Cloud-basierte Testautomatisierung

In Kapitel 5 habe ich die verschiedenen Konzepte von Testautomatisierungswerkzeugen für Mobilgeräte erklärt. Außerdem habe ich einige Testautomatisierungswerkzeuge für iOS- und Android-Plattformen beschrieben. Wenn Sie ein Testautomatisierungswerkzeug auswählen, prüfen Sie, ob das Werkzeug Testskripte in einer Test-Cloud ausführen kann. Manche der Test-Cloud-Anbieter stellen eine API für verschiedene Testwerkzeuge für Mobilgeräte zur Verfügung, sodass Sie Ihre Skripte mit deren Services ausführen können. Diese API kann Ihnen helfen, Ihre Testaufwände zu skalieren und parallel auf verschiedenen Geräten zu testen. Manche Anbieter bieten die Möglichkeit, Testautomatisierungsskripte im Web innerhalb der Cloud-Test-Software zu schreiben.

Die Vorteile einer Test-Cloud gelten auch für die Testautomatisierung innerhalb der Cloud. Eine Test-Cloud kann Ihnen helfen, eine automatisierte On-Demand-Testumgebung für Ihre App und Ihre Mobilplattform zu erstellen.

Allerdings hat der Cloud-basierte Testautomatisierungsansatz auch Nachteile. Die Testdurchführung auf Cloud-Geräten ist langsamer als mit einer lokalen Testautomatisierungslösung, was zum Teil an der Kommunikation zwischen dem Cloud-Anbieter-Netzwerk und Ihrem Firmennetzwerk liegt, wenn große Datenmengen angefragt und gesendet werden. Diese Latenz kann einen Einfluss auf das Testergebnis und das Verhalten der App haben. Die Performanz mit Testautomatisierungsskripten in einer Test-Cloud zu testen, ist deswegen nicht ideal. Das Debugging der Testautomatisierungsskripte innerhalb der Cloud ist ein weiteres Problem, da das Skript-Debugging zwar möglich, aber bislang nicht gut genug ist, um effizient zu arbeiten.

Wenn Sie die Nutzung einer Cloud-basierten Testlösung prüfen, evaluieren Sie mehrere Anbieter hinsichtlich der Features, die Sie für Ihre App benötigen. Ein Cloud-basierter Testautomatisierungsansatz kann eine nützliche Erweiterung zu Ihrer internen Testautomatisierung sein und kann Ihre Testarbeiten effizienter machen.

6.4   Zusammenfassung

Im sechsten Kapitel haben Sie etwas über Crowd- und Cloud-Testservices gelernt. Beide können Ergänzungen zu Ihren internen Testaktivitäten sein, sollten aber niemals als einzige mobile Testlösung für Ihre App genutzt werden.

Im Abschnitt über Crowd-Tests wurde der typische Prozess eines Crowd-Testzyklus erklärt. Sie dürfen dabei nicht vergessen, dass dieser Prozess einiges an Zeit sowohl für die Vorbereitung als auch für die Fehleranalysephase benötigt. Diese Aufwände dürfen nicht unterschätzt werden. Außerdem wurden die Unterschiede zwischen einer privaten und einer öffentlichen Crowd-Test-Session beschrieben. Beide Ansätze unterscheiden sich sehr im Detail, allerdings sind dieses Details sehr wichtig, um Probleme bei Infrastruktur-, Datenschutz- und Sicherheitsthemen zu vermeiden.

Im Abschnitt über den Cloud-Test wurden die Features eines Cloud-Test-Anbieters erläutert. Zusätzlich wurde beschrieben, welche Testarten innerhalb der Cloud durchgeführt werden können. Des Weiteren wurden mögliche Probleme mit den Private und Public Clouds, aber auch deren Vorteile skizziert.

7 Test- und Veröffentlichungsstrategien für Apps

Bis hierhin haben Sie eine Menge über den App-Test und die unterschiedlichen Testtechniken und Testansätze erfahren. Dieses Kapitel beinhaltet App-Test- und Veröffentlichungsstrategien und was Sie in Ihren Strategien berücksichtigen müssen. Beide Strategien, sowohl die Teststrategie als auch die Veröffentlichungsstrategie, sind sehr wichtig für jedes Projekt und Sie sollten nicht unterschätzen, wie nützlich es ist, beide in einem schriftlichen Dokument festzuhalten. In den folgenden Abschnitten werde ich Ihnen einige Beispiele für Teststrategien und Veröffentlichungsstrategien vorstellen. Außerdem werden einige Fragen aufgeworfen, die für das Aufstellen Ihrer eigenen Strategien hilfreich sein können.

7.1 Mobile Teststrategie

Generell ist die Teststrategie ein Dokument, das den Testansatz und die Arbeit beschreibt, die im Softwareentwicklungsprozess gemacht wird. Diese Strategie kann benutzt werden, den Projektmanager, den Produktmanager, die Entwickler, die Designer und alle, die in die Softwareentwicklung involviert sind, über die zentralen Themen des Softwaretestprozesses aufzuklären.

Eine Teststrategie beinhaltet das Testobjekt, die Teststufen und Testtechniken, die für den Test des SUT (System Under Test) benötigten Ressourcen und die Testumgebung. Es werden außerdem die Produktrisiken beschrieben und wie diese für die Stakeholder und Kunden minimiert werden können. Schließlich sind Definitionen vom Testeingangs- und vom Testendekriterium enthalten.

Die definierte Teststrategie wird Ihnen helfen, wird Sie daran erinnern und wird Sie führen, die wichtigsten Komponenten und Features der App nicht zu vergessen. Sie sollten sich wirklich die Zeit nehmen, die einzelnen Schritte und Ressourcen aufzuschreiben, die benötigt werden, um die App zu testen. Außerdem dokumentiert die Teststrategie Ihre Arbeit und Ihre Bemühungen innerhalb des Projekts. Das Aufschreiben einer Teststrategie bedeutet nicht, dass diese in Stein gemeißelt ist und Sie keine Änderungen mehr machen können. Im Gegenteil, es ist wichtig, dass Sie von Zeit zu Zeit mit Ihrem Team über die Teststrategie sprechen, damit Sie Produktänderungen oder andere aktuellere Umstände einbauen können.

Allerdings gibt es nicht die eine mobile Teststrategie, die von jedem Team oder für jede App genutzt werden kann, da fast jede App andere Anforderungen, Ziele und Zielgruppen hat und auf verschiedenen Plattformen läuft, was es unmöglich macht, die komplette Strategie in jedem Projekt wiederzuverwenden.

Die folgenden Abschnitte sollen Ihnen eine Idee skizzieren, wie Sie eine Teststrategie für Apps gestalten können. Sie können diese als Startpunkt und Leitfaden nutzen, um Ihre eigene mobile Teststrategie zu erstellen.

> **Wichtig:**
> Die Erstellung einer mobilen Teststrategie erfordert nicht unbedingt, dass Sie eine endlose Dokumentation schreiben, da Sie und andere Tester einfach nicht die Zeit und/oder die Ressourcen haben werden, alles durchzuspielen. Flexibilität ist gefragt im mobilen Testbusiness. Eine mobile Teststrategie soll dazu dienen, Sie und andere, die in das Projekt eingebunden sind, in Bezug auf die wichtigen Teile des Testprozesses auf dem Laufenden zu halten.

7.1.1   Anforderungen definieren

Als Erstes sollten Sie und Ihr Team in der Anfangsphase des Projekts die Anforderungen und Features Ihrer App definieren. Schreiben Sie sie alle auf und beschreiben Sie die Features und möglichen Nutzerszenarien, um ein besseres Gefühl für die App und die potenziellen Nutzer zu bekommen. Zu diesem Zeitpunkt sind grobe Beschreibungen der Anforderungen und Features völlig in Ordnung, da sie detaillierter im Entwicklungsprozess spezifiziert werden. Eine schriftliche Aufzeichnung der Anforderungen wird es Ihnen viel einfacher machen, die mobile Teststrategie abzuleiten.

Im Folgenden finden Sie eine Liste mit möglichen Beschreibungen und Features:

- Ein Anmeldeformular zur Verfügung stellen.
- Eine Login-Maske zur Verfügung stellen, um Zugriff auf den App-Inhalt zu erhalten.
- Eine Logout-Funktion zur Verfügung stellen.
- Eine Suchfunktion innerhalb der App implementieren.
- Der Nutzer soll in der Lage sein, ein Nutzerprofil zu erstellen.
- Der Nutzer soll in der Lage sein, Inhalte mit anderen Nutzern auszutauschen.
- Der Nutzer soll in der Lage sein, Inhalte in den sozialen Netzwerken auszutauschen.
- Der Nutzer soll in der Lage sein, Fotos zu machen.
- Die App soll in verschiedenen Sprachen (Englisch, Deutsch, Französisch etc.) verfügbar sein.

Außerdem sollten Sie wissen, wer die App nutzen wird. Wie in Kapitel 3 beschrieben, sollten Sie Ihre Zielgruppe und deren Erwartungen kennen. Sammeln Sie so viele Informationen wie möglich, um wichtige Einblicke in die Nutzerszenarien der Kunden zu bekommen.

Im Folgenden finden Sie ein Zusammenfassung von möglichen Informationen über die Zielgruppe (die komplette Liste finden Sie in Kap. 3):

- Geschlecht
- Monatliches Einkommen
- Bildungshintergrund
- Ort
- Andere genutzte Apps
- Smartphone-Gewohnheiten
- Genutzte Geräte

Wichtig:
Wenn Sie nichts über Ihre Zielgruppe wissen, suchen Sie nach Statistiken über mobilplattformspezifische Betriebssysteme und Hardwarespezifikationen. Außerdem analysieren und sammeln Sie Informationen über Apps, die Ihrer ähnlich sind. Das ist ein guter Ausgangspunkt, um potenzielle Nutzerinformationen zusammenzutragen.

Anhand der Anforderungen und Features Ihrer App und mit dem Wissen über Ihre Zielgruppe können Sie spezifische Fragen stellen, um Informationen für Ihre Testarbeiten und den Testumfang zu sammeln:

- Ist es wichtig, kritische Fehler schnell zu finden?
- Sollte die App nur in den gewöhnlichen Nutzerszenarien getestet werden?
- Auf welcher Mobilplattform sollten die Tests durchgeführt werden?
- Welches sind die Mobilfunkanbieternetze der Kunden?
- Gibt es in der App Teile, die sich wahrscheinlich regelmäßig ändern werden?
- Ist der Veröffentlichungszeitpunkt (Einreichung) schon bekannt?
- Gibt es einen Zeitplan für zukünftige Veröffentlichungen?

Zögern Sie nicht, diese Art von Fragen zu stellen, weil sie wichtig sind, und die Antworten Ihnen helfen werden, die nächsten Testschritte und die Prioritäten zu definieren. Machen Sie sich keine Sorgen, wenn Sie eine Frage vergessen haben zu stellen, bevor Sie angefangen haben, die Teststrategie zu schreiben – es ist besser, die Frage dann zu stellen, wenn sie auftaucht, als wenn Sie sie gar nicht stellen.

Im nächsten Schritt sollten Sie Informationen über die Entwicklungsumgebung im Unternehmen sammeln. Es ist wichtig, zu wissen, welche Werkzeuge verwendet werden, um eine Verbindung zwischen Entwicklung und Test aufzubauen. Welcher Continuous Integration (CI) Server wird genutzt? Welche Werkzeugs werden für die Erstellung der App benutzt? Und welche Backend-Technologien

werden eingesetzt, um die Anfragen der App zu beantworten? Außerdem müssen
Sie die Architektur der Produktivumgebung kennen.

Um diese Informationssammlung anzugehen, sollten Sie die Antworten der
folgenden Fragen ermitteln:

▦ Welche Arten von Softwareentwicklungswerkzeugen sind bereits im Unter-
  nehmen vorhanden und werden genutzt?
▦ Gibt es standardmäßig eine Build-Pipeline?
▦ Welcher Continuous Integration Server wird für das Projekt eingesetzt?
▦ Welche Werkzeuge werden verwendet, um die App zu erstellen?
▦ Welche Technologien werden benutzt, um die mobilen Anfragen zu bearbeiten?
▦ Welche Fähigkeiten, wie Programmiersprachen, sind im App-Team vorhanden?
▦ Wie viele Mobilgeräte für das Testen sind im Unternehmen vorhanden?
▦ Welche Werkzeuge und Technologien werden in der Produktivumgebung ein-
  gesetzt?
▦ Wie viele App-Nutzer erwarten wir?

Die Antworten auf diese Fragen werden Ihnen z.B. helfen, das Testautomatisierungswerkzeug mithilfe des technologischen Wissens innerhalb Ihres Teams auszuwählen. Sie werden Ihnen helfen, die Teststufen und Testtechniken zu definieren,
und außerdem werden sie Ihnen einen ersten Überblick von allen Technologien liefern, die im Projekt enthalten sind. Kenntnisse über die Entwicklung, den Test und
die Produktivumgebung sind sehr wichtig, wenn Sie später das Testen innerhalb
des Projektes koordinieren.

> **Wichtig:**
> Die Anforderungen und Features zu sammeln ist wichtig, da Sie diese nützlichen
> Informationen für Ihre mobile Teststrategie brauchen. Diese Informationen sind ein
> guter Ausgangspunkt, um Ihre Testaktivitäten zu planen, und sie werden Ihnen helfen,
> den Testumfang zu definieren.

7.1.2   Testumfang

Wenn Sie die Anforderungen erst einmal definiert haben, können Sie den Testumfang für Ihre Teststrategie festlegen. Da es nicht möglich ist, die App auf jeder
erdenklichen Hard- und Softwarekombination zu testen, sollten Sie den Rahmen
für Ihre Testaufwände reduzieren und sich zunächst auf die wichtigen Dinge der
App konzentrieren.

Es gibt vier Möglichkeiten, den Testumfang zu reduzieren:

▦ Testen von Einzelgeräten
▦ Testen von mehreren Geräten
▦ Testen der maximalen Anzahl an Geräten
▦ Testen der Anwendungsfälle

Testen von Einzelgeräten

Der Testumfang für ein Einzelgerät konzentriert sich auf ein Mobilgerät während des Testens. Dieser Ansatz kann oder wird genutzt, wenn nur ein Gerät von der App unterstützt wird oder im Projekt nicht genug Zeit vorhanden ist. Bei zeitlicher Dringlichkeit werden Sie wahrscheinlich nur das beliebteste Gerät wählen, das von Ihrer Kundenzielgruppe benutzt wird. Dieses Gerät wird für das Testen nur mit einem Mobilfunkanbieter und eventuell einer Wi-Fi-Verbindung genutzt. Ein anderer Ansatz könnte sein, ein Gerät aus der Gerätegruppe mit älteren Hardwarespezifikationen auszuwählen, weil dieses für die Entwickler mehr Probleme hinsichtlich des Supports bereiten kann. Sie werden wahrscheinlich mehr Fehler und Probleme im Bereich Performanz oder andere Auffälligkeiten mit diesem Gerät finden als mit dem neuesten Gerät.

Nur ein Gerät zu benutzen, kann für die App, für den Erfolg des Projektes oder auch für das ganze Unternehmen sehr gefährlich sein. Es ist sehr wahrscheinlich, dass Sie wichtige Fehler nicht finden werden, die auf anderen Geräten auftreten, und dass Ihre Kunden schlechte Bewertungen in den App-Stores einstellen werden. Wenn die App aber nur ein Gerät unterstützt – wenn es sich z. B. um eine interne Firmen-App handelt –, kann dieser Ansatz genutzt werden. Auf der anderen Seite ist es besser, nur auf einem Gerät zu testen, als den gesamten Testprozess wegzulassen.

Testen von mehreren Geräten

Wie der Name schon sagt, konzentriert sich der Testumfang für mehrere Geräte entweder auf mehrere Geräte auf einer Mobilplattform oder auf mehreren Mobilplattformen. Wählen Sie die Plattformen und Testgeräte anhand Ihrer Zielgruppe aus und gruppieren Sie die Geräte wie in Abschnitt 3.2.1 beschrieben. Wenn Sie keine Informationen über Ihre Zielgruppe haben, benutzen Sie das Internet, um nach plattformspezifischen Daten und Statistiken zu suchen, die Ihnen helfen werden, die Mobilplattform und die Mobilgeräte auszuwählen, auf die Sie sich konzentrieren können.

Eine wirklich gute Webseite, bereitgestellt von Google, ist »Our Mobile Planet«[1], auf der Sie Informationen basierend auf dem Land, Alter, Geschlecht, Nutzerverhalten und Verhalten im aktuellen Jahr bekommen.

Testen der maximalen Anzahl an Geräten

Der Testumfang für die maximale Anzahl an Geräten umfasst so viele Mobilplattformen und Geräte wie möglich. Dieser Ansatz kann für Massenmarkt-Apps genutzt werden, um so viele Kunden wie möglich überall auf der Welt zu erreichen ohne Restriktionen hinsichtlich Plattform, Gerät, Mobilfunkanbieternetz

---

1.   *http://think.withgoogle.com/mobileplanet/en/*

oder Zielgruppe. Eine App für den Massenmarkt zu testen ist sehr schwierig, da es fast immer eine Hard- und Softwarekombination gibt, die nicht gut mit Ihrer App arbeiten wird, und es beinahe unmöglich ist, diese Kombination zu finden. Um dieses Risiko zu reduzieren, müssen Sie einen Weg finden, auf so vielen Geräten wie möglich zu testen.

Dieser Ansatz benötigt eine Menge Recherchearbeit, um Informationen und Statistiken über die aktuelle Nutzung der Geräte, der Mobilplattformen und der Betriebssystemversionen zu sammeln. Es werden Informationen über die verschiedenen Mobilfunkanbieternetze und Verbindungsgeschwindigkeiten überall auf der Welt benötigt.

Wenn Sie erst einmal die erforderlichen Informationen gesammelt haben, überlegen Sie sich, eine Kombination aus internem Testen, Cloud-Testen und Crowd-Testen durchzuführen, um die Massenmarktsituation nachzustellen. Denken Sie daran, dass das Testen nur mit internen Ressourcen und Geräten vom Umfang her zu eingeschränkt oder zu teuer sein wird.

Testen der Anwendungsfälle

Neben der Auswahl eines Testumfangs für die Hardware, um die Testarbeiten zu verringern, können Sie auch den Umfang der Anwendungsfälle auswählen, um die Arbeitsbelastung zu begrenzen. Mit diesem Ansatz können Sie sich auf bestimmte Teile oder Features der App konzentrieren und weniger wichtige auslassen, wie beispielsweise Hilfetexte oder Randfälle. Fast jedes Projekt steht unter extremem Zeitdruck, deswegen ist es wichtig, zu definieren, welche Teile der App im Testumfang einbezogen sein müssen und welche außen vor gelassen werden können. Schreiben Sie beide Teile in Ihrer Teststrategie auf und beschreiben Sie die Anwendungsfälle, die getestet werden müssen und warum. Wenn genug Zeit vorhanden ist, sollten die weniger wichtigen Teile ebenfalls getestet werden.

Sie sollten oder müssen die folgenden Informationen über den Testumfang in Ihrer Teststrategie mit einbeziehen:

- Welcher Ansatz sollte im Projekt genutzt werden?
- Ist es möglich, Ansätze für bestimmte Teile der App zu kombinieren?
- Warum wurde dieser Ansatz gewählt?
- Welches sind die benötigten und wichtigsten Hauptanwendungsfälle der App?

7.1.3   Teststufen und Testtechniken definieren

Sobald Sie die Anforderungen und den Testumfang definiert haben, müssen Sie sich über die verschiedenen Teststufen und Testtechniken Gedanken machen, die Sie in Ihrem Projekt nutzen wollen. Beachten Sie die Übersicht der Qualitätssicherungsmaßnahmen aus Abschnitt 4.3, wenn Sie diese definieren. Dieser Überblick wird Ihnen helfen, die Teststufen und Testtechniken für Ihre App herzuleiten.

Teststufen

Wie in Kapitel 5 »Mobile Testautomatisierungswerkzeuge« gezeigt, tendiert der Fokus von Teststufen von nicht mobiler Softwareentwicklung dazu, sich immer mehr in den mobilen Softwareentwicklungsprozess zu verschieben. Die »Testpyramide für Apps« zeigt, dass die Ebene Unit Test der kleinste Teil im Vergleich zu End-to-End-Tests, Betatests und manuellen Tests ist.

In den meisten Softwareentwicklungsprojekten ist der Entwickler für Unit Tests zuständig. Das ist auch in App-Projekten der Fall. App-Tester sind dafür verantwortlich, die End-to-End-Test-Automatisierung inklusive der Integrationstests zu schreiben. Allerdings sollte jeder im Team für die Qualität der App verantwortlich sein – sie sollten alle den App-Tester bei ihrer oder seiner Arbeit unterstützen.

Wie schon in einigen Kapiteln dieses Buches erwähnt, ist manuelles Testen ein sehr wichtiger Teil eines mobilen Entwicklungsprojekts und bildet einen wesentlichen Teil der Teststufen in einem solchen Projekt. Allerdings gibt es auch andere Ebenen, die für manuelles Testen wichtig sind: Akzeptanz-, Alpha- und Betatests. Nutzerakzeptanztests können durchgeführt werden, um die App gegen die Nutzeranforderungen zu testen und um zu verifizieren, dass die App alle abdeckt. Dieser Schritt wird gewöhnlich von einem Tester, Produktmanager oder einem Kunden durchgeführt.

In mobilen Entwicklungsprojekten sind Alpha- und Betatests wichtige Teststufen, die einen Teil Ihrer Teststrategie bilden sollten. Jedes Mal, wenn ein Feature innerhalb Ihrer App implementiert wird, sollten Sie es mit potenziellen Kunden testen, um frühzeitiges Feedback darüber zu sammeln. Wenn der Test mit potenziellen Kunden innerhalb der Alphatests nicht möglich ist, könnten Sie versuchen, die Funktion mit Ihren Arbeitskollegen zu testen, um Feedback von außerhalb des Entwicklungsteams zu bekommen.

Sobald die App eine definierte Reife erreicht hat – zum Beispiel, wenn alle Features implementiert worden sind oder wenn nur zwei Fehler in der letzten Woche gefunden worden sind –, sollten Sie prüfen, ob Sie Beta-Distributionswerkzeuge benutzen oder einen Crowd-basierten Testansatz wählen, um Betatests mit potenziellen Kunden durchzuführen. Das Kriterium, das das Ende einer Testphase definiert und das anzeigt, dass die nächste Phase durchgeführt werden kann, muss außerdem in der Teststrategie dokumentiert werden.

Typische Softwareteststufen, die in einem mobilen Entwicklungsprojekt genutzt werden sollten, sind im Folgenden aufgelistet:

▦ Automatisiertes Testen

  ● Unit Tests
  ● End-to-End-Tests (inklusive Integrationstests)

▦ Manuelles Testen

  ● Akzeptanztests
  ● Alphatests
  ● Betatests

▦ Regressionstests

Sobald Sie die Teststufen definiert haben, sollten Sie auch überlegen, wie intensiv jede Stufe von einem funktionalen und einem nicht funktionalen Gesichtspunkt aus getestet werden sollte. Denken Sie daran, dass nicht alle Testarten in jeder Teststufe einbezogen werden.

Außerdem kann es hilfreich sein, einige Metriken zu definieren, die den aktuellen Status der Applikation messen, wie z. B. folgende:

▦ Zu jedem Feature muss es mindestens einen Unit Test geben.
▦ Zu jedem Feature muss es mindestens einen End-to-End-Test geben.
▦ Es sollten keine Warnungen oder Fehler in der statischen Analyse des Codes vorhanden sein.

Funktionales Testen sollte das Folgende beinhalten:

▦ Die Funktionalität der App identifizieren.
▦ Die unterschiedlichen Teile gegen die funktionalen Anforderungen testen.
▦ Die Testfälle definieren und ausführen.
▦ Eingabedaten anhand der Spezifikation generieren.
▦ Die Ist-Ausgabe und die Soll-Ausgabe vergleichen.

Nicht funktionales Testen sollte die folgenden Punkte beinhalten:

▦ Stresstests
▦ Performanztests
▦ Benutzbarkeitstests
▦ Sicherheitstests
▦ Portabilitätstests
▦ Test zur Barrierefreiheit
▦ Internationalisierungs-/Lokalisierungstests

Die folgenden Informationen zu den Teststufen könnten in Ihrer Teststrategie genutzt werden:

- Welche Teststufen werden im Projekt genutzt und warum?
- Welche Teile werden für funktionales Testen und welche für nicht funktionales Testen verwendet?
- Definieren und Beschreiben der automatisierten Teststufen. Welche Teile müssen mit Unit Tests getestet werden und welche Teile werden getestet, indem man ein End-to-End-Test-Automatisierungswerkzeug benutzt?
- Definieren und Beschreiben, wann die Software eine bestimmte Reife erreicht hat und somit für Alpha- und Betatests genutzt werden kann.
- Definieren und Beschreiben von Metriken, die für das Projekt relevant sind.

Testtechniken

Sie können auf Qualitätssicherungsmaßnahmen zurückgreifen (Kap. 4), um Ihre Testtechniken und Testmethoden zu definieren. Überlegen Sie sich, statische und dynamische Ansätze zu benutzen, um Ihre App aus unterschiedlicher Sicht zu testen.

Wie in Kapitel 4 beschrieben, empfehle ich, Werkzeuge zur statischen Codeanalyse in Ihrem statischen Testansatz zu benutzen, um den App-Code auf irgendwelche Fehler oder Probleme zu testen. Denken Sie daran, dass der App-Code während einer statischen Analyse nicht ausgeführt wird. Außerdem sollte die gesamte Projektdokumentation auf Vollständigkeit geprüft werden.

Im dynamischen Testansatz sollten Sie die Technik der White- und Blackbox-Tests benutzen, um Ihre App zu testen. Whitebox-Tests sollten von den Entwicklern durchgeführt werden und das Folgende abdecken:

- Anweisungsüberdeckung
- Pfadabdeckung
- Zweigüberdeckung
- Entscheidungsüberdeckung
- Kontrollflusstests
- Datenflusstests

Blackbox-Tests sollten von den Softwaretestern durchgeführt werden und das Folgende beinhalten:

- Äquivalenzklassenanalyse
- Grenzwertanalyse
- Entscheidungstabellen
- Zustandsübergangsanalyse
- Ursache-Wirkungs-Graph-Analyse

Allerdings sollten auch die Entwickler auf der Stufe von Unit Tests Grenzwerte und Zustandsübergänge testen, um sicherzustellen, dass jede Unit korrekt mit diesen Situationen umgeht.

In Ihrer Teststrategie sollte ebenfalls schriftlich dokumentiert sein, welche Testtechnik von wem angewandt wird.

Neben den bereits genannten Techniken sollten Sie exploratives Testen und risikobasiertes Testen in Betracht ziehen, um Ihre Testarbeiten innerhalb Ihres App-Teams zu organisieren und zu reduzieren.

> **Wichtig:**
> Definieren Sie Teststufen für Ihre App anhand Ihrer Features und Anforderungen. Qualitätssicherungsmaßnahmen werden Ihnen helfen, Ihre Testmethoden und Testtechniken zu definieren.

Die folgenden Informationen über Testtechniken könnten ein Teil Ihrer Teststrategie sein:

- Welche Testtechnik wird von Ihrem Projekt genutzt und warum?
- Definieren und beschreiben Sie die Reihenfolge der Testtechniken, zum Beispiel: Der statischen Codeanalyse und den Dokumentenreviews folgen Whitebox-Tests, Blackbox-Tests und dann explorative Testsessions, in denen das ganze Team mit einbezogen ist.
- Welche Teammitglieder wenden die verschiedenen Testtechniken an?
- Definieren und beschreiben Sie den manuellen Testprozess, wie zum Beispiel Akzeptanztests, exploratives Testen, Alpha- und Betatests.
- Definieren und beschreiben Sie das Testendekriterium für White- und Blackbox-Tests, zum Beispiel: 80 % Zweigüberdeckung mit Whitebox-Tests.

7.1.4   Testdaten

Fast jeder App-Prozess erzeugt und sendet Daten von der App über Datennetze zu verschiedenen Backend-Systemen. Die verarbeiteten und übertragenen Daten unterscheiden sich von App zu App und haben verschiedene Anforderungen und Komplexitäten. Eine Komponente Ihrer mobilen Teststrategie sollten die benötigten Testdaten sein. Es ist wichtig, die Testdaten so realistisch wie möglich anhand von Features und Anforderungen Ihrer App zu definieren.

Im Folgenden sind Beispiele für verschiedene Testdatentypen aufgeführt:

▦ **Konfigurationsdaten**

Diese Daten beinhalten Konfigurationen für die App oder die Backend-Systeme. Es können zum Beispiel Entscheidungsregeln für Rules Engines und/oder Einstellungen für Datenbanken und Firewalls enthalten sein.

▦ **Stabile Daten**

Diese beinhalten gewöhnlich Daten mit einer geringen Veränderungsrate und einer langen Lebensdauer. Ein typisches Beispiel dafür wäre eine Kundeninformation, wie Nutzername und Passwort, oder Produktinformationen.

▦ **Temporäre Daten**

Dieser Datentyp wird sich eher häufig ändern, d.h., dass die Daten nur einmal benutzt werden können oder, während die App läuft, erstellt werden müssen, zum Beispiel: Bezahlungsdetails oder Buchungsbelege.

Sobald die Testdatenanforderungen klar sind, müssen Sie einen Weg festlegen, die Testdaten zu sichern, damit Sie die Daten, wann immer Sie sie brauchen, in einem definierten Zustand erneut erzeugen oder in einen solchen zurücksetzen können. Eine mögliche Lösung dafür ist eine Datenbank, aus der die gespeicherte Information während des Entwicklungs- und Testprozesses genutzt werden kann. Ein zusätzlicher Vorteil der Datenbank ist, dass Sie die Datenbank für den manuellen Test und den automatisierten Test gleichzeitig nutzen können. Auf der anderen Seite können Sie Testdatenmanagementwerkzeuge nutzen, um die Daten innerhalb Ihres Projektes zu organisieren.

Sobald Sie den Zurücksetzen- und Erzeugungsprozess definiert haben, sollten Sie die Daten so schnell wie möglich erstellen, weil das Ihnen und Ihren Kollegen während des App-Entwicklungsprozesses helfen wird.

Abhängig von der App werden Sie vielleicht eine Menge Testdaten benötigen. Wenn das der Fall ist, wäre ein Generator, der die Daten automatisch erzeugt, eine gute Idee. Wenn Sie einen Datengenerator nutzen, ist es wichtig, dass die funktionellen und erforderlichen Parameter dokumentiert werden.

Wenn die Testdaten in Ihrem Projekt verfügbar sind, dürfen Sie nicht vergessen, diese bei neuen Features und Änderungen anzupassen. Sehr wahrscheinlich werden sich mit der Zeit Features verbessern und die Testdatenanforderungen sich ändern. Ihre Teststrategie sollte deswegen einen Prozess für die Aktualisierung der Testdaten skizzieren, inklusive der Verantwortlichkeiten und der Trigger für den Aktualisierungsprozess. Es empfiehlt sich auch, dass Sie eine Strategie dafür definieren, wie veraltete Testdaten archiviert werden sollten, um Fehler zu reproduzieren, die noch in alten Features oder alten Versionen der App gefunden werden.

Die folgenden Testdateninformationen könnten ein Teil Ihrer Teststrategie sein:

░ Wie werden die Testdaten generiert?

░ Wo werden die Testdaten gespeichert?

░ Wie wird die Dokumentation gehandhabt, zum Beispiel: Werden Testdaten zusammen mit den Testergebnissen dokumentiert?

░ Wie oft werden die Testdaten aktualisiert?

░ Wer ist verantwortlich für die Testdaten?

7.1.5   Auswahl der Zielgeräte und der Testumgebung

Nachdem Sie nun die Features, die Anforderungen, die Teststufen und Testtechniken, aber auch die Testdaten beschrieben haben, müssen Sie über die Testumgebung und die Zielgeräte für den Test in Ihrer Strategie nachdenken. Wie Sie in Kapitel 3 erfahren haben, ist es ein guter Ansatz, die Testgeräte oder die mobilen Webbrowser zu gruppieren, um zu bestimmen, welche Geräte für die App genutzt werden sollten. Die Erstellung solcher Mobilgerätegruppen erfordert Informationen über die Kundenzielgruppe und ihre Nutzerszenarien. Vergessen Sie dabei nicht den Testumfang, der in diesem Kapitel beschrieben wurde.

Sobald die Gerätegruppen festgelegt worden sind, müssen Sie Geräte aus diesen Gruppen wählen, um sie Ihrem Team bereitzustellen. Es wird empfohlen, dass Sie mindestens ein Gerät von jeder Gerätegruppe für den Test zur Verfügung haben. Allerdings empfehle ich Ihnen mindestens fünf Geräte aus jeder Gruppe, um einen breiteren Mix an Hard- und Softwarekombinationen mit verschiedenen Formen und Bildschirmen zu haben. Sie sollten auch schriftlich festhalten, warum Sie diese Testgeräte gewählt haben.

Nachdem Sie nun wissen, welche Geräte für das Testen benötigt werden, müssen Sie sie kaufen oder mieten. Alle erforderlichen Geräte zu kaufen kann sehr teuer werden und ist wegen des Projektbudgets vielleicht keine Option. Eine gute Möglichkeit, um ein wenig Geld zu sparen, sind Onlineauktionen, wo Sie gebrauchte Geräte kaufen können. In den meisten Fällen sind die Geräte gut genug erhalten für Ihre Tests.

Wenn Kaufen überhaupt keine Option ist, können Sie die Geräte mieten. Wie in Kapitel 3 erwähnt, gibt es einige Anbieter für Mobile Device Labs auf dem Markt, die Ihnen die Geräte, die Sie brauchen, für eine bestimmte Zeit ausleihen. Allerdings sollten Sie die Leihgebühren prüfen und mit dem Gerätepreis vergleichen. Wenn Sie die Geräte für einen längeren Zeitraum mieten wollen, kann mieten teurer sein, als die Geräte gleich zu kaufen.

Eine andere Alternative sind Open Device Labs[2], wo die Geräte kostenlos geliehen werden können. Schauen Sie in die »Open Device Labs«-Karte, um eines in Ihrer Nähe zu finden. Wenn Sie ein kostenloses Gerät haben wollen, können

---

2.   *http://opendevicelab.com/*

Sie auch in Ihrer Firma oder Familie herumfragen, ob jemand das Gerät hat, das Sie brauchen, und Sie es für eine Weile ausleihen können.

Sobald Sie die Gerätestrategie definiert haben, müssen Sie sich über die Testumgebung, d. h. die Backend-Systeme, Gedanken machen. Sie müssen die Architektur der Backend-Systeme, wie Datenbanksysteme, Bezahlsysteme, APIs und alle anderen Arten von Systemen, die in Ihr Projekt eingebunden sind, kennen. Wenn Sie Systeminformationen haben, müssen Sie sichergehen, dass diese auch in der Testumgebung erreichbar sind, sodass Sie so testen können, als wären Sie in der Produktivumgebung. Wenn Ihre Teststrategie Testen in freier Wildbahn oder Tests von unterwegs enthält, gibt es eine weitere Anforderung: Die Testumgebung muss außerhalb Ihres Firmennetzwerks erreichbar sein.

Die folgenden Informationen über Zielgeräte und die Testumgebung könnten Teil Ihrer Teststrategie sein:

- Welche Geräte werden für das Testen genutzt?
- Warum werden diese Geräte für das Testen genutzt?
- Sind die Geräte in der Firma vorhanden oder müssen diese erworben werden?
- Was sind Ihre Gründe für die Wahl dieser Testgeräte?
- Welche Anforderungen an die Testgeräte und die Testumgebung gibt es?
- Gibt es eine Aktualisierungsrichtlinie für die Mobilgeräte?
- Wann werden neue Geräte in den Entwicklungs- und Testprozess integriert?
- Was sind die Nutzungsszenarien des Systems?
- Woraus besteht das Backend-System?
- Ist die Testumgebung der Live-Umgebung ähnlich?
- Kann die Testumgebung für Testzwecke außerhalb des Firmennetzwerkes genutzt werden?

7.1.6   Manuelles und »In the Wild«-Testen bzw. Tests in freier Wildbahn

Wie Sie bisher erfahren haben, erfordert App-Testen viel manuelles Testen und Testen in realen Umgebungen. Denken Sie an das Beispiel mit der Ski- und Snowboard-App aus Kapitel 1, bei dem das Testen auf dem Berg erforderlich war, um zu sehen, ob die App wirklich unter echten Bedingungen funktioniert.

Manuelles Testen in freier Wildbahn ist essenziell für Ihre App und erfordert zuvor eine Menge Planung, um nutzlose Testszenarien während der Tests von unterwegs zu vermeiden. Deswegen sollten Sie übliche Szenarien aus der realen Welt für Ihre App und ihre Features identifizieren. Schreiben Sie diese Szenarien in Ihrer Teststrategie auf und ordnen Sie sie nach Priorität und Wichtigkeit Ihres Projektes.

Außerdem wird empfohlen, dass Sie Testrouten, wie beispielsweise mit dem Bus, Zug, Auto, Flugzeug oder beim Laufen, definieren. Innerhalb dieser Routen beschreiben Sie mögliche Szenarien, die getestet werden sollten. Diese Routen erlauben Ihnen, echte Mobilgerätenutzer zu simulieren, während sie zur Arbeit pendeln oder herumreisen.

Nicht zuletzt sollten Sie Datennetzszenarien anhand Ihrer Zielgruppe definieren. Nachdem Sie Informationen über Ihre Zielgruppe gesammelt haben, werden Sie wissen, in welchen Regionen sie leben und welche Datennetze und Geschwindigkeiten dort verfügbar sind, zum Beispiel: 4G, 3G oder EDGE. Aufgrund dieser Information können Sie den App-Test auf diese Netzwerkgeschwindigkeiten begrenzen, aber vergessen Sie nicht, verschiedene Netzanbieter zu testen.

Im Folgenden sind einige Beispiele für Nutzungsszenarien aufgelistet:

- Testen Sie Ihre App basierend auf den Features in sonniger Lage im Freien oder innerhalb des Büros.
- Testen Sie, ob die App bei unterschiedlichen Wetterbedingungen genutzt werden kann.
- Nutzen Sie mehrere Apps gleichzeitig, wie E-Mail, Chat und News, während Ihre App im Hintergrund läuft. Prüfen Sie, ob die App von anderen Apps beeinflusst wird.

Im Folgenden sind einige Beispiele für Routenszenarien aufgelistet:

- Nutzen Sie die App, während Sie mit dem Zug, Bus oder Auto zur Arbeit pendeln.
- Nutzen Sie die App beim Joggen und prüfen Sie das Verhalten der Sensoren.
- Nutzen Sie die App während eines Spaziergangs durch eine Stadt oder die Landschaft und prüfen Sie die Sensoren und das GPS oder den Kompass.

Im Folgenden sind einige Beispiele für Datennetzszenarien aufgelistet:

- Testen Sie, wie die App in schnellen Datennetzen wie 4G oder 3G funktioniert.
- Testen Sie, wie die App mit einem Wechsel des Datennetzes von 4G zu 3G oder sogar 2G umgeht.
- Testen Sie, wie die App den Verlust von Paketen verkraftet oder mit einem Netzausfall umgeht.

Das Testen in freier Wildbahn verlangt eine Menge Bewegung und ist eine herausfordernde Aufgabe, die während des Entwicklungsprozesses der App durchgeführt werden muss. Wenn Sie nicht die Zeit oder Möglichkeit haben, die App in realen Szenarien zu testen, überlegen Sie, Crowd-Tests zusammen mit den internen Tests zu nutzen. Denken Sie dabei aber an die Vor- und Nachteile von Crowd-Tests aus Kapitel 6, da sie einen Einfluss auf Ihre Projektplanung, Koordination, Zeitplanung und Budget haben können.

Schreiben Sie keine komplexen Testfälle und Szenarien mit exakten Schritten für Tests in freier Wildbahn. Wenn Sie unterwegs sind, werden Sie wahrscheinlich keinen Laptop dabei haben, um sich die Testfälle anzusehen. Das wäre auch ineffizient, weil es das wirkliche Testszenario, das Verhalten und die Nutzersimulation zerstört. Sie werden wahrscheinlich eine Tasche mit vielen Geräten für das

Testen in freier Wildbahn dabei haben. Wenn Sie solche Szenarien planen, halten Sie sie kurz und informativ, sodass sie von unterwegs aus genutzt werden können. Ich empfehle Ihnen, die Szenarien auszudrucken oder sie auf Papier aufzuschreiben, sodass Sie sie lesen und im Kopf behalten können.

Die folgenden Informationen über das Testen in freier Wildbahn könnten Teil Ihrer Teststrategie sein:

- Definieren und beschreiben Sie die Nutzungsszenarien von Ihren Kunden.
- Definieren und beschreiben Sie die Testszenarien in freier Wildbahn.
- Definieren und beschreiben Sie die verschiedenen Datennetze, die fürs Testen genutzt werden müssen.

7.1.7 Checklisten und Testtouren

Sie können Checklisten und Testtouren zu Ihrer Teststrategie hinzufügen. Wie in Kapitel 4 beschrieben, können Checklisten sehr hilfreich für Ihre App sein, da Sie damit Punkte festhalten, die nicht automatisiert werden können oder die sich häufig ändern. Wenn Sie die Anforderungen und Features Ihrer App kennen, werden Sie wahrscheinlich auch wissen, welche Teile der App wiederholt getestet werden müssen. In diesem Fall ist es gut, diese Features zu einer Checkliste als Teil Ihrer Teststrategie hinzuzufügen.

Anhand der Features Ihrer App ist es nützlich, Testtouren zu definieren, um die Testaufwände auf spezielle Teile der App zu konzentrieren. Cem Kaner[3] beschreibt eine Tour als »… eine Exploration eines Produkts, die um ein bestimmtes Thema herum organisiert ist«.

Die Einbindung von Testtouren in Ihren Testarbeiten hilft Ihnen, herauszufinden und zu verstehen, wie die App funktioniert. Außerdem können Sie dabei neue Testideen entwickeln, während Sie die App testen. Bitte sehen Sie in Kapitel 4 nach einer Beschreibung für einige Touren, die durch Merkhilfen gestützt werden.

Im Folgenden finden Sie einige Beispiele für Testtouren:

- **Feature-Tour**
  Erkunden und testen Sie alle möglichen Features in der App.
- **Konfigurationstour**
  Erkunden und testen Sie alle Teile der App, die konfiguriert werden können.
- **Gestentour**
  Nutzen Sie jede mögliche Geste auf jedem Bildschirm, um zu sehen, wie die App mit den verschiedenen Eingaben umgeht.
- **Orientierungstour**
  Verändern Sie die Orientierung von jedem Bildschirm von Hochformat zu Querformat und andersherum, um zu sehen, ob irgendwelche Problem auftreten.

---

3.   *http://kaner.com/?p=96*

Ich benutze die folgenden Merkhilfen in meinen Projekten:

▨ FCC CUTS VIDS
  (*http://michaeldkelly.com/blog/2005/9/20/touringheuristic.html*)
  von Michael Kelly
▨ I SLICED UP FUN
  (*www.kohl.ca/articles/ISLICEDUPFUN.pdf*)
  von Jonathan Kohl

Die folgenden Informationen über Checklisten könnten Teil Ihrer Teststrategie sein:

▨ Welche Checklisten werden im Projekt genutzt und warum?
▨ Beschreiben Sie die verwendeten Checklisten und Touren.
▨ Beschreiben Sie, wann die Checklisten und Touren genutzt werden sollten und
  von wem.

7.1.8   Testautomatisierung

Testautomatisierung kann auch ein Teil einer mobilen Teststrategie sein. Abhängig von der App und ihrem Lebenszyklus, müssen Sie sie vielleicht nicht automatisieren. Wenn das der Fall ist, ist es wichtig, dass Sie die Gründe, warum die Testautomatisierung nicht notwendig ist, dokumentieren und beschreiben.

Wenn Ihre App aber Testautomatisierung benötigt, sollten Sie sich so schnell wie möglich über Automatisierung und die Werkzeuge, die Sie benutzen wollen, Gedanken machen. Denken Sie zurück an die verschiedenen Testautomatisierungskonzepte aus Kapitel 5 und deren Vor- und Nachteile. Wählen Sie das Werkzeug, das am besten in Ihre jetzige Projektsituation passt und mit dem Sie bereits einige Erfahrung oder Programmierkenntnisse haben sammeln können, oder für das Sie einen entsprechenden Testaufbau oder eine Testumgebung zur Hand haben. Das wird Ihnen eine Menge Geld und Zeit sparen.

Beschreiben Sie das Testautomatisierungswerkzeug in Ihrer Teststrategie und begründen Sie, warum Sie es für dieses Projekt ausgewählt haben. Anhand der beschriebenen Features und Anforderungen können Sie die Teile der App definieren, die automatisiert und die nicht automatisiert werden sollten.

Im nächsten Schritt sollten Sie die Geräte beschreiben, auf denen die automatisierten Tests laufen sollen, und in welchen Umgebungen die Tests ausgeführt werden sollten.

Ihr App-Projekt sollte die richtige Balance zwischen physischen und virtuellen Geräten finden, falls Sie nicht die Möglichkeit haben, alles auf physischen Geräten zu testen. Ein Mix aus physischen und virtuellen Geräten kann auch kostengünstiger sein.

Sobald Sie die Geräte und die Testautomatisierungsumgebung definiert haben, empfehle ich Ihnen, auch Testsuiten zu definieren, in denen die verschiedenen automatisierten Testfälle basierend auf den üblichen Features, Abschnitten und Anforderungen innerhalb der App gruppiert werden. Mithilfe von Testsuiten

können Sie entscheiden, welche Tests wann und wie oft ausgeführt werden sollten. Zum Beispiel können Sie eine Smoke-Testsuite mit einigen automatisierten
Tests aus jedem Teil der App definieren, um sicherzustellen, dass ein Commit in
das zentrale Code-Repository nichts kaputt gemacht hat. Diese Testsuite sollte
klein sein und immer dann laufen, wenn Codeänderungen stattgefunden haben,
um schnelles Feedback zu bekommen und die Entwickler zügig über irgendwelche Probleme informieren zu können.

Im Folgenden finden Sie einige Beispiele von Testsuiten:

- Smoke-Testsuite mit wenigen Testskripten, um die Basisfunktionen der App
  zu prüfen und schnelles Feedback zur Verfügung zu stellen
- Medium-Testsuite oder eine Testsuite nur mit spezifischer Funktionalität
- Komplette Regressionstestsuite mit allen Testskripten, die einmal am Tag oder
  in der Nacht ausgeführt werden
- Testsuite nur mit Nutzerszenarien wie dem Registrierungs- oder Abmeldeprozess

Testsuiten sind eine gute Möglichkeit, um die Balance zwischen schnellem Feedback und umfangreicher Testabdeckung zu wahren.

Nachdem die Testsuiten erstellt sind, legen Sie fest, wann sie ausgeführt werden sollen, zum Beispiel: Die Smoke-Testsuite muss nach jedem Commit durch
den Entwickler ausgeführt werden. Die Medium-Testsuite könnte alle zwei Stunden ausgeführt werden. Die komplette Regressionstestsuite könnte einmal in der
Nacht ausgeführt werden.

Sie sollten auch definieren, wo die Testautomatisierung ausgeführt werden
sollte. Sie kann auf der lokalen Umgebung des Entwicklers erfolgen, wo die Unit
Tests ausgeführt werden, bevor Änderungen zum zentralen Repository übertragen werden. Die Unit Tests und End-to-End-Tests können auf dem CI-Server ausgeführt werden.

Die folgenden Informationen über Testautomatisierung könnten Teil Ihrer
Teststrategie sein:

- Wird ein CI-Server für den Build-Prozess genutzt?
- Welcher CI-Server wird genutzt und warum?
- Welche Testumgebung wird genutzt, um die Testautomatisierung auszuführen?
- Welche Testautomatisierungswerkzeuge werden im Projekt genutzt?
- Werden die Tests auf echten und auf virtuellen Geräten ausgeführt?
- Welche Geräte müssen mit dem CI-Server verbunden sein und warum?
- Wird ein Cloud-Anbieter für die Testautomatisierung genutzt?
- Definieren und beschreiben Sie die Testsuiten und Gruppen.
- Definieren und beschreiben Sie die verschiedenen Build-Trigger und Durch-
  führungszeiten.
- Definieren und beschreiben Sie, wo die verschiedenen Testautomatisierungs-
  suiten ausgeführt werden, zum Beispiel: alles auf der lokalen Entwicklerma-
  schine oder auf dem CI-Server.

7.1.9   Produktrisiken

Jedes Projekt ist verschiedenen Arten von Risiken ausgesetzt. Es ist wichtig, sowohl das Projektrisiko als auch das Feature-Risiko herauszuarbeiten, damit Sie dann mögliche Lösungen für diese definieren können. Betrachten Sie sowohl die Eintrittswahrscheinlichkeit des Risikos als auch die Auswirkung des Risikos. Wenn die Produktrisiken klar sind, können Sie damit beginnen, einen Risikoanalyseansatz zu implementieren, der vom gesamten Team genutzt wird, wenn neue Features definiert, implementiert und getestet werden.

Die folgenden Informationen über Produktrisiken könnten Teil Ihrer Teststrategie sein:

- Welche Teile sind kritisch für den Betrieb?
- Wir hoch ist die Eintrittswahrscheinlichkeit des Risikos?
- Wie sollen die betriebskritischen Teile getestet werden?
- Was ist der potenzielle Schaden, wenn ein kritisches Problem auftaucht?
- Wie wird die Feature-Risikoanalyse durchgeführt?
- Gibt es einen Katastrophenplan?

> **Wichtig:**
> Eine mobile Teststrategie zu erstellen ist nicht einfach, da sie viele Testinformationen zu App und Gerät abdecken muss. Ihre Strategie muss eventuell auch während des Entwicklungsprozesses wegen geänderter Produktfeatures oder Prioritäten angepasst werden.

7.2   Veröffentlichungsstrategie für Apps

So wichtig wie die App-Teststrategie ist, ist es genauso wichtig, eine Veröffentlichungsstrategie für Apps aufzuschreiben. Die Markteinführung einer App ist nicht einfach und es können eine Menge Probleme auftreten, während und nachdem sie in den Markt eingeführt wurde. Dieser Teil des Kapitels wird die wichtigen Aktivitäten vor und nach der Markteinführung für eine App beschreiben.

7.2.1   Vor der Markteinführung – Untersuchung des Releasematerials

Wie in Kapitel 4 erwähnt, sollten Sie darüber nachdenken, eine Release-Checkliste zusammenzustellen, um sicherzugehen, dass die kompletten Releaseinformationen vorhanden und verfügbar sind. Sie sollten außerdem den Aktualisierungs- und den Installationstest durchführen, bevor Sie die App in den App-Store übergeben.

Die Tests, die Sie durchführen, bevor Sie die App im App-Store einreichen, sollten sich nicht nur auf die App selbst beschränken, sondern Ihre Markteinführungsstrategie sollte auch skizzieren, ob und wie der Backend-Service vor einem neuen Release getestet wurde.

Stellen Sie sich selbst die Frage: »Benötigt die neue Version der App einige neue Backend-Services oder API-Aufrufe?« Wenn ja, sind diese Services oder API-Aufrufe bereits im Backend-System veröffentlicht worden? Wenn das noch nicht geschehen ist, ist es sehr wahrscheinlich, dass Ihre App vom Hersteller des App-Stores zurückgewiesen wird. Überprüfen Sie die neuen und bestehenden Features der App in der Produktivumgebung ein letztes Mal, wenn die Backend-Services erreichbar sind.

Wenn die App für die Markteinführung bereit ist, prüfen Sie die Release Notes und Feature-Beschreibungen für die neue App im App-Store. Gehen Sie die Texte durch und vergleichen Sie diese mit den neuen und existierenden Features. In den Release Notes ist es wichtig, konkret und gut verständlich die neuen Features zu beschreiben und erklären Sie diese den Nutzern. Es ist außerdem wichtig, die Release Notes und App-Beschreibungen in jeder unterstützten Sprache anzubieten.

Vergessen Sie nicht, die Screenshots der App zu prüfen. Diese sollten in der gleichen Sprache verfasst sein wie die Release Notes, die gleiche Größe haben wie die Screenshots zuvor und in der Statusbar die gleichen Symbole enthalten, die zum Beispiel die Zeit, den Batterie- und den Netzstatus anzeigen. Abbildung 7–1 und 7–2 zeigen Ihnen, was Sie nicht tun sollten: Die Statusbar enthält unterschiedliche Symbole für die gleiche App.

Ein professionelles Vorgehen beinhaltet, dass die App-Store-Screenshots die gleiche Statusbar und das gleiche Look-and-Feel haben müssen.

Wenn die neuen Features durch ein Video beschrieben werden, sehen Sie sich das Video erneut an und hören Sie sich die Beschreibungen der Features und die mitgelieferten Informationen an. Fragen Sie, ob es weiteres Marketingmaterial gibt, das geprüft werden muss.

Last, but not least gibt es einen enorm wichtigen Punkt: Veröffentlichen Sie die App an Ihre Kunden nicht am Freitagnachmittag oder kurz bevor Sie das Büro verlassen. In den meisten App-Stores dauert es eine Weile (bis zu mehreren Stunden), bevor Ihre App gelistet wird und als Download zur Verfügung steht. Wenn das Büro leer ist, kann niemand auf kritische Fehler oder Releaseprobleme reagieren, die vielleicht direkt nach dem Release auftauchen.

Manche App-Stores haben keinen Einreichungsprozess und Sie können deswegen schnell auf die Probleme reagieren, indem Sie eine Hot-Fix-Version Ihrer App direkt nach dem letzten Release veröffentlichen.

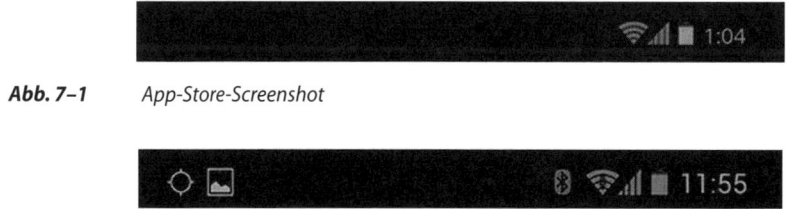

Abb. 7–1   *App-Store-Screenshot*

Abb. 7–2   *App-Store-Screenshot der gleichen App mit unterschiedlichen Statusbar-Informationen und Größen*

Wenn möglich, veröffentlichen Sie Ihre App entweder morgens oder am Wochen-
anfang, damit Sie einige Zeit haben, auf kritische Probleme zu reagieren.

Die folgenden Informationen über das Releasematerial könnten Teil Ihrer
Veröffentlichungsstrategie sein:

- Definieren und benutzen Sie eine Release-Checkliste.
- Führen Sie den Aktualisierungs- und Installationstest erneut aus.
- Stellen Sie sicher, dass alle Backend-Services und APIs in der Produktivumge-
  bung erreichbar sind.
- Definieren Sie, welche neuen und alten Features in der Live-Umgebung erneut
  überprüft werden müssen.
- Definieren und beschreiben Sie, wie das App-Store-Material inklusive der
  Release Notes, Screenshots und Videos geprüft werden soll.
- Definieren und beschreiben Sie, wann die App im App-Store eingereicht wer-
  den sollte.

7.2.2 Post-Release – Was passiert nach der Markteinführung der App?

Die Post-Release-Phase startet, sobald Sie Ihre App veröffentlicht haben. Während dieser Phase sollten Sie und Ihr Team einige Punkte beachten, um Feedback
von Ihren Kunden zu bekommen und um irgendwelche Fragen oder Probleme zu
behandeln, die sie Ihnen senden.

Das Erste, was Sie direkt nach der Veröffentlichung Ihrer App machen sollten, ist, sie aus dem App-Store herunterzuladen und zu installieren, um sicherzustellen, dass sie wie erwartet funktioniert. Wenn die Version okay ist, sollten Sie
sie auf einem Dateiserver archivieren, um später in der Lage zu sein, sie erneut zu
installieren, zum Beispiel um Probleme oder Fehler zu reproduzieren, die vielleicht gemeldet werden. Dieser Schritt kann auch von Ihrer Build-Pipeline innerhalb des Continuous Integration System durchgeführt werden.

Allerdings gibt es ein paar weitere Themen, um die Sie sich, Ihr Team und
Ihre Firma kümmern müssen. Die folgenden Abschnitte beschreiben die Aktivitäten, die nach der Veröffentlichung Ihrer App durchgeführt werden können, um
zusätzliche Informationen über Ihre Kunden und irgendwelche potenziellen Probleme zu erhalten. Es ist wichtig, diese Punkte in Ihrer Markteinführungsstrategie
für Ihre App zu definieren und aufzuschreiben.

7.2.3 Unterstützung der Community

Das Anbieten von Community- oder Kundensupport für ein veröffentlichtes Produkt ist essenziell, insbesondere wenn Sie eine kostenpflichtige App anbieten. Wann immer Nutzer ein Problem haben, sollten sie in der Lage sein, jemanden in Ihrer Firma oder im App-Team zu kontaktieren, um Antworten auf Fragen oder Probleme zu bekommen. Wenn niemand die Nutzer oder Communitys betreut, werden sie schlechte Reviews schreiben oder einfach aufhören, Ihre App zu nutzen.

Sie sollten deshalb dafür sorgen, jeden möglichen Social-Media-Kanal zu überwachen und auf Kundenfeedback, Kundenfragen oder Probleme, die untersucht werden müssen, zu überprüfen. Es ist wichtig, diese Anfragen zu beantworten, um den Kunden das Gefühl zu geben, dass ihnen jemand zuhört. Es ist auch möglich, manche Nutzer auszuwählen und ihnen Fragen über die neue Version der App zu stellen. Das gesammelte Feedback kann dann dazu verwendet werden, die App in zukünftigen Releases zu verbessern.

> **Wichtig:**
> Wenn Ihre Firma eine Abteilung für Kundensupport hat, empfehle ich, dass Sie ein wenig Zeit mit den Kollegen aus dieser Abteilung verbringen, um ein Gefühl für die Kundenbedürfnisse und Probleme zu bekommen.

7.2.4 Reviews

Der nächste Kanal, den Sie nach der Veröffentlichung der App beobachten müssen, sind die App-Store-Reviews. Lesen Sie sie sorgfältig, um Feedback und Fehlerberichte von Ihren Nutzern zu bekommen. Allerdings empfehle ich Ihnen dringend, dass Sie diese Reviews vorsichtig behandeln. Es gibt viele Leute da draußen, die gerne negatives Feedback über Apps schreiben, das nicht zutrifft. Immer wenn sich ein Nutzer über Ihre App beschwert, versuchen Sie das Problem zu reproduzieren, um einen Fehlerbericht zu erstellen mit dem Ziel, dieses Problem in einem folgenden Release zu beheben. Wenn Sie nicht in der Lage sind, dieses Verhalten zu reproduzieren, versuchen Sie dem Reviewer zu antworten und konkrete Fragen zu stellen, um weitere Informationen zu bekommen.

Allerdings bieten nicht alle App-Stores eine Antwortfunktion innerhalb des Reviewbereichs, um mit den Kunden zu sprechen. Wenn der App-Store ein solches Feature nicht anbietet, können Sie Ihr eigenes Review schreiben und darin erklären, dass Sie der Entwickler, Tester oder Produktmanager der App sind und gerne zusätzliche Informationen haben würden, oder Sie beschreiben irgendeine Art Lösung für das Problem. Sie müssen aber sicher sein, dass Sie Reviews innerhalb des App-Stores schreiben dürfen, um auf vorherige Reviews zu antworten. Hier verweise ich auf die Richtlinien zu App-Store-Reviews. Lesen Sie diese, um sicherzugehen, dass Sie keine Regeln verletzen. Wenn Sie in der Lage sind, auf

Reviews zu antworten, benutzen Sie diese Funktionalität, um mit Ihren Kunden zu interagieren und von Ihnen zu lernen.

Wenn Sie viel negatives Feedback aufgrund von Missverständnissen bezüglich der App oder ihrer Features bekommen, können Sie auch eine Art Troubleshooting Guide oder ein Tutorial innerhalb der App-Beschreibung anbieten. Sollten Sie allerdings sehr viel negatives Feedback über Ihre App bekommen, weil die Kunden die Features nicht verstehen, müssen Sie die ganze App oder das Feature überdenken, zusätzliche Benutzbarkeitstests ausführen und sobald wie möglich eine Aktualisierung anbieten.

7.2.5   Absturzberichte

Eine andere wertvolle Quelle für Informationen sind die Absturzberichte Ihrer App. Wenn Sie Werkzeuge wie HockeyApp[4], crashlytics[5] oder TestFlight[6] benutzen, sollten Sie diese nach der Veröffentlichung überprüfen, um zu sehen, ob es dort irgendwelche Probleme mit Ihrer App gibt. Nicht jedes während der Laufzeit auftauchende Problem wird in einem Absturz der App enden. Wenn Ihre App ein gutes Exception Handling eingebaut hat, werden die Fehler dem Nutzer nicht gezeigt, sondern von den Werkzeugen und deren Absturzberichtroutinen erfasst. Diese Art von Informationen ist sehr wichtig, um Ihnen zu helfen, die App in zukünftigen Releases zu verbessern.

Die Werkzeuge bieten eine Webschnittstelle, auf der die meisten App-Abstürze aufgereiht, gruppiert und kategorisiert sind. Sie zeigen die absolute Anzahl an Abstürzen und die Anzahl der Nutzer, die von diesem Problem betroffen sind. Fast jedes Crash Reporting Werkzeug bietet schöne Grafiken, die zum Beispiel die App-Verteilung und App-Abstürze über die Zeit darstellen. Manche dieser Crash Reporting Werkzeugs bieten eine Möglichkeit, Feedback aus der App heraus zum Crash Reporting Backend zu senden. Außerdem bieten manche dieser Werkzeuge eine Integration zu Fehlerverfolgungswerkzeugen von Dritten.

Wenn Sie kein Crash Reporting Tool eingeführt haben, könnte es helfen, dass manche App-Store-Anbieter eine elementare Funktion für Absturzberichte zur Verfügung stellen, die als Ausgangspunkt genutzt werden kann.

> **Wichtig:**
> Führen Sie ein Crash Reporting Tool ein, da es Ihnen und Ihrem Team helfen wird, detailliertere Informationen zu den Problemen und Abstürzen innerhalb Ihrer App zu erhalten.

---

4.   *http://hockeyapp.net/features/*
5.   *http://try.crashlytics.com/*
6.   *www.testflightapp.com*

7.2.6   Tracking und Statistiken

Um Informationen über Ihre Kunden und deren Nutzung Ihrer App zu sammeln, sollten Sie irgendeine Art Tracking-Mechanismus implementieren, um wichtige Daten zu sammeln. Diese Art der Information wird von Tracking-Werkzeugen zusammengefasst, um Statistiken über Ihre App und die Nutzung von Features zu erstellen. Wenn Ihre App einen Tracking-Mechanismus benutzt, überprüfen Sie diese Statistiken nach der Veröffentlichung.

Abhängig von der Tracking-Implementierung können Sie Informationen wie diese bekommen:

- Mobilbetriebssystemversion
- Mobilgerätehersteller
- Gerätemodell
- Bildschirmgröße
- Mobilbrowserversion
- Anzahl der Seitenaufrufe
- Wie oft ein bestimmtes Feature aufgerufen wurde
- Wie oft der Registrierungsprozess abgebrochen wurde

Versuchen Sie mithilfe dieser Statistiken und Zahlen das Verhalten Ihrer Nutzer zu verstehen, damit Sie die App und ihre Features verbessern können. Die folgende Liste enthält einige Mobile Tracking Tools:

- adjust
  (*www.adjust.com/*)
- appsfire
  (*http://appsfire.com/*)
- AppsFlyer
  (*www.appsflyer.com/*)
- Clicktale
  (*www.clicktale.com/*)
- iMobiTrax
  (*www.imobitrax.com/*)
- MobileAppTracking
  (*www.mobileapptracking.com/*)

Wie Sie sehen können, ist es nicht einfach, Test- und Markteinführungsstrategien für Apps zu erstellen, da beide viel Informationen über Testthemen und Pre- und Post-Launch-Aktivitäten benötigen und enthalten. Bitte denken Sie daran, dass solche Strategien nicht in Stein gemeißelt sind. Sie sollten beide Strategien überarbeiten und anpassen, wann immer Änderungen in Bezug auf Produkt, Risiko oder irgendwelche anderen Prioritäten eintreten. Dokumente zu Test- und Markt-

einführungsstrategien für Apps unterliegen einem fortlaufenden Prozess und jedes
Teammitglied sollte verantwortlich für die Aktualisierung und Ergänzung sein.

7.3   Zusammenfassung

Das Hauptthema von Kapitel 7 waren die Test- und Markteinführungsstrategien
für Apps. Jedes App-Team benötigt Test- und Markteinführungsstrategien, um
an wichtige Aufgaben vor und nach der Veröffentlichung der App zu denken.

Wenn Sie eine mobile Teststrategie erstellen, sollten die folgenden Themen
abgedeckt und definiert sein:

- Anforderungsdefinitionen
- Testumfang
- Teststufen
- Testtechniken
- Testdaten
- Zielgeräte und Zielumgebung
- Testautomatisierung

Mit den im ersten Teil des Kapitels vorgestellten Fragen sind Sie nun in der Lage,
Ihre eigene Teststrategie für Ihre App oder Ihr Unternehmen aufzustellen.

Der andere Teil dieses Kapitels deckte die Mobilmarkteinführungsstrategie
ab. Die Wichtigkeit des Releasematerials, inklusive der Feature-Beschreibungen,
Screenshots und irgendwelcher anderer Marketingmaterialien, wurde beschrieben. Mithilfe der vorgestellten Fragen sollte es für Sie sehr einfach sein, zu prüfen,
ob alles für die Veröffentlichung vorhanden ist.

Nach der Veröffentlichung der App ist ein Community-Support sehr wichtig,
bei dem Nutzer Fragen stellen können, wenn sie irgendeine Art Problem mit der
App haben. Außerdem wurde die Bedeutsamkeit von Absturzberichten, Tracking
und Nutzerstatistiken begründet.

8 Wichtige Qualifikationen für App-Tester

Softwaretester und insbesondere Tester von Apps müssen immer mehr Anforderungen erfüllen, da Apps zunehmend komplexer und die Markteinführungszeiten kürzer werden. App-Tester müssen in der Lage sein, komplexe mobile Applikationen effizient und in sehr kurzer Zeit zu testen, damit exzellente Produkte an die Kunden ausgeliefert werden können. Neben dem Testwissen müssen Tester von Apps viele andere wichtige Fertigkeiten besitzen, um mit der Komplexität der Systeme umgehen zu können und die enorme Anzahl an unterschiedlichen Szenarien zu bewältigen.

Dieses Kapitel handelt von Fertigkeiten für den Softwaretest und davon, wie Sie Ihre App-Testfertigkeiten verbessern, um ein besserer App-Tester zu werden.

8.1 Erforderliche Fertigkeiten eines App-Testers

Neben dem Wissen und den Fertigkeiten bezüglich Softwaretestmethoden, Ansätzen, Apps und Mobilgeräten, müssen Tester eine solide Basis an sozialer Kompetenz mitbringen, wenn sie im mobilen Entwicklungsgeschäft erfolgreich sein wollen. In den folgenden Abschnitten des Kapitels werden Sie einiges über die verschiedenen Fertigkeiten lesen, die jeder Softwaretester haben sollte.

8.1.1 Kommunikation

Die Fähigkeit zu kommunizieren ist eine der wichtigsten Qualifikationen, die ein Softwaretester haben muss. Softwaretester müssen ihre Testaktivitäten unterschiedlichen Menschen aus unterschiedlichen Ebenen innerhalb des Unternehmens beschreiben können. Sie müssen in der Lage sein, mit Entwicklern, Designern, Produktmanagern, Projektleitern, anderen Softwaretestern und dem Management sowie mit Kunden zu sprechen. Die Kommunikation mit anderen Softwaretestern und Entwicklern erfordert technische Fertigkeiten und detailliertes Wissen über die unterschiedlichen Teile der Software. Fehler zu berichten und anderen ihre Fehler zu zeigen kann schnell negative Emotionen hervorrufen. Deshalb ist es so wichtig, Fehler klar und prägnant zu berichten, ohne Emotionen in die Konversation zu bringen.

Gespräche mit den Produktmanagern, Projektleitern, Designern oder dem Management erfordern die Fähigkeit, Probleme und Fehler für technisch nicht so versierte Personen auf höherem Abstraktionsniveau und in einer Art und Weise zu beschreiben, die klar und verständlich ist.

Zusätzlich zu der verbalen Kommunikation müssen Softwaretester gute schriftliche Kommunikationsfähigkeiten haben, da sie Probleme so beschreiben müssen, dass jeder potenzielle Stakeholder sie versteht.

Zuhören ist auch ein essenzieller Teil der Kommunikation und Softwaretester müssen sorgfältig zuhören, wenn andere Personen ihre Gedanken oder Probleme beschreiben und darüber sprechen. Es ist wichtig, dass Sie andere Personen beim Sprechen nicht unterbrechen. Wenn Sie Fragen haben, machen Sie sich eine Notiz und stellen Sie die Fragen, sobald die Person geendet hat.

Um Ihre Kommunikationsfähigkeiten zu verbessern, empfehle ich Ihnen, dass Sie lesen, lesen und nochmals lesen – nicht nur Bücher, sondern Blogs, Zeitungen und alle möglichen anderen Materialien, da es Ihnen helfen wird, Ihr Vokabular zu verbessern und auszubauen, insbesondere, wenn Sie nicht in Ihrer Muttersprache kommunizieren.

Schauen Sie sich auch Filme und TV-Serien in anderen Sprachen an, um Ihr Vokabular zu festigen. Falls Sie viel Zeit zur Verfügung haben und ein wenig Geld investieren möchten, können Sie an Sprach- und Kommunikationskursen teilnehmen, die eine gute Möglichkeit bieten, Ihre Sprach- und Kommunikationsfähigkeiten zu verbessern.

Nicht zuletzt sollten Sie Vorträge in User Groups, auf Konferenzen oder innerhalb des Unternehmens halten. Derartige Erfahrungen werden einen großen Einfluss auf Ihre Kommunikationsfähigkeiten haben, da Sie sofort Feedback von Ihrem Publikum bekommen.

Schlechte Kommunikation führt generell zu Meinungsverschiedenheiten und Missverständnissen, die durch die folgenden einfachen Regeln vermieden werden können:

- Hören Sie sorgfältig zu.
- Unterbrechen Sie andere Leute nicht, während sie sprechen.
- Sprechen Sie nicht zu laut.
- Sprechen Sie nicht zu schnell.
- Sprechen Sie klar und deutlich.
- Halten Sie Augenkontakt mit dem Publikum.
- Werden Sie nicht persönlich, wenn Sie mit anderen Personen kommunizieren.
- Seien Sie in der Lage, auf verschiedenen Abstraktionsniveaus mit technisch und mit nicht technisch ausgebildetem Publikum zu kommunizieren.
- Verbessern Sie das eigene Vokabular durch Lesen von Büchern, Blogs und Zeitungen.

Wichtig:
Softwaretester müssen Diplomaten, Techniker und Politiker in einem sein, da sie in der Lage sein müssen, mit unterschiedlichen Stakeholdern innerhalb des Unternehmens zu reden und ihnen zuzuhören.

8.1.2   Neugierde

Es gehört zur menschlichen Natur, neugierig zu sein. Softwaretester müssen neugierig sein, um die zu testende Software und den Produktbereich zu erforschen, zu entdecken und neue Dinge darüber zu lernen. Ein neugieriger Softwaretester erforscht die Software, um so viele Informationen wie möglich aus dem System herauszuholen, damit er potenzielle Probleme identifiziert und interessante Fragen über das Produkt stellen kann. Es ist wichtig, über die gewöhnlichen Softwaretestansätze und Methoden hinauszugehen, um neue Dinge zu entdecken.

Um neue Dinge entdecken zu können, ist es wichtig, offen für neue Technologien zu sein und neue Ansätze und Methoden ausprobieren zu wollen. Ein neugieriger Softwaretester vertraut nicht den Aussagen anderer Leute. Er oder sie hinterfragt diese, um weitere Informationen zu sammeln.

Wenn Sie Ihre Neugierde trainieren möchten, empfehle ich Ihnen, eine zufällige App oder Softwareapplikation herunterzuladen und damit zu beginnen, ihre Features zu erforschen. Probieren Sie neue Ansätze und Methoden aus, während Sie die Software erkunden. Versuchen Sie, das System zu zerstören, und beginnen Sie, die Features zu hinterfragen. Machen Sie während Ihrer Exploration Notizen von allem, was sich falsch anfühlt oder irgendwelche seltsamen Reaktionen hervorruft, sodass Sie Fragen stellen oder auf mögliche Probleme mit der Software hinweisen können.

Wichtig:
Seien Sie neugierig. Erforschen und entdecken Sie jeden Teil der Software, um Probleme oder Fragen stellen zu können. Vertrauen Sie nicht den Aussagen anderer Leute, sondern hinterfragen Sie sie.

8.1.3   Kritisches Denken

Eine weitere wichtige Fertigkeit, die jeder Softwaretester haben muss, ist kritisches Denken. Mithilfe von kritischem Denken können Softwaretester den großen Zusammenhang der Software und ihrer Features sehen. Sie sind außerdem in der Lage, die Software oder die Anforderungen durch Analyse und Überlegungen zum Scheitern zu bringen. Das ist sehr wichtig, um ein genaues Verständnis des Produkts zu erhalten und sich auf die richtigen Testarbeiten zu konzentrieren.

Das folgende Zitat von Michael Bolton beschreibt kritisches Denken auf eine schöne Art und Weise: »Critical thinking is thinking about thinking with the aim of not getting fooled.«[1]

Es ist wichtig, Ihr eigenes Denken, Ihre Testmethoden und Ansätze sowie Ihre eigenen Entscheidungen und die zu testende Software zu hinterfragen. Stellen Sie sich selbst die folgenden Fragen:

- Was ist das Problem dieses Features oder dieser Software?
- Ist es wirklich ein Problem?
- Warum habe ich dieses Feature auf diese Art und Weise getestet?
- Habe ich darüber nachgedacht?
- Bin ich mir sicher?

Eine sehr gute Drei-Wort-Heuristik für das kritische Denken von James Bach[2] ist: Echt? Wirklich? Also? Jedes Wort schlägt ein Untersuchungsmuster vor, das Annahmen, schlampige Schlussfolgerungen und Missverständnisse aufdeckt:

- **Echt?**
  - Verstehen Sie, worüber die anderen reden?
  - Ist es verwirrend?
  - Ist es undeutlich?
- **Wirklich?**
  - Ist es sachlich korrekt?
  - Welchen Beweis haben wir dafür?
- **Also?**
  - Warum ist das wichtig?
  - Für wen ist das wichtig?
  - Wie wichtig ist es?

Benutzen Sie diese Heuristik in Ihrem Projekt für das kritische Denken und beginnen Sie Ihre eigene Arbeit und die App zu hinterfragen. Für weitere Informationen über kritisches Denken sehen Sie sich die Folien von Michael Boltons Kurs »Critical Thinking for Testers«[3] an.

---

1. *www.developsense.com/presentations/2010-04-QuestioningBestPracticeMyths.pdf*
2. *www.satisfice.com/*
3. *www.developsense.com/presentations/2012-11-EuroSTAR-CriticalThinkingForTesters.pdf*

8.1.4   Beharrlichkeit

Fehler zu berichten oder Fragen zu stellen kann sehr anstrengend und schwierig sein. Nicht jedes vom Softwaretester gefundene Problem wird behoben werden. Das Problem ist für andere Teammitglieder eventuell nicht wichtig genug oder vielleicht ist nicht genug Zeit, um es zu beheben. Es ist Teil des Jobs eines Softwaretesters, beharrlich zu sein und darum zu kämpfen, dass Fehler behoben werden. Wenn der Softwaretester denkt, dass ein Fehler für die Kunden oder das System kritisch sein könnte, muss er oder sie eine Diskussion anstoßen und beschreiben bzw. erklären, warum der Fehler im nächsten Release behoben werden muss. Das Stichwort hierzu lautet »Bug Advocacy« (dt. Eintreten für Fehler). Die Vereinigung für Softwaretests bietet einen Lehrgang für dieses wichtige Thema an[4]. Wenn Sie einen ersten Eindruck von Bug Advocacy erhalten möchten, schauen Sie sich die Folien von Cem Kaner[5] an.

Hohe Stresslevels sind kurz vor dem Release normal und führen häufig dazu, dass Entwickler und Projektleiter die vereinbarten Qualitätsstandards vernachlässigen. In solchen Situationen müssen Softwaretester hartnäckig sein und Fehler immer wieder erläutern und für wichtig erklären, bis die Qualitätsstandards der Software eingehalten werden. Gehen Sie dabei aber vorsichtig vor, damit Sie am Ende nicht nur als Nervensäge angesehen werden. Hier ist es wichtig, auf Ihre soliden Kommunikationsfähigkeiten zu vertrauen.

Softwaretester müssen beim Testen von Apps hartnäckig sein. Abhängig von der Art der zu testenden App, wie z. B. ein Spiel, müssen bestimmte Game Levels höchstwahrscheinlich wieder und wieder getestet werden, um sicherzustellen, dass jeder Level so funktioniert wie erwartet. Auch das kann sehr anstrengend sein und erfordert Beharrlichkeit oder ein wenig Testautomatisierung.

> **Wichtig:**
> Bleiben Sie hartnäckig während des Tests und während möglicher Diskussionen über Fehler innerhalb der Applikation.

8.1.5   Ständiges Lernen

Die aktuelle Mobilwelt und die Mobiltechnologien verändern sich sehr schnell. Um mit dieser Entwicklung Schritt zu halten, müssen Softwaretester und insbesondere App-Tester in der Lage sein, sich wirklich schnell an diese Dinge anzupassen und rasch zu lernen. Softwaretester müssen Veränderungen, die um sie herum stattfinden, zur Kenntnis nehmen, um neue Ansätze, Methoden und Technologien zu adaptieren und zu lernen.

---

4.   *www.associationforsoftwaretesting.org/training/courses/bug-advocacy/*
5.   *www.kaner.com/pdfs/BugAdvocacy.pdf*

Um Schritt zu halten und neue Technologien und Werkzeuge zu erlernen, können Softwaretester Blogs oder Bücher lesen und an Konferenzen und Lehrgängen teilnehmen. Auf der anderen Seite ist es wichtig, dass Softwaretester auch in der Lage sind, während der täglichen Arbeit zu lernen, während sie Software testen und Werkzeuge, wie Testautomatisierungswerkzeuge, benutzen. Wann immer ein neues Werkzeug, eine neue Technik oder eine neue Technologie auf den Markt kommt, sollte jeder Softwaretester motiviert sein, Informationen darüber zu sammeln und etwas darüber zu lernen.

> **Wichtig:**
> Lernen und somit die persönlichen Fähigkeiten zu verbessern sollte eine lebenslange Gewohnheit sein.

8.1.6   Kreativität

Eine weitere wichtige Fertigkeit, die ein Softwaretester haben sollte, ist Kreativität. Es ist wichtig, kreative Ideen entwickeln zu können, um Software auf verschiedene Arten zu testen, sodass mehr Fehler gefunden werden und das Team mit nützlichen Informationen versorgt wird. Der Kreativitätsprozess beginnt mit dem Design der Testfälle und der Testdaten. Softwaretester müssen in verschiedene Richtungen denken, um jede vorstellbare Nutzung von einem Stück Software zu finden.

Wenn der Test entsprechend der Standardvorgehensweise vollständig ist und ein wenig Zeit im Projektbudget für Testaktivitäten übrig ist, empfehle ich Ihnen, die Software von Beginn an neu zu testen, aber mit einer komplett anderen Sicht. Gehen Sie zum Beispiel erneut die Fehler durch, um neue Testideen zu entwickeln, oder sprechen Sie mit Kollegen oder Betatestern, um neue Ideen für Ihre Testarbeiten zu erhalten. Versuchen Sie kreativ mit Ihren Dateneingaben zu sein, wenn Sie die Navigation oder irgendetwas anderes benutzen, was Ihnen in den Sinn kommt. Sie werden über die Ergebnisse von dieser Art des Testens überrascht sein und zweifellos auf weitere Fehler stoßen.

> **Wichtig:**
> Insbesondere App-Tester müssen kreativ sein, um Mobilgeräte auf verschiedene Arten zu nutzen, indem sie ihre Aufmerksamkeit auf all die Schnittstellen, Sensoren und Örtlichkeiten richten.

8.1.7 Kundenorientierung

Jeder Softwaretester sollte eine starke Kundenorientierung haben. Es ist wichtig, dass Softwaretester versuchen, so zu denken wie die Kunden, um festzustellen, ob die zu testende Software die Kundenbedürfnisse abdeckt. Deswegen müssen Softwaretester viel Leidenschaft und Zielstrebigkeit mitbringen und in der Lage sein, sich in hohem Maße mit den Kunden zu identifizieren.

Eine starke Kundenorientierung erfordert von Ihnen, ein Produkt- und Feldexperte innerhalb Ihres Teams zu sein. Außerdem müssen Sie einen Überblick über die veröffentlichten Features und Funktionalitäten haben und in der Lage sein, die Augen für zukünftige Releases offen zu halten. Es ist sehr wichtig, sich über das Kundenverhalten im Klaren zu sein, um zu wissen, welche Features und Funktionalitäten sie nutzen. Wenn möglich, sollten Softwaretester mit den Kunden reden, um ihre Bedürfnisse und Probleme zu besprechen. Das kann eine schwierige Aufgabe sein, sodass Softwaretester auch geduldig sein müssen.

Wenn Softwaretester eine starke Kundenorientierung aufweisen, können sie ihr Wissen in jeder Phase des Softwareentwicklungsprozesses einbringen, was wiederum hilft, bessere Produkte zu erstellen. Um Ihre Kundenorientierung zu verbessern, empfehle ich Ihnen, einige Wochen mit der Abteilung Kundensupport zusammenzuarbeiten, um ein besseres Gefühl für die Kundenbedürfnisse zu bekommen.

8.1.8 Programmierkenntnisse und technische Fertigkeiten

Die Tatsache, dass Softwareprodukte und Apps immer komplexer werden, führt zu der Herausforderung, dass App-Tester auch solide Programmierkenntnisse haben müssen, da sie den Softwaretestern helfen, das System unter Test zu verstehen, mit den Entwicklern auf Codeebene zu kommunizieren, den Code von Entwicklern oder anderen Softwaretestern zu reviewen und Testautomatisierungscode zu schreiben, was in Zukunft in jedem Projekt essenziell werden wird.

App-Tester ohne Programmierkenntnisse müssen sich selbst weiterbilden, indem sie Bücher über Programmiersprachen oder Programmiermuster lesen, ein Programmiertutorial im Internet durcharbeiten oder an einem Programmierlehrgang teilnehmen. Es ist auch möglich, einen Entwickler aus dem Projekt oder des Unternehmens zu fragen, ob er oder sie den App-Tester unterrichten kann.

Dank der Programmierkenntnisse können Tester von Apps Testautomatisierungscode von der Unit-Ebene bis hin zur End-to-End-Ebene schreiben. Sie können an Codereviews teilnehmen und technische Fragen stellen und können wahrscheinlich Shell-Skripte schreiben, um eine Build-Pipeline zu automatisieren, oder auch jede andere Aufgabe durchführen, die das Team bewältigen muss.

Neben Programmierkenntnissen muss jeder App-Tester auch in der Lage sein, technische Systemarchitekturen zu verstehen, um kritische Fragen zur Architektur zu stellen und um zu wissen, wie jeder Teil davon zu testen ist.

> **Wichtig:**
> Jeder App-Tester benötigt Programmierfertigkeiten, um Testautomatisierungscode
> zu schreiben, und muss an Codereviews und technischen Diskussionen teilnehmen
> können.

8.2   Wie man seine Fertigkeiten im App-Testen verbessert

Wie in vielen Teilen dieses Buches erwähnt, ändert sich die mobile Welt sehr
schnell, sodass Sie Ihre Fertigkeiten jeden Tag verbessern müssen, um mit der
mobilen Testwelt mithalten zu können. Sie müssen immer wieder neue Dinge lernen, um neue Testideen zu entwickeln, um mit den Entwicklern während ihrer
Programmierarbeiten zusammenzuarbeiten, und Sie müssen außerdem die Kundenbedürfnisse verstehen.

Damit Sie Ihre Testfertigkeiten verbessern können, ist es wichtig, dass Sie
mindestens ein Mobilgerät besitzen. In den meisten Fällen wird das Ihr privates
und persönliches Gerät sein. Wenn möglich, sollten Sie mehrere Geräte mit unterschiedlichen Mobilplattformen zu Hause zur Verfügung haben, damit Sie alles
über diese Plattformen herausfinden und lernen können. Sie müssen nicht immer
die neuesten Geräte kaufen, Sie können auch auf gebrauchte Telefone oder einfach ältere Versionen setzen, um etwas über die jeweiligen Plattformen zu lernen.
Falls Sie sich das nicht leisten können, denken Sie an die Open Device Labs, in
denen Sie verschiedene Geräte kostenlos leihen können.

8.2.1   Von anderen Apps lernen

Ein sehr einfacher Weg, Ihre Fertigkeiten im App-Testen zu verbessern, ist, von
anderen Apps zu lernen. Installieren und benutzen Sie so viele Apps wie möglich
aus den verschiedenen Kategorien und aus den verschiedenen App-Stores, um zu
sehen, wie sie funktionieren und sich verhalten. Schauen Sie sich an, wie bei anderen Apps die Navigation und der Aktualisierungsmechanismus implementiert
wurde und wie sie mobilspezifische Features, wie Kamera oder andere Sensoren,
benutzen.

Neben der Nutzung der App ist es auch wichtig, die Updatetexte dieser Apps
zu untersuchen. Ich empfehle, dass Sie die automatische Updatefunktionalität
von all Ihren Apps ausschalten, sodass Sie neue Versionen manuell installieren
müssen. Bevor Sie den Update-Button in den verschiedenen App-Stores drücken,
lesen Sie die Updatetexte und App-Beschreibungen sorgfältig durch. Es gibt viele
Firmen und Entwickler, die sehr präzise beschreiben, was sich mit der neuen Version der App verändert hat. Sie beschreiben, welche Fehler mit der neuen Version
behoben wurden und welche neuen Features hinzugefügt wurden.

Sollte in dem Updatetext eine Fehlerbeschreibung vorhanden sein, versuchen Sie den Fehler zu reproduzieren, sodass Sie ihn mit Ihren eigenen Augen sehen können. Das kann sehr viel Spaß machen, aber vielleicht finden Sie es auch zu aufwendig, den Fehler zu provozieren. Aber an sich ist das ein großartiger Weg, neue Dinge zu lernen.

Es werden Ihnen wahrscheinlich neue Testideen einfallen, Sie werden auf neue Wege stoßen, eine App zu benutzen, und neue Ansätze kennenlernen, einen Fehler zu provozieren, und Dinge entdecken, an die Sie zuvor noch nie gedacht haben. Der folgende Abschnitt gibt ein paar Beispiele mit verschiedenen Arten von Fehlern und Beschreibungen von Apps, die ich von Zeit zu Zeit überprüfe.

> **Wichtig:**
> Die App-Screenshots im Abschnitt 8.2.2 sind anonymisiert. Alle Beispiele basieren auf dem Google Play Store. Allerdings können die gleichen Arten von Fehlern und Feature-Beschreibungen in jedem anderen App-Store gefunden werden.

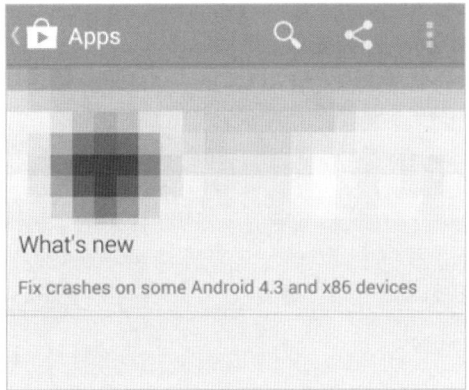

Abb. 8–1   *App-Absturz auf Android 4.3 und x86-Geräten*

8.2.2   Abstürze auf bestimmten Geräten

Die App in Abbildung 8–1 stürzte während der Benutzung mit Android 4.3 auf einigen x86-Geräten ab. Falls Sie den Fehler reproduzieren wollen, benötigen Sie ein Gerät mit Android 4.3. Wenn Sie solch ein Gerät zur Hand haben, suchen Sie den Abschnitt oder die App-View, die abstürzt. Dies kann ziemlich schwierig sein, da es sehr viele Geräte mit Android 4.3 gibt und sich jedes Gerät unterschiedlich verhalten kann. Eventuell liegt es an einer schlechten Internetverbindung oder nur an einer schlechten Programmierung.

Dennoch haben manche Apps nur mit einer bestimmten Version auf einer Android-Plattform ein Problem (siehe Abb. 8–2), sodass das Testen auf verschiedenen mobilen Betriebssystemen sehr wichtig ist.

Tastaturen

Wie ich in Kapitel 3 bereits erwähnt habe, können Nutzer System-Apps, wie die
Tastatur-App, mit einer Lösung eines Drittanbieters ersetzen. Dies kann zu vielerlei Problemen führen, wie in Abbildung 8–3 gezeigt wird, die einen Fehlerbericht
enthält. Um diesen Fehler zu reproduzieren, müssen Sie die Third-Party-Tastatur
installieren und damit beginnen, den Fehler nachzustellen.

Widgets

Manche Mobilplattformen unterstützen die Nutzung von Widgets. Wenn Sie ein
Widget zur Verfügung stellen, sorgen Sie dafür, dass es nicht einfrieren, abstürzen
oder zu viel Batteriekapazität verbrauchen wird (siehe Abb. 8–4).

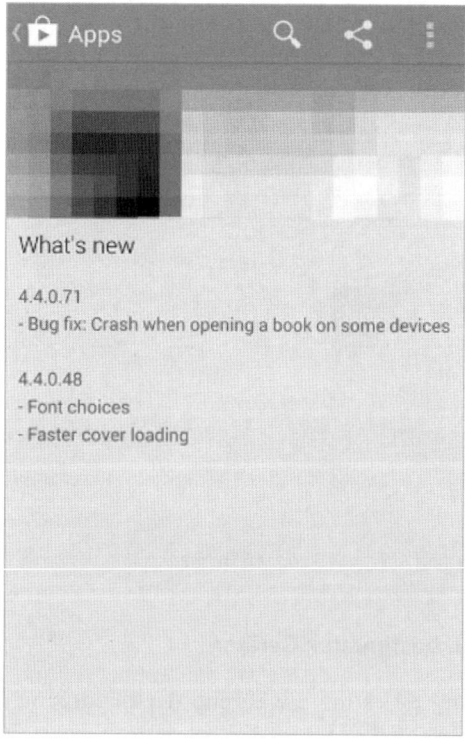

Abb. 8–2   *App stürzt auf manchen Geräten ab*

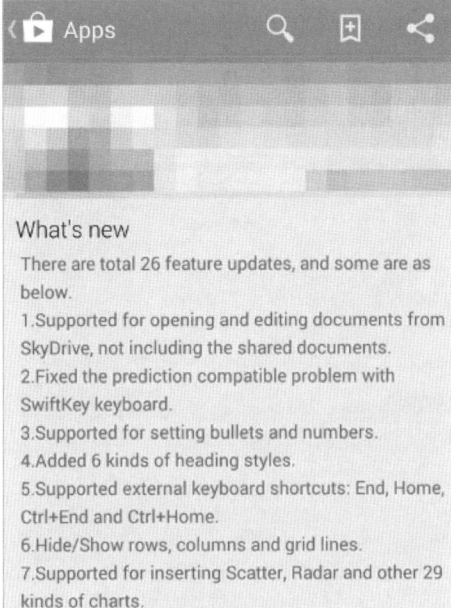

Abb. 8–3   *App-Probleme aufgrund von alternativen Tastaturen*

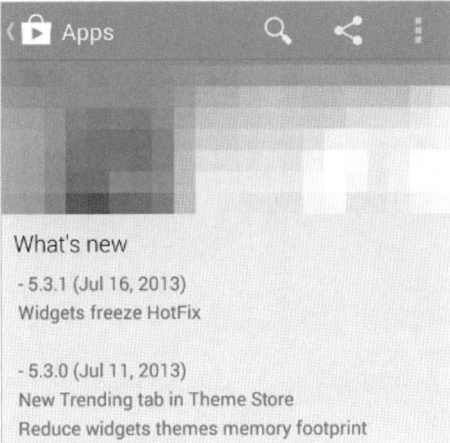

Abb. 8–4   *Widget verbraucht zu viel Batterie und friert ein.*

Performanz

Wie ich bereits in einigen Teilen dieses Buches erwähnt habe, sind die Ladezeiten und die Performanz einer App essenziell für ihren Erfolg. Die App-Beschreibung in Abbildung 8–5 stellt einige Informationen über mögliche Performanzprobleme auf einer Statistikseite zur Verfügung. Um die Performanzprobleme dieser App zu reproduzieren, müssen Sie zwei sehr ähnliche Geräte haben. Auf dem ersten Gerät sollten Sie die alte Version der App behalten, während Sie auf dem anderen Gerät das Update installieren. Jetzt können Sie die Performanz des beschriebenen Bereichs und auch die Ladezeiten vergleichen, um zu sehen, ob es eine Verbesserung gibt (siehe Abb. 8–6).

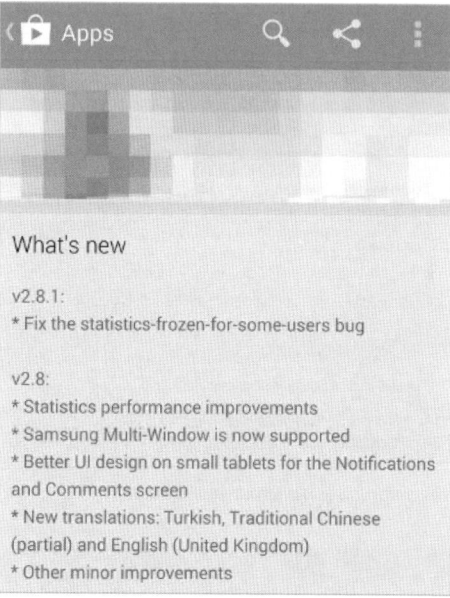

Abb. 8–5   *Performanzprobleme in einigen Bereichen der App*

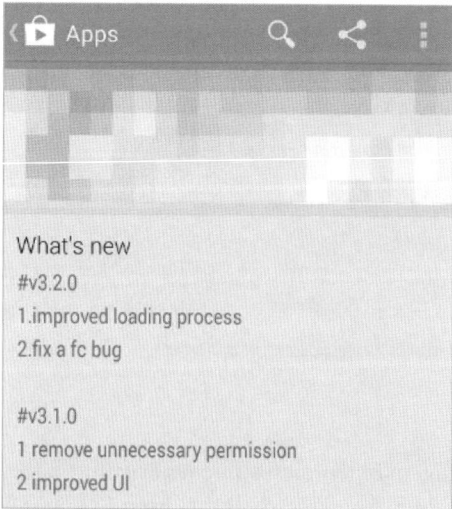

Abb. 8–6   *Ladeperformanz der App*

Login und Bezahlung

Wenn Ihre App ein Login-Feature oder einen mobilen Bezahlprozess bietet, ist es kritisch, wenn solche Features nicht funktionieren. Falls sich Ihre Nutzer nicht anmelden oder etwas kaufen können, werden Sie Geld verlieren und Ihre Reputation wird geschädigt. Kritische Features Ihrer App müssen bestmöglich funktionieren. Schauen Sie sich den Screenshot in Abbildung 8–7 an, in dem Sie erkennen können, dass der App-Anbieter ein Problem mit seinem Abo-Modell hat.

Berechtigungen

Wie in Kapitel 4 bereits erwähnt, ist es sehr wichtig, dass Sie wirklich nur die Berechtigungen in der App verwenden, die Sie wirklich für das Funktionieren der Features benötigen. Wenn Sie Berechtigungen benutzen, die die User nicht verstehen oder die nicht benötigt werden (siehe Abb. 8–8), werden Sie voraussichtlich sehr viele schlechte Reviews in den Stores erhalten und es könnte sich auch negativ auf die Sicherheit der App auswirken. Stellen Sie sicher, dass Sie die Berechtigungen vor jedem Release erneut prüfen.

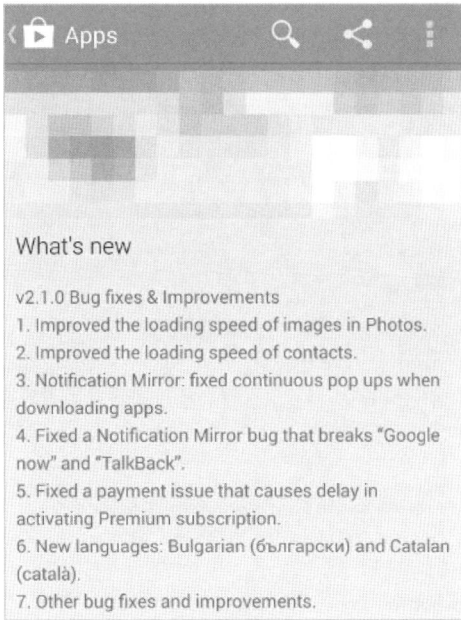

Abb. 8–7   *Probleme bei der Bezahlung mit Premium-Abo*

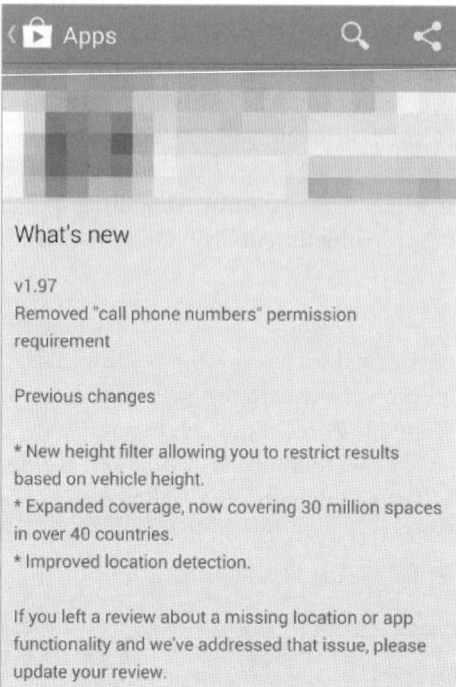

Abb. 8–8   *Benutzung von nicht benötigten Berechtigungen*

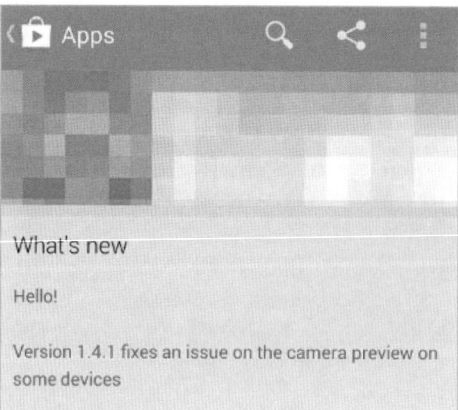

Abb. 8–9   *Kameravorschau funktioniert nicht richtig.*

Benutzung der Hardware des Mobilgeräts

Wenn Ihre App mobilgerätespezifische Hardwarefeatures wie die Kamera benutzt, stellen Sie sicher, dass das Feature auf so vielen Geräten wie möglich funktioniert. Wie Sie in Abbildung 8–9 sehen können, hat der App-Anbieter auf einigen Geräten ein Problem mit der Kameravorschau. Das Testen der Hardwareunterstützung auf verschiedenen Geräten ist eine gute Aufgabe für Crowd-Tester.

Seitdem ich auf die Idee gekommen bin, Updatetexte von Apps zu überprüfen, mache ich das jedes Mal, bevor ich eine App auf die neuere Version aktualisiere. Das ist manchmal zeitraubend und frustrierend, vor allem dann, wenn ich den beschriebenen Fehler nicht reproduzieren kann, aber es hat mir sehr geholfen, meine Fertigkeiten im App-Testen zu verbessern. Allein durch das Lesen der App-Beschreibungen habe ich sehr viele neue Wege kennengelernt, Testideen für Apps zu entwerfen, und auch viele neue Möglichkeiten entdeckt, Fehler während meiner täglichen Testarbeit zu provozieren.

8.2.3   Durch Beobachtung

Ein anderer Weg, Ihre Fertigkeiten im App-Testen zu verbessern, besteht darin, andere Leute zu beobachten, während sie ihre Mobilgeräte benutzen. Versuchen Sie andere Leute zu beobachten, wenn sie eine App in der Öffentlichkeit nutzen, zum Beispiel in einem Zug, Supermarkt oder irgendwo anders. Es ist sehr interessant, zu sehen, wie Leute Apps auf sehr unterschiedliche Art und Weise benutzen. Sie können alle möglichen Dinge aus Ihren Beobachtungen lernen, die Sie dann wiederum für das Testen Ihrer App und für die Planung neuer Features mit Ihrem Team nutzen können. Es wird Ihnen außerdem helfen, neue Testideen zu entwickeln und andere nützliche Vorgehensweisen zu berücksichtigen.

> **Wichtig:**
> Benehmen Sie sich nicht auffällig und verfolgen Sie keine Leute, während Sie sie beobachten.

Während meiner Beobachtungen habe ich bemerkt, dass viele Leute nicht wissen, dass ein Navigationsmenü geöffnet werden kann, indem man von links auf dem Bildschirm nach rechts wischt. Sie klicken das Navigations-Icon in der oberen linken Ecke an, um es zu öffnen. Mir ist klar geworden, dass nicht jeder mit jedem Feature vertraut ist, das ein Mobilgerät oder eine App bietet. Sie sollten sich deswegen ein wenig Zeit nehmen, andere Leute draußen in der realen Welt oder in Testlaboren zu beobachten, um zu sehen, wie sie ihre Apps benutzen, und dann dieses Wissen in Ihren mobilen Entwicklungsprozess einfließen lassen.

Fangen Sie zuerst an, entweder Ihre Kollegen oder Ihre Familie zu beobachten. Auf diese Weise lernen Sie bereits sehr viel und haben wahrscheinlich kein Problem damit, dass Sie sie beobachten.

8.2.4   An Wettbewerben und Testzyklen teilnehmen

Falls Sie daran interessiert sind, sich mit anderen Softwaretestern aus aller Welt zu messen, und von deren Testerfahrungen lernen wollen, ist die Teilnahme an einem Testwettbewerb empfehlenswert. Es gibt ganzjährig viele Wettbewerbe, in denen sich Softwaretester entweder als Team oder einzeln registrieren können, um ein Stück Software aus verschiedenen Kategorien zu testen. Die wunderbare Sache an Wettbewerben ist, dass Sie Ihr Wissen teilen und von anderen Softwaretestern lernen können. Es macht außerdem Spaß, sich mit anderen Softwaretestern zu messen, um zu sehen, wie gut Ihre Testfertigkeiten im Vergleich zu deren sind.

Ich nehme üblicherweise an Testwettbewerben teil, um zu lernen. Mich interessiert nicht mein finaler Platz in der Rangliste, ich möchte nur lernen und meine Testfertigkeiten verbessern. Ich mag es wirklich, andere Tester beim Testen zuzusehen und neue Testideen mitzunehmen.

Hier sind einige Testwettbewerbe:

- Software Testing World Cup
  (*www.softwaretestingworldcup.com/*)
- Testathon
  (*http://testathon.co/*)

Eine andere gute Möglichkeit, Ihre Testfertigkeiten zu verbessern und zu der Test-Community beizutragen, ist das Weekend Testing[6] (dt. Wochenendtesten). Weekend Testing ist eine Plattform, auf der Softwaretester zusammenarbeiten und von der Test-Community lernen können. Wie der Name schon sagt, findet Weekend Testing am Wochenende statt und es geht dabei ums Softwaretesten aus verschiedenen Perspektiven und darum, Ihre Testarbeiten mit anderen Softwaretestern auszutauschen. Schauen Sie auf der Weekend-Testing-Webseite nach, um künftige Testtermine herauszufinden.

Wie in Kapitel 6 erwähnt, ist Crowdtesting ein Ansatz für den Softwaretest, bei dem Sie Softwaretester von überall aus der Welt zu Ihren internen Testbemühungen hinzunehmen. Allerdings kann Crowdtesting auch einem anderen Zweck dienen: Sich als Crowd-Tester zu registrieren und an Testzyklen teilzunehmen, ist eine tolle Möglichkeit, etwas zu lernen, da Sie andere Apps, die Probleme, die App-Anbieter haben, und die gefundenen Fehler zu sehen bekommen. Außerdem ist es sehr interessant zu erfahren, ob Ihr Fehlerbericht gut genug ist, um vom Crowd-Test-Anbieter und dem Hersteller der App akzeptiert zu werden.

---

6.   *http://weekendtesting.com/*

Wichtig:
Nehmen Sie an Testwettkämpfen teil, teilen Sie Ihr Wissen mit anderen Softwaretestern und registrieren Sie sich auf Crowdtesting-Plattformen, um zu sehen, wie andere Apps funktionieren. Denken Sie daran: Obwohl es interessant sein kann, ob Ihr Fehlerbericht vom Anbieter akzeptiert wird, Ihr Fokus sollte darauf liegen, Ihre Fertigkeiten im App-Testen zu verbessern.

8.2.5 Die Mobile Community und die mobile Welt

Wie in den vorangegangenen Abschnitten erwähnt, ist das Lernen von anderen Software- und App-Testern ein großartiger Weg, Ihre Fertigkeiten im App-Testen zu verbessern. Ich empfehle Ihnen deshalb, dass Sie ein aktiver Teil der Mobile Community werden, zum Beispiel indem Sie sich auf Softwaretestplattformen, wie Software Testing Club[7], registrieren.

Jede Softwaretestplattform hat auch einen Bereich, wo Sie Neuigkeiten und Ansichten mit anderen App-Testern austauschen können. Es ist auch nützlich, sich auf verschiedenen sozialen Medienplattformen guten App-Testgruppen anzuschließen. Dort sind immer viele gute App-Entwickler und Tester zu finden, die über ein bestimmtes Thema sprechen wollen oder ein Problem haben. Jemandem mit seinem Problem zu helfen ist eine hervorragende Möglichkeit, in der Mobile Community mitzuwirken. Und scheuen Sie sich nicht, Fragen zu stellen, auch wenn Sie denken, dass diese dumm sein könnten. Es gibt keine dummen Fragen!

Falls Sie bislang keinen Twitter-Account haben, sollten Sie sich einen erstellen. Jeder Experte im Software- und App-Testen nutzt Twitter, um über neue Testideen, Blogposts und andere Informationen, die Sie in Ihrer täglichen Arbeitswelt unterstützen, zu schreiben. Die meisten Testexperten bloggen. Sie sollten also deren Blog und somit die Aktualisierungen abonnieren, um die neuesten Informationen von ihnen zu bekommen. Im nächsten Abschnitt werde ich ein paar Blogs und Bücher auflisten, die für Sie interessant sein könnten.

Testveranstaltungen und Konferenzen sind eine weitere Möglichkeit, sich mit der Mobile Community auszutauschen. Viele Softwaretestkonferenzen werden überall auf der Welt veranstaltet, bei denen sich Softwaretest- und App-Testexperten treffen und ihr Wissen in Form von Vorträgen oder Workshops austauschen. Falls Sie dazu die Chance haben, sollten Sie unbedingt an irgendeiner Konferenz teilnehmen und dort andere App-Tester persönlich treffen, um über viele verschiedene Themen zu sprechen. Sie können außerdem prüfen, ob es in Ihrem Umfeld irgendwelche User Groups gibt. An diesen kann man generell kostenlos teilnehmen und es ist eine gute Gelegenheit, andere Softwaretester in Ihrer Nähe zu treffen.

---

7. *www.softwaretestingclub.com/*

Wenn Sie im mobilen Testbusiness arbeiten, könnten Sie mit dem Bloggen beginnen, um Aufzeichnungen von Ihren Erfahrungen zu machen und diese der Mobile Community zur Verfügung zu stellen. Sie können anderen App-Testern mit Ihrem zusammengetragenen Wissen helfen oder über Ihre Erfahrungen bloggen, während Sie ein (besserer) App-Tester werden.

Neben dem Lernen von anderen Softwaretestern ist es sehr wichtig, dass Sie in Bezug auf die neuesten Technologien und Features der mobilen Betriebssysteme und Geräte auf dem Laufenden bleiben. Sie müssen wissen, wann die verschiedenen Hersteller neue Geräte und neue Versionen ihrer Betriebssysteme herausbringen. Für eine vollständige Übersicht dieser Features ist es empfehlenswert, dass Sie sich die Keynote-Videos von den größeren Herstellern ansehen.

Außerdem sollten Sie so viele Apps wie möglich aus unterschiedlichen Kategorien benutzen, sodass Sie immer einen Überblick über mögliche neue Features, aber auch neue Arten, eine App zu programmieren und zu benutzen, haben.

8.2.6   Wichtige Quellen

Dieser Abschnitt des Kapitels stellt Ihnen einige interessante Softwaretest-Communitys, Bücher, Zeitschriften und Blogs vor, die Sie benutzen können, um Ihr Wissen zu verbessern.

Wichtig:
Diese Liste ist keineswegs vollständig.

Konferenzen

Es lohnt sich, auf die folgenden Konferenzen zu gehen:

- Agile Testing Days
  (*www.agiletestingdays.com/*)
- ASQF Testing Day
  (*https://www.asqf.de/testing-day.html*)
- Belgium Testing Days
  (*http://btdconf.com/*)
- Dutch Testing Day
  (*www.testdag.nl/*)
- EuroSTAR
  (*www.eurostarconferences.com/*)
- German Testing Day
  (*http://www.germantestingday.info*)

- Google Test Automation Conference
  (*https://developers.google.com/google-test-automation-conference/*)

- Iqnite
  (*www.iqnite-conferences.com/index.aspx*)

- Let's Test
  (*http://lets-test.com/*)

- Øredev
  (*http://oredev.org/*)

- Software Quality Days
  (*https://2016.software-quality-days.com*)

- Software-QS-Tag
  (*https://www.qs-tag.de*)

- STAREAST
  (*http://stareast.techwell.com/*)

- STARWEST
  (*http://starwest.techwell.com/*)

- TestBash
  (*www.ministryoftesting.com/training-events/testbash/*)

- TestExpo
  (*http://testexpo.co.uk/*)

Communitys

Es lohnt sich, die folgenden Softwaretest-Communitys anzusehen:

- Association for Software Testing
  (*www.associationforsoftwaretesting.org/*)

- German Testing Board e.V.
  (*http://www.german-testing-board.info*)

- Mobile QA Zone
  (*www.mobileqazone.com/*)

- Software Testing Club
  (*www.softwaretestingclub.com*)

- Testing Circus
  (*www.testingcircus.com/*)

- uTest community
  (*www.utest.com*)

Bücher

Die folgenden Bücher sind lesenswert. Nicht alle handeln vom App-Testen, sie sind aber eine exzellente Quelle an Wissen für Softwaretester:

- Agile Testing (*http://lisacrispin.com/agile-testing-book-is-now-out/*) von Lisa Crispin und Janet Gregory

- Basiswissen modellbasierter Test. Aus- und Weiterbildung zum ISTQB® Foundation Level – Certified Model-Based Tester (ISBN 978-3-86490-297-0) von Mario Winter, Thomas Roßner, Christian Brandes und Helmut Goetz

- Basiswissen Testautomatisierung – Konzepte, Methoden und Techniken (ISBN 978-3-86490-194-2) von Thomas Bucsics, Manfred Baumgartner, Richard Seidl und Stefan Gwihs

- Beautiful Testing (*www.amazon.com/gp/product/0596159811?tag=swtesting-books-20*) herausgegeben von Tim Riley und Adam Goucher

- Cloud-Services testen – Von der Risikobetrachtung zu wirksamen Testmaßnahmen (ISBN 978-3-86490-349-6) von Kees Blokland, Jeroen Mengerink, Martin Pol und Doris Rubruck

- Explore It! (*http://pragprog.com/book/ehxta/explore-it*) von Elisabeth Hendrickson[8]

- How Google Tests Software (*http://books.google.de/books?id=VrAx1ATf-RoC*) von James A. Whittaker, Jason Arbon und Jeff Carollo

- Lessons Learned in Software Testing (*www.amazon.com/gp/product/0471081124?tag=sw-testing-books-20*) von Cem Kaner, James Bach und Bret Pettichord

- Testen in Scrum-Projekten – Leitfaden für Softwarequalität in der agilen Welt. Aus- und Weiterbildung zum ISTQB® Certified Agile Tester – Foundation Extension (ISBN 978-3-86490-414-1) von Tilo Linz

- Specification by Example (*http://specificationbyexample.com/*) von Gojko Adzic

- Tap into Mobile Application Testing (*https://leanpub.com/testmobileapps*) von Jonathan Kohl

---

8. Eine Übersetzung dieses Buches ist 2014 im dpunkt.verlag erschienen: Elisabeth Hendrickson: Explore It! – Wie Softwareentwickler und Tester mit explorativem Testen Risiken reduzieren und Fehler aufdecken (ISBN 978-3-86490-093-8).

Zeitschriften

Die folgenden Zeitschriften bieten sehr gute Artikel von Experten aus unterschiedlichen Branchen fokussieren auf bestimmte Themen rund um Software- und App-Tests:

▦ Professional Tester
(*www.professionaltester.com/magazine/*)

▦ Tea-time with Testers
(*www.teatimewithtesters.com/*)

▦ Testing Circus
(*www.testingcircus.com/*)

▦ Testing Trapeze
(*http://www.testingtrapezemagazine.com/*)

Blogs

Die folgende Liste enthält sehr gute Blogs von Softwaretestexperten:

▦ Gojko Adzic
(*http://gojko.net/*)

▦ James Bach
(*www.satisfice.com/blog/*)

▦ Michael Bolton
(*www.developsense.com/blog/*)

▦ Lisa Crispin
(*http://lisacrispin.com/*)

▦ Martin Fowler
(*http://martinfowler.com/*)

▦ Markus Gärtner
(*http://blog.shino.de/*)

▦ Shmuel Gershon
(*http://testing.gershon.info/*)

▦ Andy Glover
(*http://cartoontester.blogspot.co.uk/*)

▦ Adam Goucher
(*http://adam.goucher.ca/*)

▦ Elisabeth Hendrickson
(*http://testobsessed.com/*)

▦ Jim Holmes
(*http://frazzleddad.blogspot.com/*)

▨ Lena Houser
  (*http://trancecyberiantester.blogspot.com/*)

▨ Eric Jacobson
  (*www.testthisblog.com/*)

▨ Stephen Janaway
  (*http://stephenjanaway.co.uk/stephenjanaway/blog/*)

▨ Viktor Johansson
  (*http://therollingtester.com/*)

▨ Jonathan Kohl
  (*www.kohl.ca/blog/*)

▨ Rob Lambert
  (*http://thesocialtester.co.uk/*)

▨ Alan Page
  (*http://angryweasel.com/blog/*)

▨ Huib Schoots
  (*www.huibschoots.nl/wordpress/*)

▨ Rosie Sherry
  (*www.rosiesherry.com/*)

▨ Richard Bradshaw
  (*http://www.thefriendlytester.co.uk/*)

Die folgenden Blogs haben mehrere Autoren:

▨ *http://blog.inthewildtesting.com/*
▨ *http://blog.utest.com/* (uTest-Mitarbeiter)
▨ *http://googletesting.blogspot.de/* (Google-Mitarbeiter)
▨ *www.ministryoftesting.com/testing-feeds/*
  (eine hervorragende Sammlung von Test-Feeds)
▨ *http://mobileapptesting.com/*
▨ *http://webapptesting.com/*

Und schließlich mein Blog:

▨ *www.adventuresinqa.com*

8.3 Zusammenfassung

Kapitel 8 stand ganz im Fokus von Fertigkeiten und den benötigten Fähigkeiten eines App-Testers. Tester von Apps einzustellen ist nicht einfach, da sie sehr selten sind. Wenn Sie jemanden gefunden haben, der zu Ihrem Unternehmen und zu der Position passt, stellen Sie sicher, dass er oder sie die folgenden sozialen Kompetenzen besitzt, um in der Rolle als App-Tester erfolgreich zu sein:

- Kommunikation
- Neugierde
- Kritisches Denken
- Beharrlichkeit
- Ständiges Lernen
- Kreativität
- Kundenorientierung
- Programmierkenntnisse und technische Fertigkeiten

Falls Sie Apps testen und Ihre Testfertigkeiten verbessern wollen, konnten Sie in diesem Kapitel einige Vorschläge dazu finden. Der Abschnitt 8.2.1 hat Ihnen mit vielen Beispielen gezeigt, wie Sie Ihre Testfertigkeiten durch das Reproduzieren von Fehlern in existierenden Apps verbessern können. Zusätzlich ist es wichtig, in der Mobile Community aktiv zu sein, um von anderen App-Testern zu lernen und Ihr Wissen zu teilen. Am Ende des Kapitels wurde Ihnen ein Überblick über wichtige Konferenzen, Bücher, Blogs und Zeitschriften geboten.

9 Was kommt als Nächstes? – Schlussbemerkungen

Willkommen im letzten Kapitel dieses Buches! Dieses Kapitel handelt von der Frage »Was kommt als Nächstes?«.

Was ist das nächste große Thema, mit dem App-Tester sich befassen müssen? Welche Arten an neuen Technologien gibt es bereits, sind bereits auf dem Weg oder wird es in der Zukunft geben? Gibt es irgendwelche neuen Testherausforderungen, mit denen wir umgehen müssen? Gibt es irgendwelche neuen Testwerkzeuge und Testumgebungen am Horizont?

Um diese Fragen zu beantworten, beschreiben die folgenden Abschnitte neue Technologien, die bereits auf dem Markt sind oder in naher Zukunft erscheinen werden. Um mit der schnell wachsenden Technologiewelt mitzuhalten, ist es wichtig für Sie, zu wissen, was bereits vorbereitet wird.

Die folgenden Abschnitte können für weitere Untersuchungen und Forschungen benutzt werden. Keiner kann die Zukunft voraussagen, aber ich bin davon überzeugt, dass die folgenden Technologien für App-Tester in den nächsten Jahren immer wichtiger werden.

9.1 Internet of Things

Bei dem Internet of Things (IoT; dt. Internet der Dinge) handelt es sich um die Zusammenschaltung von eindeutig identifizierbaren und eingebetteten Computergeräten innerhalb der existierenden Internetinfrastruktur, um verschiedene Arten an Services anzubieten. Dinge im IoT umfassen eine breite Palette an Geräten, wie medizinische Implantate, Biochips für Tiere sowie Autos mit eingebauten Sensoren, die untereinander kommunizieren, um Informationen über die aktuelle Verkehrssituation auszutauschen oder Fahrer mit bestimmten Informationen über ihre Autos zu versorgen. Es gibt auch Geräte, wie Waschmaschinen oder Kaffeemaschinen, die mit dem Internet verbunden werden können, sodass Sie sie aus der Entfernung überwachen können. Alles, dem eine IP-Adresse zugewiesen werden kann und das die Fähigkeit hat, Daten zur Verfügung zu stellen oder über das Netzwerk zu übertragen, ist ein Ding des IoT.

Nach einer durchgeführten Studie von Gartner[1] wird es im Jahr 2020 bis zu 26 Milliarden Geräte im Internet of Things geben. Und diese Zahl bezieht Computer, Tablets oder Smartphones nicht mit ein, die die 7,3 Milliardengrenze um 2020 erreichen werden. Wenn Sie diese Zahlen vergleichen, dann werden IoT-Geräte alle existierenden Smartgeräte als zwergenhaft erscheinen lassen. Dies wird natürlich eine komplett neue Industrie mit Leuten hervorrufen, die versuchen, alles mit dem Internet zu verbinden.

Hier sind einige mögliche Nutzungsgebiete und Szenarien für das Internet of Things:

▓ **Ökologische Überwachung**
Sensoren können dazu benutzt werden, die Wasserqualität, die Bodenbeschaffenheit oder die Atmosphäre zu überwachen.

▓ **Infrastrukturmanagement**
Brücken, Zugstrecken und Windparks können überwacht werden.

▓ **Energiemanagement**
Industrielle Fertigungsbetriebe können den Energieverbrauch in Echtzeit optimieren.

▓ **Medizin und Gesundheitswesen**
Die Gesundheit von Personen kann aus der Entfernung überwacht werden.

▓ **Gebäude und Heimautomatisierungsbranche**
Alarm- und Heizungssysteme können überwacht und verwaltet werden.

▓ **Transportsysteme**
Autos können untereinander kommunizieren, wie z.B. um Staus zu vermeiden.

Um das IoT zu standardisieren, wurde ein Konsortium[2] von Unternehmen gebildet. Zum einen soll das IoT vorangebracht werden und zum anderen sollen standardmäßige Kommunikationsstrategien, Schnittstellen und Protokolle entwickelt werden. Die folgenden beiden Abschnitte zeigen einige Beispiele von aktuellen IoT-Geräten und Szenarien von verschiedenen Herstellern.

9.1.1   Vernetztes Zuhause

Die Mobilgerätehersteller Google und Apple erstellen gerade ihre ersten IoT-Services und Produkte, die einen Teil der IoT-Familie bilden werden – neben vielen anderen Unternehmen. 2014 hat Google das Unternehmen Nest Labs[3] gekauft, das intelligente Thermostate und Rauchmelder für Smart Homes herstellt. Die Thermostate und Rauchmelder sind mit einem Wi-Fi-Netzwerk verbunden und es kann von überall auf der Welt mittels Computer, Tablet oder Smartphone auf diese zugegriffen werden.

---

1.   *www.gartner.com/newsroom/id/2636073*
2.   *www.openinterconnect.org/*
3.   *https://nest.com/*

Google entwickelt gerade Apps für verschiedene Mobilplattformen, die Zugriff auf verbundene Geräte rund um das Zuhause ermöglichen. Das Produkt ist intelligent, da es von den Angewohnheiten der Nutzer lernt, um das Heizungssystem anhand der Tageszeit und des aktuellen Monats zu steuern und zu bestimmen, ob der Nutzer zu Hause ist oder nicht. Nutzer können außerdem verschiedene Szenarien definieren, um entsprechend ihren Bedürfnissen die komplette Heizungsanlage zu steuern. Da die Geräte mit dem Internet verbunden sind, ist es einfach, sie automatisch mit neuen Softwareversionen inklusive Fehlerbehebungen und Features zu aktualisieren.

Apple hat mit iOS 8 das Smart-Home-System HomeKit[4] eingeführt, das ein Framework zur Verfügung stellt, um mit angeschlossenen Geräten im Haus des Nutzers zu kommunizieren und diese zu steuern. Nutzer werden in der Lage sein, IoT-Geräte mit ihrer Stimme zu automatisieren und zu steuern, indem sie Siri benutzen. HomeKit wird Geräte, wie Thermostate, Licht, Türen und andere Elemente, die mit dem Internet verbunden sind, steuern können. Apple stellt das Entwicklungsframework für HomeKit zur Verfügung und hält aktuell Ausschau nach Industriepartnern, die das Zubehörprotokoll für Apple's HomeKit verwenden wollen, das von der HomeKit-App gesteuert wird.

Wie Sie sehen können, ist das vernetzte Zuhause bereits auf dem Markt erhältlich und bietet einen komplett neuen Weg, mit Geräten aus unserem täglichen Leben zu interagieren. Es gibt eine Fülle an potenziellen neuen Testszenarien, Testumgebungen und Testherausforderungen, die komplett verschieden sind zum traditionellem Testen oder Testen von Apps.

Wichtig:
Neben Google und Apple gibt es viele andere Unternehmen, die in Lösungen für das vernetzte Zuhause investieren und auch bereits Lösungen anbieten. Ich habe Google und Apple ausgewählt, da sie auch APIs für Entwickler zur Verfügung stellen, die es ihnen erlauben, mobile Applikationen rund um die Technologie eines vernetzten Zuhauses zu entwickeln.

9.1.2 Vernetztes Auto

Vernetzte Autos sind das nächste IoT-Beispiel. Wieder sind sowohl Google als auch Apple bereits dabei, das Android- und iOS-Mobilbetriebssystem ins Auto zu integrieren, um es noch intelligenter zu machen. Google hat Android Auto[5] vorgestellt und Apple hat CarPlay[6] veröffentlicht. Sowohl Google als auch Apple wollen eine leichtgewichtige Version von ihren mobilen Betriebssystemen anbieten,

---

4.   *https://developer.apple.com/homekit/*
5.   *www.android.com/auto/*
6.   *www.apple.com/ios/carplay/*

um den Nutzern Features zur Verfügung zu stellen, die sie während des Fahrens benutzen können, wie Navigation, Musik, Kontakte, Telefon und Nachrichten.

Neben ihren eigenen Apps bieten sowohl Google als auch Apple die Möglichkeit, installierte Drittanbieter-Apps zu nutzen. Es gibt bereits viele Autohersteller, die beide System unterstützen und die Käufer entscheiden lassen, welches System sie bevorzugen.

Allerdings stellt die Nutzung von Apps mithilfe von Fahrzeugdisplays einige neue Herausforderungen für jeden das, der in den Softwareentwicklungsprozess involviert ist. Die angebotenen Apps und Features sollten den Fahrer zum Beispiel nicht ablenken und müssen ein sehr einfaches Nutzerinterface mit weniger Information im Vergleich zu Apps oder Webapplikationen haben.

Die folgenden vier Punkte müssen berücksichtigt werden, wenn Apps oder andere Applikationen für vernetzte Autos entwickelt und getestet werden:

▦ **Einfaches Interface**
Fahrzeuganwendungen und Interfaces sollten den Fahrer nicht ablenken. Die UI-Elemente müssen einfach zu benutzen sein, während der Fahrer am Steuer sitzt. Traditionelle Eingabemethoden müssen überdacht werden und sollten auch Sprachkontrolle mit einbeziehen.

▦ **Vermeiden von nutzlosen Features**
Die beim Fahren benötigte Feature-Ausstattung einer App ist wahrscheinlich viel kleiner als für eine auf dem Smartphone genutzte App. Die App sollte deswegen weniger Features auf dem Fahrzeugdisplay anbieten, um den Fahrer davor zu bewahren, überwältigt oder frustriert zu sein, während er am Steuer sitzt.

▦ **Drittanbieter-Apps benötigen Richtlinien**
Autohersteller müssen eine API für Entwickler von Drittanbietern anbieten, damit ihre Services integriert werden können. Allerdings hat das die Herausforderung zur Folge, sehr strikte Richtlinien darüber aufzustellen, was möglich und nicht möglich ist.

▦ **Test im Auto**
Das Entwickeln von Apps für Fahrzeuge ist für sich schon herausfordernd genug, aber das Testen dieser Apps ist noch komplexer. Es genügt nicht, die App in einer Laborsituation zu testen, da Autos generell unterwegs sind und unterschiedliches Alter, unterschiedliche Herstellermodelle und viele andere Schnittstellen mit anderen Systemen haben. Elektronische Störungen in einem Auto können einen großen Einfluss auf Ihre App und das ganze System haben. Die zur Verfügung gestellte App muss für den Fahrer sicher zu benutzen sein, während er am Steuer sitzt. Und nicht zuletzt muss die App sehr gut getestet sein, um alle kritischen Fehler zu vermeiden.

Ein gutes Beispiel von einem vernetzten Auto und IoT bietet der Autohersteller Tesla[7], der Autos baut, die komplett mit dem Internet verbunden sind und teilweise mithilfe einer App gesteuert werden können. Das Auto erhält automatische Updates, die Features verbessern, Fehler korrigieren und auch Probleme mit verschiedenen Teilen des Motors beheben. Die Zeitschrift *Wired* hat einen interessanten Artikel über Tesla als ein Beispiel für IoT[8] veröffentlicht.

Sie sehen, die beiden Beispiele – vernetztes Zuhause und vernetztes Auto – stellen neue Herausforderungen für den gesamten Softwareentwicklungsprozess dar. Insbesondere aus Testsicht benötigen diese neuen Technologien zum einen unterschiedliche Testmethoden und zum anderen aber auch neue Testumgebungen, neue Testgeräte und komplett neue Testszenarien.

9.2 Wearables

Die Wearable-Technologie ist ein stark wachsender Bereich, von dem ein exponentielles Wachstum innerhalb der nächsten Jahre erwartet wird. Es gibt viele neue und innovative Formfaktoren für Geräte, die an verschiedenen Teilen des Körpers getragen werden können. Diese neuen Formfaktoren stellen die Unternehmen vor neue Herausforderungen, da sie nach smarten Möglichkeiten suchen, ihre Produkte funktional, benutzbar und ansprechend für ihre Kunden zu machen. Das Gleiche trifft auf Entwickler und Softwaretester zu, die ihre Arbeiten und die Art und Weise, wie sie entwickeln und solche Produkte testen, überdenken müssen. Wearables beziehen generell Smart Watches, Smart Glasses und Fitnessarmbänder mit ein.

9.2.1 Smart Watches und Fitnessarmbänder

Smart Watches und Fitnessarmbänder sind Erweiterungen für Mobilgeräte, die Informationen, wie Nachrichten, Neuigkeiten, eingehende Anrufe und Gesundheitsstatus, zum Mobilgerät senden und vom Mobilgerät empfangen. Um die neuesten Informationen von einer App zu erhalten, müssen die Nutzer nicht mehr ihr Mobilgerät aus der Tasche holen. Die meisten Geräte können durch die Stimme der Nutzer oder mittels eines kleinen Touchscreens kontrolliert werden. Allerdings ist eine Smart Watch oder ein Fitnessarmband, ohne mit einem Mobilgerät zu interagieren, im Grunde nutzlos.

Die Benutzbarkeit und das Design von Smart Watches und Fitnessarmbändern müssen sorgfältig getestet und geprüft werden. Das Designen von Software für richtig kleine Bildschirme ist nicht einfach. Deswegen müssen Designer und UI-Experten ihre Konzepte überdenken, um schöne Produkte zu entwickeln, die

---

7. *www.teslamotors.com/*
8. *www.wired.com/2014/02/teslas-air-fix-best-example-yet-internet-things/*

Wearable-Nutzer lieben und verwenden werden. Jonathan Kohl hat einen exzellenten Artikel über »Lessons learned when designing products for smart watches and wearables«[9] geschrieben (dt. Gewonnene Erkenntnisse, wenn man Produkte für Smart Watches und Wearables konzipiert).

Falls Sie die Möglichkeit haben, Wearables zu testen, insbesondere Smart Watches und Fitnessarmbänder, sollten Sie das Look-and-Feel des Geräts zusammen mit der zu testenden Software im Auge behalten. Dazu gehört es auch, das Design und die Benutzbarkeit zu testen. Dabei sollten Sie sich selbst die folgenden Fragen stellen, um wertvolles Feedback über das Produkt zu generieren:

- Lässt sich das Gerät gut tragen?
- Ist die App auf dem Wearable-Gerät sinnvoll?
- Sind die Features einfach zu benutzen und hilfreich?
- Stellen bestimmte Teile des Geräts ein Hindernis dar, während man unterwegs ist und die Software benutzt?
- Wie kann der Nutzer mit der Smart Watch oder dem Fitnessarmband interagieren?

Das Aussehen, Gefühl, Design und die Benutzbarkeit sind die wichtigsten Erfolgsfaktoren für die Wearable-Technologie. Wenn sich das Wearable-Gerät nicht gut anfühlt, werden es die Nutzer nicht kaufen oder tragen.

Aus technologischer Sicht beinhaltet das Testen von Smart Watches zusätzliche Herausforderungen im Vergleich zu Apps und Mobilgeräten. Da Smart Watches Erweiterungen für Mobilgeräte sind, ist das Testen von Wearables-Geräten zusammen mit der Software erforderlich, um zu prüfen, wie die beiden mit den Mobilgeräten kommunizieren, um Daten zu empfangen und zu senden. Dieses Szenario kann nicht automatisiert werden. Ich bin sicher, Sie kennen bereits die Mobilgerätefragmentierung, und genau die wird jetzt noch dadurch verschlimmert, dass Smart Watches und Fitnessarmbänder innerhalb verschiedener, einzigartiger und täglich vorkommender Nutzerszenarien korrekt arbeiten müssen, und all diese Szenarien erfordern umfangreiches In-the-Wild-Testen. Dieses Testen in realen Umgebungen wird einen wesentlichen Teil des Erfolgs von Software für Smart Watches ausmachen.

Google hat 2014 Android Wear[10] vorgestellt, um die Wearable-Geräteära anzustoßen. Apple hat die Apple Watch[11] im September 2014 vorgestellt und Anfang 2015 damit begonnen, sie zu verkaufen. Wenn Sie das Internet nach Smart Watches« und Fitnessarmbändern durchsuchen, werden Sie auf viele Gerätehersteller und viele verschiedene Geräte auf dem Markt stoßen.

---

9.   *www.kohl.ca/2014/lessons-learned-when-designing-products-for-smartwatches-wearables/*
10. *www.android.com/wear/*
11. *www.apple.com/watch/*

Für Informationen über das Entwickeln von Softwareprodukten für Wearable-Geräte besuchen Sie die Feature-Seiten von Pebble Developer[12], Google Wearable[13] und Apple Watch[14].

9.2.2 Smart Glasses

Google Glass ist ein weiteres Wearable, das von Google vorgestellt wurde. Google Glass[15] enthält fast die gleiche Hardware wie ein Mobilgerät, erweitert mit einem optischen Kopfbildschirm (OHMD – Optical Head-Mounted Display), um den Inhalt und die Informationen direkt vor den Augen darzustellen. Die Gläser sind mit vielen Sensoren und einer Kamera ausgestattet, um mit ihrer Umgebung zu kommunizieren. Sie können dieses Wearable mit Ihrer Stimme oder durch die Nutzung des Touchpads an der Seite des Rahmens bedienen.

Die Explorer Edition von Google Glass wurde seit 2014 in einigen Ländern verkauft, aber viele Länder und Unternehmen haben Sicherheitsbedenken seit ihrer Einführung in 2012 zum Ausdruck gebracht, da das Gerät in der Lage ist, Menschen in der Öffentlichkeit ohne deren Erlaubnis aufzunehmen. Darüber hinaus gibt es Bedenken über das Produkt in Bezug auf Unternehmensgeheimnisse und Sicherheitsüberlegungen bei der Benutzung in verschiedenen Situationen, wie zum Beispiel beim Auto- oder Motorradfahren.

Google hat jedoch eine neue Art der Nutzung von Mobiltechnologien vorgestellt und neue Standards und Innovationen in der Welt von Wearable-Geräten gesetzt, auch wenn das Produkt im Moment nicht für den Massenmarkt geeignet ist. Google Glass ist ein gutes Beispiel für die Richtung, die die Technologie in den kommenden Jahren nehmen wird.

Falls Sie die Möglichkeit haben, Software für Google Glass zu entwickeln und zu testen, vergessen Sie nicht die Liste von Fragen durchzugehen, die auch für Smart Watches zutreffen.

Sie werden auch Ihre Testansätze für dieses Gerät überdenken müssen.

9.3 Gesundheits-Apps

Ein anderer interessanter und wachsender Markt sind die mobilen Gesundheits-Apps. Ich zitiere aus dem aktuellen mHealth App Developer Economics Report[16]: »The number of mHealth apps published on the two leading platforms, iOS and Android, have more than doubled in only 2.5 years to reach more than 100,000 apps (Q1 2014)« und »... will reach $26 billion in revenues by

---

12. *https://developer.getpebble.com/*
13. *https://developer.android.com/training/building-wearables.html*
14. *www.apple.com/watch/features/*
15. *www.google.com/glass/start/*
16. *http://mhealtheconomics.com/mhealth-developer-economics-report/*

2017, ...« (dt.: »Die Anzahl der auf den beiden führenden Plattformen iOS und Android veröffentlichten medizinischen Gesundheits-Apps hat sich in nur 2,5 Jahren mehr als verdoppelt und mehr als 100.000 Apps erreicht [Q1 2014]« und »wird in 2017 Einnahmen von 26 Milliarden Dollar erzielen,...«). Dieses große Wachstum zeigt, dass mobile Gesundheits-Apps in der nahen Zukunft eine große Rolle spielen werden.

Die Top vier der Gesundheits-Apps sind:

1. **Fitness**-Apps (30 %)
2. **Medizinische Referenz**-Apps (16 %)
3. **Wohlbefinden**-Apps (15 %)
4. **Ernährungs**-Apps (8 %)

Der Rest der Gesundheits-Apps werden in verschiedenen Kategorien, wie Gesundheitszustandsmanagement, Diagnostik, Compliance, Erinnerungen, Alarme und Überwachung, vertrieben.

Gesundheits-Apps beziehen die Nutzung von Mobilgeräten oder Wearables mit ein, um den menschlichen Körper zu überwachen. Überwacht werden: aktueller Blutdruck, Puls, Herzfrequenz, Schlafmuster, Kalorienverbrauch oder die aktuelle Geschwindigkeit beim Laufen. Die große Zahl an Gesundheits-Apps auf den beiden führenden Plattformen iOS und Android haben Apple und Google überzeugt, in Gesundheits-APIs und Apps für ihre Mobilplattformen zu investieren und entsprechende Software zu entwickeln. Gleichzeitig mit dem Rollout von iOS 8 hat Apple Health[17] für seine Kunden und HealthKit[18] für seine Entwickler vorgestellt. Google hat Google Fit[19] in 2014 eingeführt. Die Tatsache, dass sowohl Apple als auch Google den Gesundheitsmarkt betreten, führt dazu, dass in naher Zukunft viele neue Geräte und Apps erscheinen werden.

Wie die Zahlen zeigen, helfen die meisten der Apps den Kunden, ihre Fitness oder Ernährungsgewohnheiten aufzuzeichnen. Gesundheits-Apps können aber auch ein hohes Risiko für die Kunden darstellen. Apps, die Insulindosierungen für Patienten mit Diabetes verwalten, können katastrophale Konsequenzen haben, falls ein Fehler auftritt. Dieses Risiko wirft eine wichtige Frage auf: Können wir Gesundheits-Apps vertrauen?

Medizinische Geräte werden generell von der »United States Food and Drug Administration« (FDA) reguliert, das ist aber nicht mit jeder Gesundheits-App der Fall. Experten vom *New England Journal of Medicine*[20] sagen, dass die FDA nicht genug Ressourcen hat, um alle in den verschiedenen mobilen App-Stores erhältlichen Gesundheits-Apps zu regulieren. Eine andere Herausforderung, die fast unmöglich für die FDA und App-Anbieter zu bewältigen ist, sind all die

---

17. *http://www.apple.com/ios/health/*
18. *https://developer.apple.com/healthkit/*
19. *https://developers.google.com/fit/*
20. *www.nejm.org/doi/full/10.1056/NEJMhle1403384*

mobilen Betriebssystemaktualisierungen, die von den verschiedenen Herstellern zur Verfügung gestellt werden. Jede Mobilplattform erhält mehr als ein, zwei Aktualisierungen pro Jahr, und jede Betriebssystemaktualisierung muss mit den FDA-Regularien konform sein.

Die Antwort auf die vorangegangene Frage ist also **Nein**. Wir können den Gesundheits-Apps nicht vertrauen, wenn sie nicht durch irgendeine Institution reguliert sind, da wir nicht sicher sein können, dass die ausgelieferten Daten korrekt und frei von Fehlern sind.

Falls Sie die Möglichkeit haben, mobile Gesundheits- und Fitness-Apps zu testen, berücksichtigen Sie die folgenden Punkte:

- Besorgen Sie sich Informationen von der FDA und anderen medizinischen Institutionen in Bezug auf Regulation und Gesundheits-Workflows.
- Die zur Verfügung gestellten Daten **müssen** korrekt sein, um Menschenleben zu beschützen.
- Datensicherheit ist ein sehr interessanter Aspekt wegen der Privatsphäre des Gesundheitszustands einer Person.
- Gesundheits-Apps müssen eine exzellente Benutzbarkeit haben, um die Bedürfnisse der Zielgruppe abzudecken.
- Die Geolokalisierungsdaten müssen für die Fitness-Tracker korrekt sein.

Außerdem gilt das aus diesem Buch erworbene Wissen zum App-Testen auch für Gesundheits- und Fitness-Apps.

Wenn Sie mehr über mobile Gesundheit wissen wollen, besuchen Sie die Webseiten von *mHealthNews*[21] oder *mobile Health Economics*[22] oder schauen Sie in die Studie *mHealth App Developer Economics 2014*[23].

9.4 Schlussbemerkungen

Dies ist der letzte Abschnitt in meinem Buch über das Testen von Apps und ich möchte zum Schluss ein paar Bemerkungen anführen. Sie haben im Verlauf dieses Buches einiges über Mobilgeräte, Apps, Mobilnutzer und Werkzeuge, die wichtig im App-Testen sind, erfahren, was für Sie hoffentlich einen großen Nutzen hat. Ich hoffe auch, dass Sie einiges von meinen Ideen und Erfahrungen aus meiner Zeit als App-Tester gelernt haben.

Dieses Buch ist so konzipiert, dass es in Ihrem täglichen Leben als Tester oder Entwickler von Apps oder Produktmanager helfen soll, indem es Ihnen Impulse gibt, neue Testideen zu generieren und neue mobile Testansätze auszuprobieren. Es soll Ihnen außerdem als Basis dienen, Ihre eigenen Testideen und Ansätze zu entwickeln und Ihnen gleichzeitig helfen, Ihren Kenntnisstand auszubauen.

---

21. *www.mhealthnews.com/*
22. *http://mhealtheconomics.com/*
23. *http://mhealtheconomics.com/mhealth-developer-economics-report/*

Wie Sie gesehen haben, verändert sich das mobile Entwicklungs- und Testbusiness mit den vielen neuen Technologien, die jeden Tag auf den Markt kommen, und den vielen, die noch folgen werden, sehr schnell. Das ist der Grund dafür, warum Sie auf dem Laufenden bleiben müssen, immer bereit sein müssen, dazuzulernen, und Ihre Fertigkeiten in der sich immer verändernden Technologiewelt anpassen müssen.

9.4.1   Fünf Schlüsselfaktoren für den Erfolg

Um die Sache abzurunden, möchte ich Ihnen meine fünf Erfolgsfaktoren vorstellen, um ein erfolgreicher App-Tester zu werden.

Erfolgsfaktor 1: Hohe Erwartungen haben

Mobilnutzer haben hohe Erwartungen, und Sie sollten ebenfalls hohe Erwartungen haben, wenn es um Apps und ihre Benutzbarkeit, Performanz und den Feature-Umfang geht. Berücksichtigen Sie, dass Mobilkunden Ihre App schnell deinstallieren werden, wenn sie damit nicht glücklich sind, und sie werden eventuell ein schlechtes Review im App-Store abgeben. Deswegen ist es wichtig, dass Sie immer auf Ihre Kunden achten, gute Benutzbarkeit und Performanz gewährleisten und sicherstellen, dass alle wichtigen Fehler behoben werden. Denken Sie an das KIFSU-Prinzip und hören Sie auf die Kunden und ihre Bedürfnisse.

Erfolgsfaktor 2: Ein Experte für Mobilgeräte sein

Ein erfolgreicher App-Tester muss ein Experte für Mobilgeräte sein. Es ist essenziell, all die verschiedene Hardware- und Softwarefeatures der Mobilgeräte für die verschiedenen Plattformen zu kennen. Dieses Wissen wird Ihnen helfen, an die vielen verschiedenen Testszenarien in Ihrem täglichen Business zu denken. Falls Sie können, kaufen Sie Mobilgeräte, die unterschiedliche Plattformen nutzen, sodass Sie auf dem Laufenden bleiben. Falls das Kaufen keine Option ist, versuchen Sie die Geräte aus einem mobilen Testlabor auszuleihen.

Sie sollten außerdem verschiedene Technologie-Blogs und News-Seiten abonnieren, um die neuesten Nachrichten über Mobilbetriebssysteme und Mobilgeräte zu erhalten. Ich empfehle Ihnen, die Keynote-Videos der großen Mobilgerätehersteller anzusehen, um die neuesten Informationen über die verschiedenen Plattformen zu erfahren.

Erfolgsfaktor 3: Unterwegs sein

Einer der wichtigsten Punkte, den Sie berücksichtigen sollten, wenn Sie eine App testen, ist: Testen Sie, während Sie unterwegs sind. Ihre Kunden nutzen ihre Apps in vielen verschiedenen Szenarien, an verschiedenen Orten und in verschiedenen Datennetzen. Deswegen ist es unbedingt notwendig, dass Sie Ihre App in verschiedenen Datennetzen mit unterschiedlichen Netzwerkgeschwindigkeiten testen, um reale Szenarien nachzustellen. Während Sie Ihre App von unterwegs aus testen, werden Sie zweifellos auf viele verschiedene Probleme stoßen, die wahrscheinlich nie im Büro aufgetreten wären. Wenn Sie eine App unterwegs testen, werden viele Störungen vorhanden sein, die einen Einfluss auf Ihre App haben, falls die App die verschiedenen Sensoren und Schnittstellen nutzt, die ein Mobilgerät anbietet.

Nehmen Sie sich also eine Tasche, füllen Sie diese mit Mobilgeräten und beginnen Sie gleich jetzt damit, von unterwegs aus zu testen!

Erfolgsfaktor 4: Programmierkenntnisse verbessern

App-Tester müssen in der Lage sein, Testautomatisierungscode zu schreiben. Falls Sie im Moment keine Programmierkenntnisse haben, bemühen Sie sich intensiv, in die Programmierung einzusteigen, damit Sie zuverlässige und robuste Testautomatisierungsskripte für Ihre App schreiben können. Programmierkenntnisse werden Ihnen auch helfen, die Entwickler mit ihren Regressionstests zu unterstützen, und Sie werden in der Lage sein, den App-Code mit den Entwicklern zu besprechen und zu diskutieren. Falls Ihre Programmierkenntnisse aufgefrischt werden müssen, ist es jetzt an der Zeit, ein paar Bücher über Programmiersprachen zu lesen oder ein paar Online-Tutorials durchzuarbeiten.

Erfolgsfaktor 5: Ein konstanter Lerner sein

Der letzte Erfolgsfaktor, um ein besserer App-Tester zu werden, ist, ein konstanter Lerner zu sein. Dies trifft nicht nur auf Tester von Apps zu, sondern sollte für alle im IT-Business Involvierten gelten. Die benutzten Technologien, um komplexe System zu bauen, inklusive Apps, verändern sich ständig. Darüber hinaus sind neue Wege, diese neuen Technologien zu benutzen und mit ihnen zu kommunizieren, bereits in Planung, und es wichtig für Sie, so schnell wie möglich etwas darüber herauszufinden.

Neben dem Lernen von neuen Technologien sollten Sie auch daran arbeiten, Ihre Testfertigkeiten zu verbessern. Gute Wege dazu sind das Lesen vieler Blogs und Bücher sowie die Teilnahme an Konferenzen und Wettbewerben, um von anderen App-Testern zu lernen und Erfahrungen mit ihnen auszutauschen. Das wird Ihnen helfen, Ihre Testideen, Ansätze und Fertigkeiten zu verbessern.

Scheuen Sie sich nicht davor, neue Dinge auszuprobieren – machen Sie Fehler und lernen Sie daraus.

9.5   Zusammenfassung

Das letzte Kapitel in diesem Buch handelte von dem Thema »Was kommt als Nächstes?«. Was sind die aufkommenden Technologietrends, mit denen Softwaretester umgehen müssen? Es wurden folgende fünf mögliche Technologietrends beschrieben, die bereits auf dem Markt sind oder bald sein werden:

- Internet of Things
- Vernetztes Zuhause
- Vernetzte Autos
- Wearables
- Gesundheits-Apps

Im Abschnitt 9.4 wurden fünf Erfolgsfaktoren skizziert, um ein erfolgreicher App-Tester zu werden. Diese Faktoren sind:

- Hohe Erwartungen haben
- Ein Experte für Mobilgeräte sein
- Unterwegs sein
- Programmierkenntnisse verbessern
- Ein konstanter Lerner sein

Das war's. Ich danke Ihnen sehr, mein Buch gelesen zu haben. Ich hoffe, Sie haben eine Menge neue Dinge gelernt und neue Ideen und Anregungen für Ihr tägliches Leben als App-Tester erhalten.

Viel Spaß beim Testen von Apps!

Index